武汉大学自主科研项目（人文社会科学）研究成果，得到"中央高校基本科研业务费专项资金"和武汉大学文学院"双一流"学科建设经费资助

Research on Sentence Patterns Based on Cognitive Profile Theory

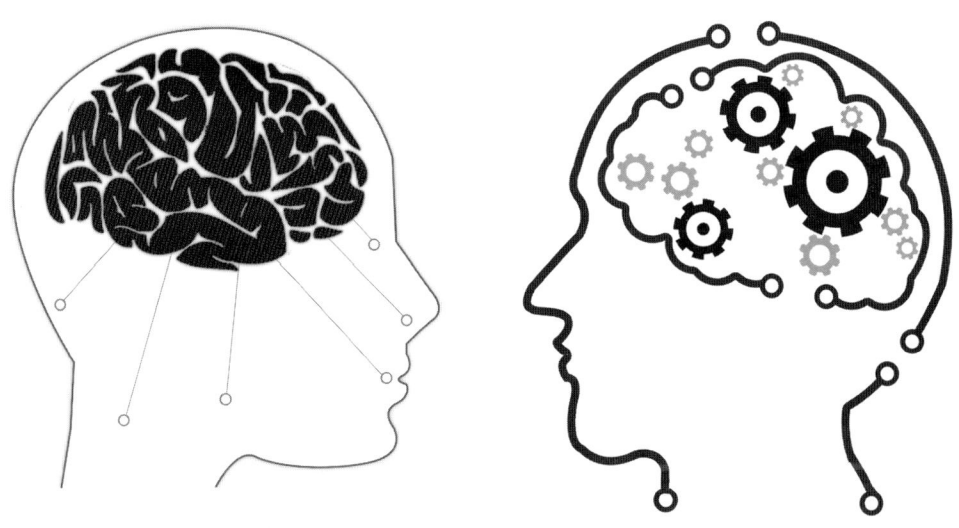

基于认知图景理论的
句式研究

杨旭 著

中国社会科学出版社

图书在版编目（CIP）数据

基于认知图景理论的句式研究 / 杨旭著. -- 北京：中国社会科学出版社，2024. 7. -- ISBN 978-7-5227-3969-4

Ⅰ. H043

中国国家版本馆 CIP 数据核字第 2024J5Q274 号

出 版 人	赵剑英
责任编辑	许　琳
责任校对	苏　颖
责任印制	郝美娜

出　　版	中国社会科学出版社
社　　址	北京鼓楼西大街甲 158 号
邮　　编	100720
网　　址	http://www.csspw.cn
发 行 部	010-84083685
门 市 部	010-84029450
经　　销	新华书店及其他书店

印　　刷	北京君升印刷有限公司
装　　订	廊坊市广阳区广增装订厂
版　　次	2024 年 7 月第 1 版
印　　次	2024 年 7 月第 1 次印刷

开　　本	710×1000　1/16
印　　张	17.5
插　　页	2
字　　数	278 千字
定　　价	108.00 元

凡购买中国社会科学出版社图书，如有质量问题请与本社营销中心联系调换
电话：010-84083683
版权所有　侵权必究

目　录

绪　论 …………………………………………………………… 1

第一部分　理论基础

第1章　句式生成的认知图景解释 ………………………… 11
1.1　认知图景及其要素 ………………………………………… 12
1.2　句式生成：两次凸显 ……………………………………… 14
　1.2.1　第一次凸显 ………………………………………… 14
　1.2.2　第二次凸显 ………………………………………… 16
1.3　认知图景与动词、句式之间的区别及联系 ……………… 20
1.4　小结 ………………………………………………………… 21

第2章　新句式观的要义与优势 …………………………… 23
2.1　汉语学界对句式的认识历程 ……………………………… 24
　2.1.1　从单维到多维 ……………………………………… 24
　2.1.2　从分析到整合 ……………………………………… 24
　2.1.3　从抽象到具体 ……………………………………… 25
2.2　新句式观的四点要义 ……………………………………… 26
　2.2.1　以动词为枢纽，以小句为基础 …………………… 27
　2.2.2　聚焦于某一特定动词（或一类动词）…………… 28
　2.2.3　具体到语义成分 …………………………………… 29
　2.2.4　区分典型句式和扩展句式 ………………………… 31
2.3　新句式观的两点优势 ……………………………………… 32

I

  2.3.1 新句式观有利于发现句式异同 ·················· 32
  2.3.2 新句式观兼顾动词、构式及其互动 ············· 33
 2.4 小结 ··· 34

第3章 句式交替的界定、分类与表征 ···················· 35
 3.1 非转换观的进一步发展 ································ 37
  3.1.1 来自心理学实验的证据 ·························· 37
  3.1.2 来自语言类型学的证据 ·························· 38
  3.1.3 来自历史语言学的证据 ·························· 38
 3.2 交替的界定与分类 ······································ 40
  3.2.1 单一型 ··· 40
  3.2.2 组合型 ··· 42
 3.3 句式交替的不对称与网络表征 ······················ 46
  3.3.1 句式交替的不对称 ································· 46
  3.3.2 句式交替的网络表征 ···························· 48
 3.4 结语 ··· 49

第4章 动词、句式及其动态循环关系 ···················· 51
 4.1 词项：个体词和概括词 ································ 52
 4.2 基于使用的动词和句式动态循环模型 ············ 54
 4.3 小结 ··· 58

第二部分 从认知图景看动词的非典型及物用法

第5章 基于使用的及物性研究框架 ······················· 61
 5.1 新的及物性研究框架 ·································· 63
 5.2 现代汉语及物化机制 ·································· 67
  5.2.1 非典型宾语句 ······································· 67
  5.2.2 存现句 ·· 68
  5.2.3 事件存现句 ··· 69
  5.2.4 非典型事件句 ······································· 70

5.2.5　使动句 ·········· 73
　　5.2.6　双动词结构 ·········· 74
　　5.2.7　两种机制的结合 ·········· 75
5.3　现代汉语及物化理据 ·········· 75
　　5.3.1　焦点 ·········· 76
　　5.3.2　话题 ·········· 76
　　5.3.3　协同 ·········· 76
　　5.3.4　语体 ·········· 78
5.4　从不及物到及物的规约化 ·········· 79
　　5.4.1　非典型宾语句 ·········· 80
　　5.4.2　非典型事件句 ·········· 80
　　5.4.3　使动句 ·········· 80
5.5　小结 ·········· 83

第6章　动词"睡"的及物用法 ·········· 84
6.1　"睡"的句式分布情况 ·········· 86
　　6.1.1　"睡者+睡" ·········· 87
　　6.1.2　"睡者+睡+时间" ·········· 87
　　6.1.3　"睡+状态" ·········· 88
　　6.1.4　"睡者+睡+得+状态" ·········· 89
　　6.1.5　"睡者+睡+次数" ·········· 89
6.2　"睡"的认知图景 ·········· 89
6.3　三种及物用法的句式、语义特点 ·········· 91
　　6.3.1　"睡者+睡+处所" ·········· 91
　　6.3.2　"睡者+睡+同眠者" ·········· 95
　　6.3.3　"睡+觉" ·········· 96
6.4　"睡"本身的及物性分析 ·········· 98
6.5　小结 ·········· 99

第7章　动词"死"的及物用法 ·········· 100
7.1　"死"的及物句式 ·········· 101

7.1.1 共时分布 ·· 101
7.1.2 历时分布 ·· 103
7.1.3 句式交替 ·· 106
7.1.4 认知语义 ·· 106
7.2 与"生、老、病"之比较 ··························· 107
7.2.1 共时分布 ·· 108
7.2.2 历时分布 ·· 109
7.2.3 句式交替 ·· 109
7.2.4 认知语义 ·· 110
7.3 "死"及物用法的规约度 ·························· 110
7.4 "死"的其他句式及认知图景 ···················· 111
7.4.1 "死"的其他句式 ····························· 112
7.4.2 "死"的认知图景 ····························· 114
7.5 针对"王冕"句的意义再挖掘 ···················· 116
7.5.1 交互主观性理论介绍 ························ 116
7.5.2 句式意义的三个维度 ························ 126
7.5.3 "王冕"句的三维语义 ······················ 128
7.6 "王冕"句的使用动因 ···························· 130
7.6.1 传递特定的消息 ······························ 130
7.6.2 提高语言的论证力 ··························· 131
7.6.3 协同或与读者实现共鸣 ···················· 132
7.7 "王冕"句难题的解构 ···························· 132

第8章 "吃饱饭/喝醉酒"句 ····················· 135
8.1 还原与整体之争 ····································· 137
8.1.1 还原路径 ·· 137
8.1.2 整体路径 ·· 138
8.2 双动词结构的还原分析 ···························· 139
8.2.1 双动词结构的微观语义结构 ··············· 139
8.2.2 双动词结构和使动意义 ···················· 142
8.3 双动词结构的整体分析："吃饱饭/喝醉酒" ······ 143

8.3.1 "V 饱/醉 N"的分布情况 ………………………………… 143
8.3.2 "吃饱饭/喝醉酒"的生成 ………………………………… 147
8.4 小结 …………………………………………………………… 151

第三部分　从认知图景看名词的句法、语义特点

第9章 "（心灵）鸡汤"的句法、语义特点 ………………………… 157
9.1 传统语料库的调查结果 ………………………………………… 159
　9.1.1 CCL 语料库的调查结果 ……………………………… 159
　9.1.2 BCC 历时检索系统的调查结果 ……………………… 160
9.2 网络语料库的调查结果 ………………………………………… 163
　9.2.1 共时分析 ……………………………………………… 163
　9.2.2 历时分析 ……………………………………………… 167
9.3 "（心灵）鸡汤"的认知图景及历时演变 ……………………… 170
9.4 理论和方法论启示 ……………………………………………… 174

第10章 "内卷"的句法、语义特点 ………………………………… 176
10.1 "内卷"的句式分布情况 ……………………………………… 177
　10.1.1 "内卷化"的句法特征 ……………………………… 177
　10.1.2 "内卷"的句法特征 ………………………………… 177
　10.1.3 "卷"的句法特征 …………………………………… 179
10.2 "内卷"的认知图景及其历时演变 …………………………… 180

第11章 事件名词的句法、语义特点 ………………………………… 184
11.1 "研究"的句式和认知图景 …………………………………… 185
　11.1.1 共时频率 …………………………………………… 186
　11.1.2 历时分布 …………………………………………… 188
11.2 "出版"的句式和认知图景 …………………………………… 189
　11.2.1 个例频率 …………………………………………… 192
　11.2.2 类型频率 …………………………………………… 192
11.3 "怀疑/信任"的句式和认知图景 ……………………………… 193

11.4 "X化"的句式和认知图景 ·············· 199
11.5 小结 ·············· 202

第12章 双名词结构的句法、语义特点 ·············· 204
12.1 各家看法述评 ·············· 204
12.2 认知图景理论的分析 ·············· 207

第四部分 从认知图景看虚词的句法、语义特点

第13章 "同"字句的句法、语义特点 ·············· 215
13.1 "同"及所在结构的句法特点 ·············· 216
 13.1.1 "（NP$_1$ +）同 + NP$_2$ + VP" ·············· 216
 13.1.2 "NP$_1$ + 同 + NP$_2$" ·············· 218
 13.1.3 "同 + NP" ·············· 218
 13.1.4 "同 + V" ·············· 219
13.2 "同"及所在结构的语义特点 ·············· 220
 13.2.1 "同"本身的语义特点 ·············· 220
 13.2.2 "同"所在结构的语义特点 ·············· 221
13.3 从认知图景看"同"的词义演变 ·············· 223
13.4 "同"及所在结构的认知图景解释 ·············· 225
13.5 余论 ·············· 227

第14章 频率副词"老"的句法、语义特点 ·············· 229
14.1 频率副词"老"的句式 ·············· 231
 14.1.1 "人类 + 老 + 行为" ·············· 231
 14.1.2 "否定词 + 老 + 行为/老 + 行为 + 否定词" ·············· 233
 14.1.3 "疑问词 + 老 + 行为/老 + 行为 + 疑问词" ·············· 233
14.2 从三个维度看"老"的认知图景 ·············· 234
 14.2.1 客观维度 ·············· 234
 14.2.2 主观维度 ·············· 234
 14.2.3 交互主观维度 ·············· 235

14.3 与其他频率副词的比较 ………………………………… 237
　　14.3.1 "经常" ……………………………………………… 237
　　14.3.2 "老是" ……………………………………………… 239
　　14.3.3 "总（是）" ………………………………………… 239
14.4 理论和实践启示 ………………………………………… 242

结　论 ……………………………………………………………… 244

参考文献 …………………………………………………………… 247

绪　论

　　句式问题是汉语学界一直关心的一个热点。汉语学界对"句式"的认识经历了从单维到多维、从分析到整合、从抽象到具体的过程，但不论是在描写上还是解释上，都有进一步扩展或深化的必要，本书拟基于卢英顺教授提出的认知图景理论和新句式观来解决这一问题（卢英顺，2005、2008、2015、2016a、2017、2020b）。认知图景理论是作者汲取认知心理学有关思想独立提出的一套本土理论，与框架语义学等西方理论有相通之处，但在研究视角和方法上又独具视角，所提出的"认知图景""认知要素""两次凸显"等概念，对句式生成可以做出简洁而合理的解释。新句式观则在句式研究向多维、整合和具体前进的背景下，进一步强调句式是基于某一特定动词（或一类动词）的认知图景所激活的认知要素经过凸显以后在句法上的排列格式，可见新句式观是认知图景理论的自然结果。

　　在具体的句式问题上，我们主要关注三种词类的句式问题，即动词、名词和虚词。动词，具体来说是动词的及物用法，是我们的主要研究对象。由于典型及物用法的争议不多，我们进一步具体到非典型及物用法，即非常规"动词—名词"结构："动词—名词"也即所谓的动宾结构或述宾结构；非常规是指不及物动词出现了后带宾语的及物用法，或者及物动词带了非典型宾语。对于这种现象有各种称谓，如"不及物动词带宾语""代体宾语""旁格宾语""角色误配/论元异构""非受事宾语""状语/补语提升""宾语化/述题化""通格动词/非宾格动词""关系宾语句""换价"等。关于非常规"动词—名词"结构，至今文献迭出、热度不减，各种理论轮番上阵，各显神通。其中，"睡沙发"

"王冕七岁上死了父亲"（以下简称"王冕"句）等例句都是文献中的"常客"，我们也将以专门章节进行讨论。

"动词—名词"结构常常涉及"动词"部分的词汇化问题，即它可能是两个动词构成的"动补结构""述补结构"或"动结式"，本书称之为"双动词结构"。对于此类句式的生成存在较多争议，这涉及我们如何看待双动词结构的问题，既是尝试根据前后动词的语义结构计算或预测出整体的语义结构——还原路径，还是整体上涌现出了新的语义结构——整合路径。其中尤为特殊的是"吃饱饭/喝醉酒"句，其中"饱/醉"从语义上指向施事，但"吃饱/喝醉"却带上了宾语"饭/酒"，违背了此类语义指向一般用拷贝结构（"吃饭吃饱了""喝酒喝醉了"）的规律，因此被视为例外。但是这种所谓的异类并非只限于"吃饱饭/喝醉酒"，还有很多类似的结构，如"吃腻了大鱼大肉""睡醒一觉""听烦了演讲""唱够了曲"等。如果这种现象并非文献中所说的极少，那么我们应该关心的问题是：分布范围有多广？认知理据在哪里？又应该如何处理这种现象？

除了动词，名词也可以激活相应的认知图景（以下例子和分析来自卢英顺，2017：5—14）。比如"足球"激活的认知图景是：形状是圆的，可以充满气，可以踢，落到地面上还可以弹跳起来，足球还有大小、表面图案、作用甚至质料等。"苹果"激活的认知图景是：颜色、味道、形状、大小、结在树上的果实等。但是名词激活的认知图景不一定是静态的，也可以是动态的，比如"会议"既可以激活"会议的内容""会议的开始时间"等静态要素，也可以激活"会议的持续"等动态要素。再看如下例句：

（1）中国的事就是这么怪……工作是玩，开会变成游山玩水。正式宴会变成酒量比赛。可玩又是工作，用麻将送钱，从而希望获得某个建筑合同。（王跃文等《官场故事》）

（2）将爱情进行到底。

例（1）中的"麻将"是名词，但并非激活了形状、"三万""白板"等静态要素，而是"打麻将"这一动态行为，"用麻将送钱"就是通过"打麻将"的方式送钱。例2被认为不合语法，因为"爱情"是名词，但这里其实是激活了"恋爱"这种行为。总之：一般来说，最能激活认知图景的是名词和动词，而且由名词所激活的认知图景一般是静态的，由动词所激活的认知图景一般是动态的；但这不是绝对的，部分名词也可以激活事件范畴，部分动词也可以激活物体范畴。

然而，以上例子中尽管激活了动态要素，但仍然行使了名词功能，可是有一些例子却发生了"转类"。与之相应的是，有些"动词"在激活了静态的认知要素后，也发生了"转类"。试看如下例子：

(3) 记者电话余华，其手机一直处于关机状态。(《文汇报》2013-06-24)

(4) 我们几乎每晚都会微信，那晚不知道为什么，没有说话。(搜狐新闻2013-07-01)

(5) 人这一辈子啊，就应该生命不息，爱情不止。(电视剧《我的父亲母亲》第36集)

(6) 它的停刊令许多文化人感到惋惜。

(7) 这本书的出版，确实是语言学界的一件大事。

(8) 他接受了我的批评。

以上例子中的"电话""微信""爱情"其实是表示"打电话""发微信""谈恋爱"，而"停刊""出版""批评"则是表示相应动作的事情或事件。为此在认知要素的句法实现方面，上述动词所激活的认知要素可充当主语、宾语等；而上述名词激活的认知要素则是通过谓语来落实。但是由于所谓"汉语词类与句法成分之间不存在简单一一对应关系"(朱德熙，1985：4)，导致汉语这方面的现象十分麻烦，尤其是处于主语或宾语位置上的"动词"还是不是动词，学术界的看法并不一致。比如说上述"转类"的性质是什么？它们只是临时的转类，还是彻底变成了其他词类？目前，认知图景理论也未给出肯定答案。

基于以上背景，我们在这一部分拟探讨两个问题：其一，基于认知图景理论对一些新兴名词如"（心灵）鸡汤""内卷"等的句法、语义特点进行描写和解释；其二，对词类转化问题尤其是所谓动转名现象提供一些基于词典和语料库的实证调查。

除了实词之外,① 虚词也能激活一定的认知图景［例子和分析来自（卢英顺,2017：56—57）］。比如,方位词"里/外"能激活一个容器要素,如例9和10中的"小书店""小屋子";介词"通过"可以激活"方法"或"手段"这一要素,如例11和例12中的"车头的镜子""电话"。

（9）这时,"文革"已经开始了,县城的小书店里除去毛主席著作,别的书全没有。(冯骥才《一百个人的十年》)

（10）小屋子外没有一个人,没动静。(老舍《骆驼祥子》)

（11）解净通过车头的镜子,把刘思佳的表情全看在眼里了。(蒋子龙《赤橙黄绿青蓝紫》)

（12）我决定,现在就通过电话向党中央请示,反映你们的回城愿望和要求。(邓贤《中国知青梦》)

遗憾的是,在认知图景的理论构建及其应用中（卢英顺,2017）,有关虚词的研究少之又少。为此,我们将初步探讨认知图景理论较少涉及的虚词问题,包括虚词"同"和频率副词"老"。

下面,简要介绍全书安排。全书除"绪论"和"结论"外,分为五部分:"绪论"是本书背景和全书安排;第一部分"理论基础"概述了认知图景理论和新句式观,以及动词、句式及其动态循环关系;第二部分为"从认知图景看动词的非典型及物用法";第三部分为"从认知图景看名词的句法、语义特点";第四部分为"从认知图景看虚词的句法、语义特点";最后是"结论"。各章内容如下：

第1章介绍句式生成的认知图景解释。该理论在解释语言现象时有诸多优势,但也存在一些不足,我们在其基础上进行了扩充和完善,明确了"认知""认知图景"和"认知要素"等概念的内涵,详细刻画了两次凸显的过程、机制和动因,最后讨论了认知图景与动词、句式之间

---

① 本书主要探讨动词和名词,事实上,形容词也可以激活相应的认知图景（卢英顺,2017：56）。

的区别及联系。认知图景理论兼具描写和解释潜力,可对如今方兴未艾的构式语法做出有益补充。

第2章介绍新句式观的要义与优势。汉语学界对"句式"的认识历程经历了从单维到多维、从分析到整合、从抽象到具体的过程,在此背景下,卢英顺教授提出了"新句式观",包括四点要义:(1)以动词为枢纽,以小句为基础;(2)聚焦于某一特定动词(或一类动词);(3)具体到语义成分;(4)区分典型句式和扩展句式。新句式观一方面弥补了论元角色过于抽象的不足,更有利于发现动词(类)之间的句式异同;另一方面兼顾动词、构式及其互动,能对句式生成做出更合理的描述。

第3章探讨句式交替的界定、分类与表征。构式语法内部针对表层概括假说有不少异议,来自心理学实验、语言类型学和历史语言学的证据都支持句式交替的独立地位。我们界定了句式交替、句式位、句式体和同义句式等术语,基于论元数目增减、性质升降和顺序调换三个参数归纳了交替类型。句式交替存在不对称,要区分历时或发生学的不对称与共时或使用的不对称。相对派生式假设,构式网络表征法更方便捕捉到句式交替的相关特征。

第4章讨论动词、句式及其动态循环关系。我们在基于使用的构式语法视角下,把动词区分为个体动词和概括动词,把句式区分为句子、具体句式和抽象句式,在此基础上提出了"基于使用的动词和句式动态循环模型"。该模型主张正视动词和句式之间循环互动的语言事实(而不是犯循环论证的逻辑错误),但不把这种循环绝对化:不论是从抽象句式到概括动词的固化/规约化(句式对动词的影响),还是从个体动词到抽象句式的固化/规约化(动词对句式的影响),语言使用都在其中扮演着重要角色。

第5章探讨基于使用的及物性研究框架。我们提出了一个新的及物性研究框架,在此框架下总结了汉语中的七种及物句式,尤其讨论了存现句、事件存现句和非典型事件句之间的关系。不及物动词出现在这七种及物句式中即可实现"及物化",其理据包括焦点、语篇、协同和语体等因素。但是由于动词和句式之间的互动存在不对称,因此只有一些机制能突破临时压制,促成动词从不及物规约化为及物。

第6章是动词"睡"的及物动法。"睡"一般被视为不及物动词，但调查发现"睡"至少有三种及物用法，除了文献中争论较多的"睡者＋睡＋处所"外，还有"睡者＋睡＋同眠者"和"睡＋觉"，各有独特的形式、语义特点，都可以从认知、功能视角得到很好的解释。我们综合个例频率、类型频率、句式交替和认知语义等标准判断了"睡"本身的及物性，发现可以从"睡者＋睡＋处所"出发把它判断为及物动词。

第7章讨论动词"死"的及物用法，尤其是非典型事件句"王冕"句。首先是"死"的问题：我们从共时分布、历时分布、句式交替和认知语义四方面调查了动词"死"及物用法的规约度，并与相关动词"生、老、病"作了比较，发现"死"有三种及物用法，包括"死＋死者""处所＋死＋数目＋死者"和"受损者＋死＋死者"，三者分别属于事件存现句、存现句和非典型事件句。其中前两类句式属于独立构式，永远无法促成"死"及物用法的规约化；非典型事件句虽有促成及物用法规约化的潜势，但因其共时、历时分布有限，句式交替自由度低，语义关系较为抽象，因此其规约度并不高。其次探讨了"王冕"句的句义问题，从客观、主观和交互主观三个维度挖掘该句意义，发现"王冕"句客观上表示"父亲死了"的真值语义，主观上表示"说话人认为事情有关得失并计较这种得失"的主观意义，交互主观上表示"王冕成为孤儿，童年很惨"的推论语义。"王冕"句的使用动因包括传递特定的消息、提高语言的论证力以及协同或与读者实现共鸣等。最后尝试性地解构了"王冕"句牵涉的三个难题。

第8章是"吃饱饭/喝醉酒"句。对于双动词结构，我们倡导兼采还原路径和整体路径之长：还原路径可在前后动词与语义成分关系的基础上，概括出双动词结构的微观语义结构类型及其交替关系；整体路径则把双动词视为临时复合词，把整体与语义成分的关系视为宏观语义结构，由此出发对双动词结构予以描写和解释。以"吃饱饭/喝醉酒"为例，它们向来被视为双动词结构中的"异数"，因为违反了所谓"补语的语义指向施事时不能再带宾语"的规则。但调查发现，V位置还有不少其他动词，N位置还有不少其他名词，证明了"吃饱饭/喝醉酒"并非唯一例外。另外，在把"吃饱/喝醉"视为复合动词的前提下，可以基于认知图景理论更好地描述其句式生成过程。总之，综合路径让我们对双动词结构层级、双动词结构生成以及"吃饱饭/喝醉酒"等问题有了新的认识。

第9章调查"（心灵）鸡汤"的句法、语义特点。"（心灵）鸡汤"随着使用频率上升出现了多种效应，尤其是多功能用法。在指称用法中，"（心灵）鸡汤"频频出现在消极语境中，证明它的语义向消极一端偏移。这种语义变化反映了语言背后的社会、文化及观念变化：隐喻义受到《心灵鸡汤》系列丛书的影响，后进一步泛化并规约化；消极义则受到网络时代快餐文章风行的影响，是人们对此反思和批评的结果。

第10章调查"内卷"的句法、语义特点。"内卷"一词从学术界跨域至日常生活，产生了显著的句法、语义变异，呈现出缩略与泛化的双重效应：缩略体现在词长变短，从"内卷化"到"内卷"再到"卷"；泛化体现在语义和句法变异上，语义上词义引申，相较于过去更加宽泛，句法上"内卷"从体词向谓词转化，"卷"可作为语素构成新词，呈现出复杂灵活的句法功能。

第11章讨论事件名词的句式、语义特点。我们调查了"研究""出版""信任/怀疑""X化"的句式分布和认知图景，发现这些事件名词的指称用法的规约化程度都很高。过去认知图景理论只涉及名词可以激活事件范畴，并没有提及动词也可以激活物体范畴（动词的自指、转指用法）；而对于处于主语或宾语位置上的表示动作的词语是动词还是名词的问题，只是指出"学术界的看法并不一致"，并没有给出明确的答案，我们的调查认为如果其指称用法规约化，那么可以认定为名词。

第12章探讨双名词结构的句法、语义特点。"主语"和"话题"这两个概念既不具备跨语言的普遍性，也可能不具备语言内部的普遍性，而是由具体句式或构式决定的。比如对于存现句的句首处所成分，主张纯主语者有之，主张纯话题者有之，主张主语兼话题者有之，主张什么都不是的也有之。因此与其在抽象层面上讨论这些范畴，不如结合特定的句式或句子来挖掘其语义、语用属性。在这方面，认知图景理论尽量不陷入术语之争，而是基于认知图景借助两次凸显来描写其生成过程。如双名词结构的生成，是第二次凸显中主观因素（如"语义邻近原则"）和交互主观因素（如"话题置首原则"）互相作用的结果。

第13章是"同"字句的句法、语义特点。我们基于认知图景理论调查了"同"字句的形式、语义特点，发现："同"经常出现在"（NP$_1$+）同+NP$_2$+VP""NP$_1$+同+NP$_2$""同+NP"和"同+V"结构中；虚词"同"的语法意义可以概括为"表示引进其他参与客体"，所在结构VP位置包括交互、融合和比较三类动词。在"同"字句中，核心动词（语）的中心认知图景可以激活"至少两个（组）参与客体"，虚词"同"的非中心认知图景可以激活"客体$_1$+同+客体$_2$"这一表示参与义的构式，两者之间的兼容决定了"同"字句的句法、语义特点。

第14章是频率副词"老"的句法、语义特点。我们在对频率副词"老"句式描写的基础上，从客观、主观和交互主观维度三个维度构建了其认知图景，并与"经常""老是""总（是）"等副词作了比较，发现：在客观维度上，"经常"强调次数较频，不具已然性；"老（是）"和"经常"有类似的时候，但更常表示连续行为持续较长，具有已然性；"总（是）"强调无例外，无所谓间隔长短，也无所谓已然性。在（交互）主观维度上，"经常"极少（交互）主观性；"老（是）"具有否定情感，旨在希望改正；"总（是）"具有肯定情态，旨在劝服对方。

第一部分　理论基础

第1章
句式生成的认知图景解释

认知图景理论是卢英顺（2005、2008、2015、2017）全力构筑的一套语言学理论，首次出现于2005年发表的《认知图景与句法、语义成分》一文，系统完善于2017年出版的《认知图景：理论建构及其应用》一书。这里把其要点概述如下。

认知图景是指"人们对现实世界常规的，或者说是比较恒定的认知经验"，由特定词语激活。认知图景可以分解成一定的"认知要素"，如"苹果"认知图景可以分解为颜色、味道、形状、大小等；[①]"吃饭"认知图景可以分解为"实施行为的主体""食物及数量""工具""时间""处所"等。这些认知要素经过两次凸显实现为具体的句子。第一次凸显关心哪些认知要素可以出现在语法结构中（出现之后即从潜在的语义成分变为现实的语义成分），影响因素包括"内在凸显"，即词语本身就蕴含了凸显的要素（如"偷"天然地凸显"偷窃者"和"失窃物"，"抢"天然地凸显"抢劫者"和"抢劫物"），也包括"外在凸显"，即哪些认知要素凸显完全由说话者主观决定（如"昨天晚上我吃了面条"，作者选择凸显了"时间""主体"及"食物"）。第二次凸显关心语义成分的句法排序，影响因素主要是信息结构，即什么成分做话题，什么成分做焦点（"昨天晚上我吃了面条"，是以"昨天晚上"为话题，以"面条"为焦点）。认知图景所激活的认知要素，在经过两次凸显之后就

---

① 生成词库理论认为，物体可以从构成、形式、功能和施成等角度来认识，如"小说"的构成是"故事""封面"等，形式是"书籍"，功用是"读"，施成是"写"。生成词库理论与认知图景理论具有相通之处，尤其强调名词在语义组合中的重要性（宋作艳，2011）。

形成了不同的句式；如果句式意义相近，可以聚合成"同义句式"（见第3章的详细讨论）。

认知图景理论具有诸多优势，如重视认知经验或百科知识；重视词汇或词库信息，能够合理平衡词汇和构式之间的关系；具有本土性，是借鉴认知心理学成果独立提出的一套本土理论；① 等等。但是也存在一些不足，如认知图景来源不明、认知图景与词句意义的关系含混不清、主要关注实体性要素、个别环节还比较粗糙等。我们拟在其基础上做一些扩充和完善，暂且称之为"扩充的认知图景理论"。要提前说明的，任何词类都可以激活认知图景（卢英顺，2015、2017：56），但这里暂以动词为例。

1.1 认知图景及其要素

认知图景之"认知"是集体认知（collective cognition），② 而非个体认知（individual cognition）。恰如卢英顺（2017：5）所言，认知图景是"概括的认知图景，是为许多人所共享的"。正为此，认知图景关注的是"常规的，或者说是比较恒定的认知经验"，它是从无数个体认知中概括出来的，会对个体认知形成制约。而对于个体认知而言，由于人们对频繁感知的现象已经习焉不察，因此更容易被非常规或非恒定的现象所吸引。

认知图景之"图景"要做广义理解。它可以是物理性的，如过去关注较多的单一物理事件（如运动事件）；可以是社会性的，如"提起""说话"等言说动词；也可以是心理性的，如"忘记""忍受"等心理动词。与"场景"（scene）概念不同的是，认知图景不是想象出来的，

---

① 认知图景理论与某些外来理论具有相通之处（如框架语义学、生成词库理论和词汇—构式语法等），但它是借鉴认知心理学思想独立提出的一套本土理论。该理论与相关理论之比较参见卢英顺（2017：第1.4节）。
② 集体认知又叫集体智慧或集体智能（collective wisdom/intelligence），通俗来说就是"三个臭皮匠顶个诸葛亮"。很多社会性昆虫表现出集体认知，如蚁群、鱼群、鸟群和蜂群等，它们被视为一个超有机体（superorganism）。人类语言尤其体现了集体认知的作用（Clément et al.，2013）。

而是语言学家基于真实语料构建出来的。① 鉴于认知图景来自生活经验，而又可以规约化到语言之中，从而对语言的产生和理解形成制约（McRae et al.，1997），因此语言学家可以以语言为窗口窥探认知图景，比如可以通过句式调查来构建认知图景。这样一来，认知图景既是一种解释（因为它会制约语言表现），也是一种对语言的更精密和深入的描写。

认知图景不是混沌而是有序的，体现为"可分解性"（decomposability）和"层次性"（hierarchically structured）。首先，认知图景可以分解为认知要素（如前面提及的"吃饭"认知图景），这得到了来自神经科学的证据支持（Sun et al.，2020）。认知要素具有三个特点：（1）复杂性。现实世界的复杂性决定了认知图景及其要素的复杂性。比如对于事件，我们可以从三大维度进行分析，包括事件是如何在时间进程中被凸显的，事件中的参与者数量、类型及关系，以及事件是否持续、是否完成、是否动态等（陈振宇，2016：23）。（2）凸显度。同一认知图景的不同认知要素凸显度不同，同一认知要素在不同认知图景、历史和文化之间也有所不同。② 凸显度是一个连续范畴，避免了过去区分为必有论元和可有论元的武断性，即使把凸显度二分，如原型认知要素和边缘认知要素，也是由具体词汇决定的，其中原型和边缘决定于具体的句式或句子。③（3）不可预测性。前面已经强调过，认知图景不是凭空想象出来的，而是基于词语的使用模式调查构建出来的，很大一部分原因就在于认知要素具有不可预测性。基于内省想象的认知图景往往是残缺的，如"生育"认知图景，我们固然可以预测到"数目""时间"和"处所"这些认知要素，但像"优生""首生""代生""穷生""倒生"这些词语所显示的认知要素需要经过调查才会发现。

---

① 基于语言学家个人自省或想象得出的"场景"经常不符合语言表现，相关批评参见 Thompson & Hopper（2001）。

② 认知要素的凸显度之所以不同，归根到底是因为在个人的认知经验中，认知要素的特征是处于动态变化中的。正如 McRae 等（1997）所指出的，个人题元角色特征的凸显度会发生变化，包括：人与人之间不同；同一人在不同时间不同；不同语境下也不同。

③ 最典型的体现是处所。过去已有很多研究注意到，处所的语义角色地位不能一概而论，而是要取决于具体的动词或句子。但是一旦要区分为核心和边缘，就必然要把它规定为核心或边缘，这只有把语义角色细化到具体动词（类）类才能解决这个问题。

其次，认知图景具有层次性或等级性，表现在两点：相关认知图景之间形成上位、下位和基本范畴之间的层次；在单一认知图景内部，认知要素在大脑中呈现原型表征，体现出内在结构。卢英顺（2008）已对前者有详细讨论，我们来看一下后者。认知要素的原型表征指的是，对于某个认知要素而言，某些词语更适宜充当此认知要素，而其他词语的适宜性则要差一些。例如在英语中，serve（服务）可以激活服务认知图景，其中server（"服务者"）是最凸显的认知要素，但在这个集合里只有waiter（服务员）、nurse（护士）是好的成员，而reporter（记者）尽管也可以提供服务，适宜性却要差一些（McRae et al.，1997）。

1.2 句式生成：两次凸显

认知要素需要经过凸显实现为具体的句子，分为"第一次凸显"和"第二次凸显"。①

1.2.1 第一次凸显

第一次凸显关注认知要素如何实现为语义成分，这是一个概念形诸形式成为语言符号的过程。如果所有的认知要素都表现出来，那么**可能的**组合类型将非常多，但是真实的句式会受到三点限制：信息处理能力的限制、凸显度不同的限制和（交互）主观性的限制。

人类的信息处理能力是有限度的。人类处理信息会受到短时记忆或工作记忆的制约，其容量过去被概括为"神奇的数字7"（Miller，

---

① 配价语法似乎不区分两次凸显，如袁毓林（2010b：142）指出："我们称动词的配项之间的这种同现选择限制以及主语宾语等句法成分对施事受事等语义成分的选择关系为配位方式（argument selection）。直观地说，配位方式是能够在同一个句子中共现的、从属于同一个动词的语义格在句法上的安排方式（syntactic arrangement）。"此外，两次凸显大致对应于构式语法所说的"配位方式"（syntactic structuralization），包括论元选择（argument selection）和句法配置（syntactic arrangement），前者指一个特定句式所支配论元的同现限制，后者指句法成分对语义成分的选择关系（施春宏，2018：43）。

1956），如今普遍认为是 4 个左右的组块（Baddeley，2010）。① 这种限制产生两个后果：人类以组块为单位快速处理信息，一旦此时不及时处理，很快就会湮没到快速涌入的其他信息之中（人类平均一分钟要处理 150 个词），这就是"现在或永不瓶颈"［Now-or-Never bottleneck，参见（Christiansen & Chater，2016）］；语言也在适应人类的大脑或认知限制，真实的句子长度都是有上限的。如左思民（1992）调查发现，汉语的平均句长为 20 个词左右。如果以组块为单位进行统计，那么这个数字会下降到 7 和 4 这两个数字，即：句法结构的直接成分不会超过 7 个，模式成分不会超过 4 个。这决定了最复杂的句式也就是一个动词加三个论元，如双及物结构和"使/make"字致使结构（袁毓林，2010b：137—139；Green，2017；陆丙甫、应学凤，2019）。

凸显度不同也会影响认知要素的共现数目。认知要素的凸显度之所以不同，是因为语言是按照概率性（probability）运作的，而不是按照可能性（possibility）。凸显度反映了认知要素与动词之间的语义远近，因此凸显度高的认知要素更容易得到凸显，凸显度相近的更容易得到共显。那么如何确定凸显度的大小呢？一个方案是统计出现概率。卢英顺（2017：33）指出："在这样的凸显过程中，有的认知要素有时要比另外一些要素被凸显的可能性要大，机会要多。"他调查了"买"和"卖"所涉认知要素的凸显度，发现"卖"可以激活"所卖的东西（100%）＞卖东西的人（68.6%）＞卖给谁（11.4%）＞卖东西所得的钱（5.7%）"，"买"可以激活"所买的东西（89%）＞买东西的人（81%）＞在哪儿买的（18.9%）＞给谁买的（11.5%）＞买东西所花的钱（10.6%）＞所买东西的数量（5%）"。可以看出，"买""卖"所激活的认知要素及其数目不同；不同要素在同一图景中，以及同一要素在不同图景中的凸显度也不同。换句话讲，在买卖过程中，人们最关心买或卖什么东西，其次才是向谁买或卖给谁。这也难怪作者会说"在它

---

① 需要补充的是，如果具体到意识或意识焦点，那么会下降到"1"：已有很多心理学的研究指出，人类的意识一次只能注意到一个或一组信息（不管是单词、脸部还是图案，参见 Chater，2018）。这种有限的信息处理能力当然也影响到语言。如以研究信息结构著称的 Wallace Chafe 提出了"一个新想法"的假设（"one-new-idea" hypothesis），即意识焦点的处理对象不会超过一个新想法，只有一个事件、状态或指称对象会从之前未激活的状态中被激活（Chafe，1994：108—119）。

们所激活的认知图景要素中,有些要素就是'天然地'要受到凸显的"(卢英顺,2017:35)。另外,我们可以用"VP 的"结构作为辅助,因为其转指对象与认知要素的凸显度密切相关(卢英顺,2008、2017:33),即我们最先联想到的转指对象肯定是凸显度最高的。

认知要素共现的数目还会受到(交互)主观性的影响。如果凸显度是站在整体上来看,那么(交互)主观性是站在说话者或(和)听话者个体来看。如下面的例句:

(1) a. 张三把房子卖给李四了。
　　b. 张三把房子卖了。

为何说话者在 a 句中凸显了三个要素,而在 b 句中只凸显了两个要素?如果从主观性来看,那么可以借用"注意开窗"(windowing of attention)"侧显"(profile)"透视域"(perspective)等概念来解释(Langacker,1987;袁毓林,2010b:141)。如果从交互主观性来看,那么会受制于语用限制:与传递信息相关的要素才会得到表达;不可在语境中复原的必须得到表达(Goldberg,2006:190)。回到例1,说话者之所以在 a 句中凸显了"卖给谁",就是因为他预设听话者不知道这个信息,而他自己则希望把这个信息传递给对方;至于为什么想传递这个信息,就需要结合更大的语境来看了。

最后想强调的是,第二个因素和第三个因素通常是一致的。Goldberg(2006:40)指出:"……一般来说,词汇语义学和语篇语用学是一致的(aligned)。也就是说,与动词语义联系密切的参与者(即那些得到侧显的参与者角色),很有可能在语篇中也是相关或重要的,因为这个动词毕竟是从多个动词中选择出来的。"

1.2.2　第二次凸显

第二次凸显关注语义成分的排列问题,这是一个说话者组织话语的过程。经过第二次凸显之后,语义成分和句法成分建立了连接(linking),实现为各式各样的句式。由于汉语形态不丰富,故会调用"位置/语序"和"虚词/功能词"两大句法化手段。笼统来说,主语、宾语

（包括双及物构式的第二宾语）和"得"后补语是重要位置/语序，具有高度的话语性质（要么是话题要么是焦点）；而定语、状语则多借虚词引进，一般是背景化成分（backgrounded elements）。① 具体是何种句式主要受两个因素的影响，**主观因素和交互主观因素**。

主观因素又包括几点：一个是**"语义邻近原则"**，语义或观念上靠近的成分在结构上也靠近，反映了具有普世性的空间认知（Haiman，1985：237-238；陆丙甫，2016）。以动词和语义成分的关系为例，与动词（语）语义关系越密切的成分越靠近动词（语）。一个是**"语义—句法对应原则"**，突出语义成分位于重要句法位置，动作者和承受者凸显于重要句法槽（Goldberg，2006：185）。另一个是**"因前果后原则"**，指语义或观念上的因在结构上呈现为因在前果在后，反映了具有普适性的时间认知（Croft，1998；戴浩一，2007）。② 试看如下例子：

(2) a. 李四跟张三买了房子。
　　b. 李四买了房子。

例 1a 和例 2a 的语序之所以不同，动词是表面或次要的原因，更深的原因在于说话者对同一事件的因果链条做了不同识解：例 1a 中，说话者可能认为张三把房子兜售给了李四，即张三为因李四为果；在例 2a 中，说话者可能认为是李四向张三提出要买他的房子，即李四为因张三为果，可见两者的因果流动是相反的。需谨记，无论是靠近还是因果，都是语义或观念上的，也就是说要取决于说话者的特定识解。

这几个原则，动静结合，时空兼顾，不可缺一。"语义邻近原则"之所以会起作用，是因为人类思维具有完形特征，加之语言的线性束

---

① 定语、状语和补语等句法位置在过去的句式描写中经常受到忽视（被视为扩展成分），但是很多句子在去掉这些位置后就很不自然甚至不能说。卢英顺主张不把它们一律看作扩展成分，而是通过特定动词（或一类动词）激活的认知图景来判断，如果属于相关动词所激活的认知要素，就不视为扩展成分（卢英顺，2016a、2020b）。

② 戴浩一（2007）细化为三大认知原则：时间顺序原则（principle of temporal sequence），即"两个句法单位的相对次序决定于他们所表示概念领域里的状态的时间顺序"；从大到小的空间关系，比如地址的书写顺序；时间范围原则（principle of temporal scope），即"如果句法单位 X 表示的概念状态在句法单位 Y 所表示的概念状态的时间范围之中，那么词序是 YX"。

缚，故先要在局部合并成一个组块。"语义—句法对应原则"之所以会起作用，是受制于人类注意和感知的普遍特征，因为在一个事件流中，动作者和承受者在认知上都是高度可及的，其中动作者又会受到特别的关注。但是由于人类对事件因果链条有不同识解，故有了多种排列格式可兹选择（形成不同句式），此时便会受制于"因前果后原则"。那么人类是如何选定特定识解（句式）的呢？这要受到交互主观因素的促动。

交互主观因素是指说话者与听话者之间的信息传递（"信息结构"）会决定语序，是一种反映语言对话或互动本质的社会或语用因素。吕叔湘（1946/1984：469）对此早有论述："由'熟'及'生'是我们说话的一般趋势……词序在语言心理上恰恰和这个一般的趋势一致，可以说是'由已知而新知'的原则应用到充类至尽。……不能说是纯粹机械主义，实在也同时遵从某一种语言心理的指示。"我们认为"话题—述题""预设—焦点""可识别—不可识别"这三对范畴可以对语序问题作出解释。

话题—述题。这对范畴是语篇概念，具有对话性或互动性，从而体现出交互主观性。对于汉语而言，话题在先、述题在后是最为自然的一种序列。由于话题在汉语中特别凸显（甚至有学者提议单独给话题一个句法位置，如徐烈炯、刘丹青，1998/2018；卢英顺，2020a），因此在句式描写和解释中一定要考虑到话题的影响，即如果一个语义成分被选为话题，那么就会把它放在句首位置——可称为"**话题置首原则**"。

预设—焦点。预设和焦点合起来就是断言（图1-1），是说话者有意向听话者传递的命题。在汉语中，焦点的自然或默认位置是句尾，即"谓语焦点"（predicate focus）；除此之外，整个句子也可以成为焦点，即"句子焦点"（sentence focus），此时不存在话题。"句子焦点"也就是非主题判断句（thetic judgement），又包括两类：一个是以实体为中心的存现句，其语用功能在于把一个新的所指对象引入话语；另一个是以报道事件为中心的事件存现句[（event) presentative structure]。"谓语焦点"和"句子焦点"都是宽焦点（broad focus），除此之外还有"窄焦点"（narrow focus），即焦点可能在任何位置（罗仁地、潘露莉，2005；周士宏，2016：193）。基于汉语的自然焦点，有学者认为汉语语序具有灵活性，凡是说话者有意使之成为焦点的语义成分都可以置于这个位置（徐烈炯，2002）。石毓智（2002）则直接把现代汉语句子组织信息的原则概括为"伴随特征＋谓语中心＋结果状态"，"结果状态"位置可以是时间词、介词短语、程度词、普通补语等。如果只考虑自然焦点，那么我们可以概括为"**焦点置尾原则**"。

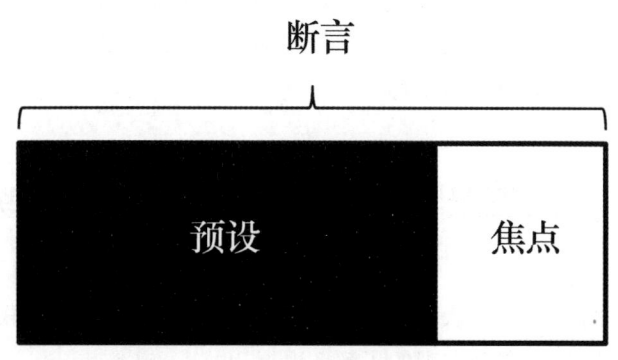

图1－1 预设、断言与焦点的关系

可识别—不可识别。可识别性（identifiability）是一个连续范畴，[①]还可以细分为活跃（active）、可及（accessible）、可推知（inferrable）、未用（unused）和崭新（brand-new）等。上述两对范畴（话题—述题和预设—焦点）属于关系新旧信息（relational givenness/newness），可识别性则属于指称新旧信息（referential givenness/newness，参见Gundel，1985），它们具有相关性：越是可以识别的，越容易被接受为话题；越是不可以识别的，越容易被接受为焦点。具体到汉语便造成了动前成分被理解为可识别、动后成分被理解为不可识别的强烈倾向，可以概括为"**可识别性领先原则**"（陆丙甫，2005、2016；[②]周士宏，2016：92—93）。回到例1a和例2a，说话者选用哪种语序，取决于他选择哪个语义成分作为话题（以及哪个成分作为次话题），哪个语义成分作为焦点。

关于主观因素和交互主观因素的关系，我们在前采用了"促动"一

[①] "可识别性"和"定指性"（definiteness）有密切关系，不过前者是一个认知范畴或语用范畴，具有普世性；后者是一个语法范畴，有些语言不一定有（周士宏，2016：64—65）。

[②] 陆丙甫（2005、2016）提出了"可别度领先原则"或"可别度领先象似性"，但是该原则特别宽泛，把影响可识别性的因素如新旧信息、是否定指、生命度大小、数量大小、整体—部分、语义抽象程度、有界性等都统摄了进去，其中有定性和信息新旧程度是其基本成员。

词，这说明二者存在平行性：话题是因，述题是果；预设是因，焦点是果；可识别是因，不可识别是果。决定这种平行性的是"识解"，即人类对因果链条的认识具有极大的灵活性。我们可以把它们的关系概括到一句话里，这句话代表了真实自洽的实时对话：说话者会根据对听话者认知状态的评估选择合适的句式把自己对客观现实的识解信息传递给对方。在这个过程中，主观因素和交互主观因素配合无间，故此，在第二次凸显的解释中也不能偏废其一。

1.3 认知图景与动词、句式之间的区别及联系

最后我们来看一下认知图景与动词、句式之间的区别及联系，也借此对认知图景理论有个宏观的了解。

先看认知图景和动词、句式的区别。顾名思义，认知图景是认知层面的东西，属于无形的概念内容；动词、句式是语言层面的东西，是认知图景形诸语言形式的结果。如果抛去语言形式，那么认知图景和动词、句式的语义并无本质区别。那么在概念内容内部，认知图景和动词、句式是否有差别呢？我们认为，从认知图景到句式意义再到动词意义，是进一步的压缩或抽象，可以简单表示为"认知图景＞句式意义＞动词意义"（"＞"同时表示大于和方向，如果把三者各视为一个集合，那么后者是前者的子集）。如施春宏（2018：68）指出，"概念结构经过进一步抽象概括形成语义结构"。Perek（2015：212）在谈到这个问题时说，概念内容（语义框架）只是动词的参考，只有一部分才会凸显出来存储到动词中。此外，句式句义相对认知图景而言，还是一种线性的信息组织，这从根本上受制于语言的线性特征：认知图景诸要素只能排着队输出和输入，其排序会受到（交互）主观因素的影响。至于动词和句式的关系，一个隶属脱离语境的词库层面，另一个隶属附于语境的句法层面。另外，它们牵涉的认知系统是不同的：句式无疑属于短时记忆或工作记忆；认知图景和动词都属于长时记忆；至于认知图景和动词之间，我们取 McRae 等（1997）的主张，不在语义记忆和情节记忆（episodic memory）之间作严格区分。

第1章 句式生成的认知图景解释

$$\xrightarrow{\text{规约}} BA \xrightarrow{\text{激活}} B^{CG}_{EF}{}^H_{D} \xrightarrow{\text{凸显}_1} B^{CG}_{EF}{}^H_{D} \xrightarrow{\text{凸显}_2} \begin{array}{c}\cdots\cdots\\ A+\text{动词}+C+B\\ \cdots\cdots\end{array} \xrightarrow{\text{规约}}$$

　　　动词　　　　　认知图景　　　　　语义成分　　　　　　句式

图 1-2　动词、句式和认知图景的关系

至于三者的关系，这可以从图1-2中的箭头看出：认知图景由各种认知要素构成，它们是潜在的语义成分（以灰色A-J表示）；经过第一次凸显即成为现实的语义成分，即已经附着于词语成为语言层面的东西了（A、B、C由灰色变为黑色）；经过第二次凸显之后变成了句法成分，即以线性序列实现到各个句法位置上（表现为"A+动词+C+B"）。在句式使用中，那些使用频繁的要素会规约化，进而可能成为动词词义的一部分，这导致的结果是听话者在单独听到某个动词时，就会激活与之相应的认知要素（表现为A、B），这已经得到了心理学实验的证明（Ferretti et al., 2001）。①但是真实的语言使用都是有语境的（包括上下文、物理环境等），动词本身结合语境线索即可激活完整的认知图景。可以看出，三者形成一种动态循环关系。

1.4　小结

认知图景理论是作为一种解释工具构建起来的，但是与其把认知图景视为一种解释，不如把它视为一种更细致深入的描写。对于语言的认知表征，其他学科如心理学可以通过诱导实验、机器扫描等来研究，语言学家则可以通过分析大量的语言数据来研究。基于句式描写构建出来的认知图景，为我们了解语言知识的认知表征、语言知识与非语言知识

---

① 一定要认识到，是否规约化取决于语言使用。以著名的sneeze为例，在"打喷嚏"认知图景中，喷出的气流和鼻涕确实会对外物造成影响，但是所牵涉的外物（受事）是否属于词义的一部分，还要取决于这种用法分布是否广泛。例如，王仁强、陈和敏（2014）认为受事已经规约化为语义的一部分（详参本书第2.3.2节）。

的互动提供了一扇窗口,反过来又可以对句式生成过程予以"解释",从而构成一种动态循环。在这个循环中,句式使用(包括语境)扮演着核心角色,尤其是频率效应在词、短语、小句和句法层面都有被观察到(邹韶华,2001;Diessel,2007),最终会对动词的认知表征构成影响。

  认知图景理论可对构式语法做出有益补充,[①] 包括:(1)构式语法不太重视词汇,认知图景理论不仅重视词汇,而且也考虑到了构式的影响;(2)构式语法比较忽视语义框架或认知图景,认知图景理论认为这是决定句式的基本因素,因此会基于句式调查构建详细的认知图景;(3)构式语法比较忽视认知机制,如识解、侧显等,认知图景认为这是决定句式的重要因素;(4)构式语法过于抽象,认知图景理论提出"新句式观"回归具体(卢英顺,2016a、2017、2020b)——下一章我们来详细讨论新句式观。

[①] 关于认知语法和构式语法的互补关系,张翼(2011)、周小涛(2015)有详细讨论,可参。

第 2 章

新句式观的要义与优势[①]

　　学界对"句式"的使用一直比较混乱，与之相关的概念有"句型""句类""句模""句式（狭义）"和"构式"[②] 等（辨别可参陆俭明2016b），这里把它们归属为"句式"（广义）问题。该问题在汉语学界受到持续关注，源于它在本体和应用中的重要角色：本体上，词语组合为句式方能进入使用，因此句式与语言使用直接关联；应用上，句式是语文词典、对外汉语教学和中文信息处理都回避不了的问题。随着近几十年的持续争论，学界对句式的认识越来越深化，但也存在一些问题。正是在这个背景下，卢英顺教授基于认知图景理论提出了"新句式观"，并探讨了它对本体和应用研究的启示（卢英顺，2016a、2017、2020）。新句式观是对相关争论的综合和升华，遗憾的是，没有放在更大的背景下予以阐发，这也导致它的某些特质未得到澄明和重视。这一章的目的就是在国内外相关争论的背景下，结合具体实例系统地阐发新句式观，并尝试做出一些补充和细化，结构为：首先，梳理汉语学界对"句式"的认识历程；其次，阐述新句式观的四点要义；最后，讨论新句式观的两点优势。

　　[①] 参见杨旭、李姝姝《走向新句式观》，《对外汉语研究》2022 年第 26 期。
　　[②] 狭义"句式"指有特殊标记或特殊表达作用的常用句子格式，如以关键词命名的"把"字句、"被"字句，以特殊结构命名的主谓谓语句、兼语句，以特定语义范畴命名的存现句、处置句等。

2.1 汉语学界对句式的认识历程

汉语学界对句式的认识经历了从单维到多维、从分析到整合、从抽象到具体的过程。

2.1.1 从单维到多维

过去对"句式"的理解局限于单维的句法层面，即从诸多具体句子中概括出的抽象"句型"，基本单位包括"主语、谓语、宾语、定语、状语、补语"等。为了克服句型描写单维的缺点，后来加入了语义维度，把语义角色如施事、受事等也容纳了进来。如李临定（1986）使用了"名$_施$、名$_受$、名$_结$"等代号来描写句型，认为这样能"比较细致地描写句型格式"。目前对句式研究最系统的当属三个平面的理论（或"三维语法"，参见范晓，1998；陈昌来，2000）。他们把"句型"限定为从句法平面抽象出来的句子类型，把从语义平面抽象出来的句子称为"句模"，[①] 把从语用平面抽象出来的句子类型称为"句类"（如陈述句、疑问句等）。如此一来，"句式"便是"句型—句模—句类"的三位一体，是从具象句里面归纳出来的三个平面的抽象类型。描写法如下：

(1) 具象句：张三看过这本书？/李四喝过这种酒吗？
　　句　式：$N_{1(主语/施事)}$ + $Vt_{(述语/动作核)}$ + $N_{2(宾语/受事)}$ + 吗？

2.1.2 从分析到整合

三个平面的理论重视语义平面的句模研究，不过，尽管他们为句式赋予了语义角色，但似乎无助于整个句义的得出。如例2所示，不管是标出词类和句法成分（如"玲玲"是名词做主语），还是标出语义角色（如"玲玲"是施事），似乎都无法得出整个句子的意思（沈家煊，

[①] 朱晓亚（2001）正是在三个平面理论的指导下，以动核为中心构建了现代汉语的句模系统，发现句模和句型之间并非一对一的关系，而是互相一对多的关系。

1999b)。再比如例3，两个句子拥有同样的句型和句模（"主谓宾"和"施动受"），但似乎无助于解释主宾可换位现象（陆俭明，2016b）。事实上，论元的语义角色只有在得知整个句义的前提下才能得到，这便不知不觉犯了循环论证的逻辑错误（张伯江，1999；沈家煊，1999c、2000a）。沈家煊（1999c）曾指出"句式不等于词类序列"，我们还可以说"句式不等于语义角色序列"。

（2）玲玲送老师一束花。
（3）a. 那个人吃了一锅饭。
　　 b. 十个人吃了一锅饭。

为了解决以上问题，有学者提出了"构式—语块"分析法（苏丹洁、陆俭明，2010；陆俭明，2016b）。"语块"指"一个构式中以一定的句法形式相对独立地承载该构式的一个语义单元的句法语义聚合体"，它是"构式的构成单位"，"是一个构式和内部词项之间的中介"。如例（4）所示，可以先从整体上把握"数量关系概念"或"容纳量与被容纳量"的句义，然后把这个句义赋予构成构式的各个语块上，从而把句式描写为"容纳量—容纳方式—被容纳量"。语块不是从现成的语义角色清单借来的，而是根据整个构式的语义分析出来的，充分体现了构式语法自上而下的研究取向。换句话说，语块的语义角色是由具体构式决定的，这也体现了"从抽象到具体的"的趋向。

（4）数量关系构式
　　 数量名语块　动词语块　　　　数量名语块【词类系列角度】
　　 NPq_1　　　V了/能V/V不了　NPq_2　　　【用符号表示】
　　 容纳量　　　容纳方式　　　　被容纳量　　【语义关系角度】
　　 十个人　　　吃了/能吃/吃不了　一锅饭
　　 一锅饭　　　吃了/能吃/吃不了　十个人

2.1.3　从抽象到具体

加入语义维度或采用语义角色还体现了"从抽象到具体"的趋向，

陆丙甫（1987）更是明确提出"具体句型具体处理"的原则，但是仍然存在一定问题：内涵上，施事、受事这些语义角色并非初始概念，由此造成了使用和理解上的诸多分歧（张伯江，2009/2016：2—3）；外延上，语义角色之数量存在不可穷尽性，有限的语义角色不足以得出一个涵盖一切的句型（或句模）系统。① 考虑到这一点，有学者认为应该进一步淡化抽象句法/语义范畴在句式描写中的作用，包括"主谓宾"这样的句法范畴、"名动形"这样的词类范畴、甚至"施事、受事"这样的语义角色，开始重视由特定动词/一类动词或（和）句式决定的语义角色。比如"构式—语块"分析法就采用了隶属于具体构式的标签，可谓是进一步的具体化。

总之过去的句式研究存在单维、分析和抽象等不足。胡裕树（1982）曾批评过句式研究中单纯"贴标签"的做法："如果只给句子的各部分安上一个成分的名称，不管能不能说明词语之间的语义关系，这种分析的价值就值得怀疑了。"如今的句式研究在向多维、整合和具体前进，卢英顺教授正是在这个背景下提出了"新句式观"。

2.2　新句式观的四点要义

新句式观初步萌芽于卢英顺（2016a、2017），系统阐发于卢英顺（2020）。这里综合其观点转述为：句式是基于某一特定动词（或一类动词)② 的认知图景所激活的认知要素经过凸显以后在句法上的排列格式，每个句式都涉及一定的语义成分，每个句式都是这些语义成分在句法层面映射的结果，因而是比较具体的，既不抽象，也不像句型那样具有层次性。句式可以分为典型句式和扩展句式，后者是在前者基础上通过隐喻、转喻和语法化等机制扩展出来的。以"放置"类动词为例，这类动词一般可以激活4个认知要素：（1）"放置"的行为（V）；（2）实施这一行为的主体（A）；（3）所放置的对象（O）；（4）这一对象最终所处的位置（L）。在经

---

① 例如，李临定（1986）只给出了7个这样的代号名称，朱晓亚（2001）则给出了4大类14小类，这样有限的代号注定要遗漏一些语言现象。

② 这里的动词包括形容词，属于广义用法，参见卢英顺（1999）。

过两次凸显之后就能形成各种不同的句式（例5—6，来自卢英顺，2016a）。

  （5）典型用法

    a. A+把/将+O+V+L式：

    他将手中寒光森冷的刺刀横搁在保长多肉的后背上。（廉声《月色狰狞》）

    b. O+V+L式：

    ……它放在我们的菜篮里，……（朱文《我爱美元》）

    c. L+V+O式：

    ……中央摆着一株一人多高的圣诞树。（阎真《因为女人》）

  （6）扩展用法

    a. A+把/将+O+V+L式，其中的行为对象成分和对象所处位置成分都是表示抽象的事物：

    ……他们须把一切父子兄弟朋友的亲热与感情都放在一旁，……（老舍《四世同堂》）

    b. O+V+L式，其中的O和L都不表示具体的事物或处所：

    他的劳作便都放在美化这所院子上。（老舍《四世同堂》）

    c. L+V+O式，作为对象所处位置虽然不是很典型的处所，但它仍属于空间领域：

    ……人们的脸上都堆满了笑，……（乔典运《香与香》）

结合已有理论与实践，我们总结出新句式观的四点要义，分述如下。

2.2.1 以动词为枢纽，以小句为基础

  针对"放置类"动词的句式描写，充分体现了以动词为枢纽、以小句为基础的操作程序。之所以以动词为枢纽，是因为：（1）动词是句式的枢纽词（pivot word），相对其他词类（如名词）扮演着更重要的角色（Braine & Bowerman, 1976；吕叔湘, 1987）；（2）儿童习得语言多以动词为枢纽，如<NP> want <NP>，即"动词孤岛假说"（Tomasello, 1992：23-24）。但是，新句式观仍然考虑到构式或句式本身的影响，

即"有些构式作为一个整体也可以激活相应的认知图景"(卢英顺,2017:65)。如"存现句"的"存在方式""存在物"就不是动词激活的,而是构式或句式本身激活的。新句式观之所以以小句为基础,是因为小句在小句(clause)、句子(sentence)、简单句(simple sentence)和复杂句(complex sentence)等层级之中属于最基本单位,句子及以上单位都能用小句来定义。如邢福义(1995)提出小句中枢说,认为"小句是最小的具有表述性和独立性的语法单位",陆镜光(2006)则从语法建构的角度指出"语法分析中最大的单位是小句"。此外,小句在日常对话中处于互动的核心,是预测性(projectability)[①]最为凸显的一个单位(Thompson & Couper-Kuhlen, 2005)。

2.2.2 聚焦于某一特定动词(或一类动词)

卢英顺(2020)指出,句式与特定动词(或一类动词)密切相关,其中的"类"并非句法类或词类,而是语义类(semantic verb class)。比如前述"放置类"动词,是基于"放、搁、搭、置、堆、摆、安放、停放、堆放、放置"等动词抽象出的语义类别。之所以聚焦于某一特定动词(或一类动词),是因为"由不同语义类别的动词构成的句型,内部不可能一致,甚至差别很大"(卢英顺,2016a:33),甚至可以说"没有两个动词的句法模式完全一致"(Gross,1994:214)。事实上,文献中针对具体动词(类)的研究越来越多:具体词如 Goldberg(1995)针对 steal 和 rob(汉语与之相应的是沈家煊 2000b 针对"偷"和"抢")、王灿龙(2010)针对"租"的研究;动词类如卢英顺(2016a)、Liu & Chang(2019)针对"放置类"动词的研究;等等。

把句式落实到特定动词(或一类动词)这个抽象层级上,动词(类)和构式之间的割裂将大大减少,能够对哪些动词可与构式融合做出更好的预测(通常情况是动词就是句式,句式也就是动词)。当然,这并不否认抽象句式可能固化和规约化,因为有些语义成分无法通过动词(类)激活,此时就必须考虑到抽象句式的影响(过去所说的"构式

[①] 在互动语言学中,预测指由说话者前期行为引发的听话者对后续交际行为发展轨迹的预期。

压制")。如"存现句",其中的"存在方式""存在物"就不是动词(类)激活的;此外还有事件存现句和动补结构等。还需要补充的是,不管是多么抽象的句式,都是基于无数具体句子(小句)概括出来的,因此句式中包括了大量的具体词汇信息。这样,在我们的句式系统中,至少有句子、具体句式和抽象句式三种层级(单说"句式"时特指"具体句式")。在判断具体句子生成过程中动词(具体句式)的贡献大还是抽象句式的贡献大时,需要看哪一个层级规约化了,而这又根本上取决于动词在过去的使用情况(Perek,2015:40)。

2.2.3 具体到语义成分

"放置"类动词激活的 A、O 和 L 并非抽象的施事、客体或处所,而是根据"放置"类动词的认知图景归纳出来的语义成分。那"语义成分"和过去使用的语义范畴,包括词汇学中的语义类型(semantic type)、语法理论中的题元角色(thematic roles)、构式语法中的论元角色(argument roles)和参与者角色(participant roles),又有什么区别呢?

语义类型是服务于词汇分类的非语境角色,是词汇固有的本质属性,如"客体"(object)"属性"(property)和"动作"(action)等,再如"客体"之下更具体的"人类"(human)"身体"(body)"物件"(thing)等。[①] 当它们出现在句子中时就变成了语境角色(contextual role),如例 7 所示,Michael Gibson 的语义类型是 [[客体]] 或 [[人类]],是固有的;语境角色是"病人",是所参与的事件赋予的,尤其是被其中的动词 treat 激活的(Hanks,2003:178)。

(7) Doctors treating Michael Gibson……
医生给迈克尔·吉布森看病……

题元角色是名词相对于动词的语义角色,如施事、受事、处所、来源和目标等,这在形式语法中被称为论旨角色(theta role),且被视为一种具有普遍性的有限集合(虽然这个目标从来没有实现过)。

---

① 具体有哪些语义类型可参考:http://www.pdev.org.uk/#sem_types。

论元角色是构式自身的语义角色,比题元角色更为丰富和具体,如例4中的容纳量和被容纳量,再如双及物构式中的施事、接受者和物体(theme)。参与者角色是动词凸显的语义角色,比论元角色还要具体,如"抢(劫)"凸显了抢劫者和受害者。在这两种语义范畴之中,Goldberg的构式语法更重视抽象论元结构构式的论元角色,目的是把动词的意义压缩到最小(semantic parsimony)。这带来一些不良后果,包括:Goldberg(1995)所研究的论元结构构式在真实语料中极少出现(Thompson & Hopper, 2001);忽视了因具体动词(类)产生的特异性(lexical idiosyncrasies),导致它无法对哪些动词可与构式融为一体(fuse)作出预测(Boas, 2008)。

在认知图景理论中,特定词语激活的认知要素在经过第一次凸显之后,便由潜在的语义成分变成了现实的语义成分(卢英顺,2020b:43)。"语义成分"这个术语早有使用(范晓,2003),但在新句式观中增加了新的内涵,包括:(1)它是语境的,不像语义类型那样脱离语境从而不适用于句法;(2)它是具体的,不像题元角色或论元角色那样抽象和有限,如例8—11中句首的语义成分是"瘸者""听者""煮者"和"放者",或者可以在语义相关动词的基础上抽象为"受损者""感受者""制造者"和"放置者"。(3)它和参与者角色一样由具体动词或一类动词决定,但同时也可以由构式决定。我们把语义成分与其他语义范畴的区别置于表2-1中。

(8) 他瘸了。

(9) 他听到了打铃声。

(10) 他煮了一条鱼。

(11) 他把书放在了桌子上。

表2-1　　　　　　语义成分和其他语义范畴的区别

	例子	是否语境	是否具体	动词决定	构式决定
语义类型	客体、属性、动作;人类、身体、物件	×	×	×	×
题元/论旨角色	施事、受事、处所、来源和目标等	√	×	√	×

续表

	例子	是否语境	是否具体	动词决定	构式决定
论元角色	例（4）中的容纳量和被容纳量双及物构式的施事、接受者和物体	√	×	×	√
参与者角色	动词"抢（劫）"的抢劫者和受害者	√	√	√	×
语义成分	"放置"类动词的主体、对象和处所	√	√	√	√

2.2.4 区分典型句式和扩展句式

新句式观区分典型用法和扩展用法，表现在基于真实语料归纳句式，根据其频率高低进行判断。其理据在于，语言本身呈现出规律和例外的非均衡分布，即二八分布或幂律分布。如图 2-1 所示，真实语料在语言学家介入之前是混沌的，在语言学家描写分析之后便涌现出了秩序。其中，高频出现的会被总结为若干"规律"（20%的类型频率），可以覆盖大部分的语言个例（80%的个例频率），即典型用法；低频出现的会被总结为诸多"例外"（80%的类型频率），但其实只涉及很少的语言个例（20%的个例频率），即扩展用法。规律和例外并非截然区分或一成不变，而是时刻处于动态转换之中：例外基于规律扩展而出，使用广泛之后也可能成为规律（Hanks，2013：411）。典型和扩展之间的这种关系启示我们："句式"的"式"除公式、程式或形式等意思之外，更是"模式"（pattern），① 即语言学家基于大规模语料发现的规律、例外及其关系。我们既要重视规律或典型句式，也要重视例外或扩展句式，

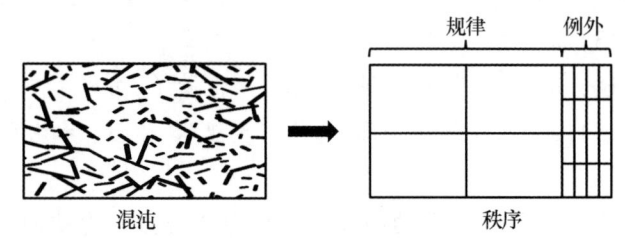

图 2-1 从混沌到秩序

---

① 句式的英语为 sentence pattern，西方早有学者使用这个术语，以区分包括短语结构的 construction pattern（史存直，1983）。对于 pattern 这个词，有的翻译为"模式"，有的翻译为"图案"，有的甚至直接音译为"斑图"。我们这里采用比较流行的"模式"。

前者是语言使用者最容易产出的句式，因此也是对汉语学习者和计算机最有用的句式；而后者是语言保持活力、持续变化的来源。

2.3 新句式观的两点优势

相对于过去的句式观，新句式观有两点优势：一是弥补了论元角色过于抽象的不足，更有利于发现动词（类）之间的句式异同；二是兼顾动词、构式及其互动，能对句式生成做出更合理的描述。

2.3.1 新句式观有利于发现句式异同

传统的句型描写没有语义角色的地位，导致根据句型生成的句子经常不合法。之后虽然纳入了语义角色，但无论是配价语法还是构式语法，所确定的语义角色都过于抽象，很容易忽视不同动词语义类以及同一类内部的差异。相比而言，新句式观降级到某一特定动词（或一类动词）的语义成分，能更准确地发现动词（类）所在句式的异同：一方面，属于同一认知图景的动词的语义是一致的，所激活的认知要素是一致的，因而在句式描写上更容易概括出共同的东西（卢英顺，2017）；另一方面，同一类内部其实还有很多异质性，即经常会有小异乃至迥异的句法表现。试看如下例子：

(12) a. 他（的）耳朵聋了。b. 他聋了。c. 他聋了一只耳朵。

(13) a. 他（的）头秃了。b. 他秃了。c. *他秃了一颗头。

(14) a. 他（的）脚肿了。b. *他肿了。c. 他肿了脚。

(15) a. 他（的）手麻了。b. *他麻了。c. *他麻了手。

"聋、秃、肿、麻"等动词过去被归为"身体行为动词"，所在句式则被称为"身体行为句型"（李临定，1986：114）。这些动词通常表现出一致的句法模式，如例（12a—15a），可以概括为"NP$_1$（+的）+ NP$_2$ + VP"，NP$_1$指人，NP$_2$指身体部位，两者具有领属关系。但此外它们还经常表现出迥异的句法模式，如"聋""秃"由于本身蕴含了身体部位,所以去掉 NP$_2$ 照样成立(例 12b 和例 13b);"肿"和"麻"对应于多种身体部位,所以无法去掉 NP$_2$(例 14b 和例 15b)。从这个角度来看,似乎可以把前者归为一类,后者归为另一类,但它们内部仍然存在差异:在变换为及物结构上,"聋"的宾语可以加数量词修饰,而"秃"不可以(例 12c 和例 13c);"肿"可以变换为及物结构,但"麻"不可以(例 14c 和例 15c)。如果我们不降级到某一特定动词(或一类动词)的语义成分,那么就很容易抹掉次范畴以至具体动词之间的差别。

2.3.2 新句式观兼顾动词、构式及其互动

新句式观主张通盘考虑动词(包括语义相关动词)、构式以及二者互动的影响:句式生成主要基于某一特定动词(或一类动词)激活的语义成分;在语义成分无法通过动词(类)激活的情况下,需要考虑构式或构式压制的影响;如果动词频繁出现在创新句式中,[①] 那么有可能获得与句式意义一致的新义项。以经典的 Pat sneezed the napkin off the table 中 sneeze 为例,要考虑到:

1. 动词的影响。当我们打喷嚏时,会从鼻腔、口腔喷出一股气流,由此可能造成其他物体位移。尽管这种致使位移事件比较少见(导致 sneeze 较少出现致使位移构式),但毕竟具有客观语义基础。另外,与 sneeze 语义类似的动词 blow 也表示"排出气体",它常常出现在致使位移构式当中(如 The wind blew the leaves off the street),为 sneeze 提供了很好的模板——这属于类推扩展效应(Boas,2003:260-284)。

2. 构式的影响。致使位移构式是规约化的形式—意义配对,形式上表现为一个主语、直接宾语和处所补语,意义上表示"主语所指(施事)造成直接宾语所指(物体)沿着处所补语所示路径发生位移"。Sneeze 本身较少或很难激活物体和路径,但致使位移构式本身可以提供这两个语义角色,由此对 sneeze 造成构式压制效应。

3. 动词和构式互动的影响。如果 sneeze 经常用于致使位移构式,

[①] 这里要强调的是"有些句式",因为某些句式无论多么高频,也不会对概括动词的语义造成影响,这便是一种不对称。比如存现句、事件存现句,某些动词出现在这些结构里再高频,也不宜把句式义归纳到动词之中(详参第 5.4 节)。

那么便可能发展出致使位移意义，此时无须借助类推扩展或构式压制即可生成相应句式。Langacker（2009：254）和 Perek（2015：41）认为 sneeze 的这一用法频率很低，致使位移意义并没有规约化到词汇之中，但是王仁强、陈和敏（2014）认为这种用法已经规约化，并建议收入词典之中。这当然可以做进一步的调查。

2.4　小结

句式描写是一个基于大量具体句子在形式和语义上的相似性进行归纳的图式化过程，图式性可以分布在不同的抽象度等级上。过去的句式研究之所以存在诸多问题，是因为局限在较高的抽象度上，忽视了从较低层面的概括来讨论问题。但是有大量的证据表明，特定动词或一类动词决定的语义角色在人一生的语言产出和理解中扮演着重要角色（Mcrae et al.，1997），在语法中具体句式比抽象句式更为重要（Perek，2015：103）。许多国际同行和新句式观一样，主张为动词赋予更多的语义和句法信息，如 Croft（2003a）提出了"由具体动词类和动词决定的构式"（verb-class and verb-specific constructions），Boas（2008）提出了"迷你构式"（mini-constructions），Herbst（2014）提出了"配价构式"（valency constructions），它们都表征了"动词的规约化意义，其中包括句法的、语义的和语用的信息，是一种由具体动词和一类动词决定的构式"（Boas，2008）。相信把新句式观置于构式语法学界抽象（generalizations）还是具体（item-specific）的争论背景下，能够更为清晰地认识到新句式观的精神实质。

第 3 章

句式交替的界定、分类与表征[①]

与"交替/替换"（alternation）相关的术语有"转换/变换"（transformation）、"派生"（derivation）、"论元交替"（argument alternation）、"配价交替"（valence alternation）、"多重论元实现"（multiple argument realization）、"易变"（diathesis）和"改述关系"（paraphrase relations）等。它们关心的语言现象大致相同，但因出自不同理论背景，研究的路径和侧重有所不同。我们从基于使用的构式语法视角出发，采用"交替/替换"的说法："交替"具有非派生的双向性（non-derivational），而"替换"则方便描述其中任一方向。

交替遍及形态到句法各个层级，可以说，只要表达时有若干备选项可供选择都涉及交替。举例而言："apple⇔pples"属于形态交替；"clutching at straws⇔grasping at straws""他跑了⇔他逃了"属于词汇交替；"treating injured people⇔treating their injuries⇔treating their injured limbs"属于语义类型交替；"Mary saw something wonderful⇔Mary come upon a wonderful sight"同时牵涉词汇、语义类型交替，因为伴随着谓语替换，过程类别及其参与者也发生了替换，从心理过程"感知者+动词+现象"替换为了物质过程"动作者+动词+目标"（Halliday，1994：344）；"He broke the window⇔The window broke"属于句法或句式交替（Hanks，2013：173）——本章关注的议题。

交替现象受到不同理论流派的关注，如生成语法、词汇主义、构式

[①] 参见杨旭、吕佩《句式交替的界定、分类与表征》，《外语导刊》2024 年第 2 期。

语法和功能学派等（梳理可参见 Levin，1993：196-215、2015；陈满华，2020）。结构主义和生成语法持"转换观"，如 Harris（1956）系统阐述了变换分析，生成语法则详细讨论了转换的操作规则。国内朱德熙（1986）把变换分析发展为一种语法分析手段，在分化歧义句式或同形结构方面发挥了重大作用。如例1可以变换为两种句式，表明具有歧义；例2和例3表面同形，但是两者的变换不同，证明了内部结构不同。

(1) （发现）咬死了猎人的狗。把猎人的狗咬死了。
是那条狗咬死了猎人。
(2) 戏台上放着鲜花。鲜花放在戏台上。
＊戏台上正在放鲜花。
(3) 戏台上演着京戏。＊京戏演在戏台上。
戏台上正在演京戏。

但是变换分析法也存在不少问题。首先，句式变换后语义不再相同或相似。如例（4）在发生主动到被动的变换后，例4a 表示房间里的人都懂至少两门语言，可能是不同的语言，而例4b 则必须是相同的语言。其次，不是所有句子都能完成变换。比如，生成语法认为 There's X 和 X is there 可以变换，但是具体到个别词语，有的可以变换（例5），有的却不可以（例6）。最后，变换的方向存在随意性，并没有一以贯之的标准。

(4) a. Everyone in the room knows at least two languages.
b. At least two languages are known by everyone in the room.
(5) a. There is Linda.
b. Linda is there.
(6) a. There's the beep.
b. The beep is there.

正是考虑到上述问题，Goldberg 基于"语法形式无同义"和"一种形式一种意义"的原则（分别见 Bolinger，1968：127 和 1977：x），全面摒弃了转换观,提出了"非转换观"的表层概括假说(surface generalizations hypothesis):即应该从表层论元结构进行句法、语义概括,表层形式之间不存在句法或语义派生关系;取消转换或变换在语法中的独立地位,视为一种副产品或附带现象;摒弃转换观并不意味着否定构式之间存在关联,而是采用承继链接来表明构式之间的关联(Goldberg,1995:103-108;2002;2006:25)。

陈满华(2020)系统介绍了转换观与非转换观,尤其是讨论了非转换观的优势和不足。略有遗憾的是,该文对"后 Goldberg"的争论关注不多,也未提出应该如何调和相关争论。有鉴于此,本章拟承继该文对非转换观不足的探讨,结合国内外相关研究进行补充:首先介绍构式语法内部的进一步发展,呈现支持交替说的多重证据;其次详细讨论交替的界定与分类;最后涉及交替的不对称及表征问题。我们主要关注汉语和英语,兼及其他语言。

3.1 非转换观的进一步发展

"句法非转换观对于认识语言本质具有重要意义,对于我们认识构式义、描写貌似相同的句子之间的细微差别、揭示句法与语用的融合关系等等,都具有积极意义。"(陈满华,2020)而承继链接则"让我们认识到,只要是无冲突的信息,两个相关构式之间都可共享"(Goldberg,1995:74-75),且有利于显示构式库中"系统的形式和意义关联"(Goldberg,1995:99)。但是 Goldberg 过于侧重因语义、形式俱相似而引发的承继链接,对于因语义相似而形式不同所引发的同义链接(synonymy link),并不承认其地位。这种忽视同义链接的做法遭受诸多批评(如陆俭明,2008;Traugott & Trousdale,2013:62),来自多方面的证据对此提出了异议。

3.1.1 来自心理学实验的证据

实验研究发现,当一个动词出现在一个构式中时,会引发它出现在另一个与之有交替关系的构式中的期待,这被称为"基于交替的能产性"（alternation-based productivity）。这表明，当构式之间缺乏共同的形式特征时，单是语义相似也能促使说话者做出高层概括；换句话说，句式交替也是说话者语言知识的一部分（Perek，2012；2015：151、167）。交替之所以可以发生，与"结构启动"（structural priming）这种领域通用认知机制密切相关：构式之间因形式和（或）语义相似而引发联想关系，如果某个构式之前被使用过，那么说话者更有可能选择语义和（或）形式与之相似的构式。结构启动会受到频率、相似性和邻里密度（neighborhood density）或家族规模（family size）等认知因素的影响，与词汇启动（lexical priming）有平行之处（Diessel，2019：202-205）。

3.1.2　来自语言类型学的证据

论元交替现象跨语言存在，证明这种现象具有系统性（Levin 2015）。例如，致使—自动交替（causative⇔inchoative/middle）或作格—非作格交替（ergative⇔non-ergative，参见 Haspelmath，1993；Nichols et al.，2004）、与格交替（dative alternation）或间接宾语交替（indirect object alternation，参见 Dryer，1986；Malchukov et al.，2010）、标准句与话题句或分离句的交替（canonical⇔topicalized, clefted or dislocated，参见 Lambrecht，1994：182、201；周士宏，2016：156—157）等。这些交替类型（及其他类型）在汉语中均有出现，也间接证明了交替的普遍性（参见表3-1）。当然由于类型学差异，不同语言采用的形态句法手段并不相同；另外，也有一些交替的存在范围比较受限，如意动交替（conative alternation）。

3.1.3　来自历史语言学的证据

从历史上来看，表示说话方式的动词与双宾构式、转移—致使—移动构式（transfer-caused-motion construction）之间的关系，自中古英语早期以来就一直非常密切，这是因为某些动词，尤其是说话方式动词在两者间已被交替使用了上千年，证明了它们在历史上存在明显的同义链接（Sowka-Pietraszewska，2011；Traugott & Trousdale，2013：72）。再比如汉语中，很多身体行为动词（如"瞎、聋、瘸、秃、花、肿、麻"等）可以在作格和非作格之间交替，如"眼睛瞎了⇔小明瞎了眼睛"，它们在历史长河中绵延有千年之久:"瞎"的作格用法最早出自隋唐五代,即例7中的"瞎左眼";这种用法从明朝开始显著增多,宾语位置的词语也变得丰富起来,有"目""眼""眼目""眼睛"等,如例8。

(7) 唯失白公鸡,不鸣已经七日,不知何处在,东西求觅,乃在笼中见之,瞎左眼而卧。(隋唐五代《敦煌变文》)

(8) 你是跟那瞎一个眼少鼻子妇人的人,那妇人被金龙大王附在身上,你乘空拐了骡子逃在这里,你还罡嘴?(元明《醒世姻缘》)

正是考虑到上述各种视角的证据,许多学者试图把交替纳入构式语法当中。这种做法在构式语法早期就有先例,如 Lambrecht(1994:6)把"表示同一命题的多种结构"称为"句子变体"(allosentences)。之后 Cappelle(2006)仿照"音位"(phoneme)提出了"句式位"(constructeme),即"形式不确定的高层句式",往下实现为具有交替关系的多种"句式体"(allostructions)。国内对此也有回应,如施春宏(2016)提出了"句式群"(sentential construction group),表示"表达同一语义范畴或特定语义关系的相关句式集合",句式之间具有"派生关系";段天婷(2019)则提出了"构式场"(construction field),说"在承继关系之外互相关联的构式会形成一个构式场,构式场中的构式是并列关系";等等。试看一则例子:

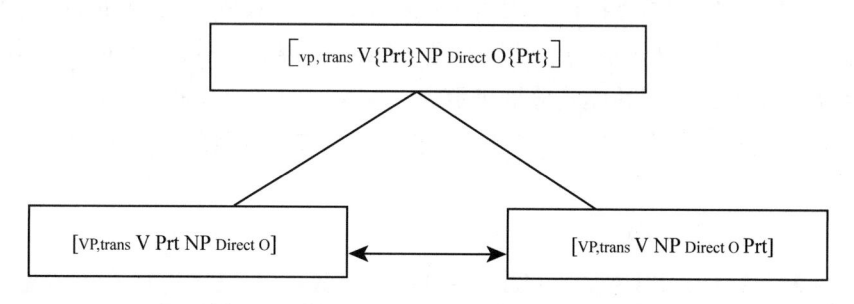

图 3-1 及物"动词—小品词"句式及其句式体(来自 Cappelle,2006:18)

图 3-1 表示及物"动词+小品词"句式(verb-particle construction)

涉及的交替，如"The police brought in the criminal⇔The police brought the criminal in"：最上层的 [$_\text{VP, trans}$ V {Prt} NP$_\text{Direct O}$ {Prt}] 表示句式位，往下实现为两个句式体，包括 [$_\text{VP, trans}$ V Prt NP$_\text{Direct O}$] 和 [$_\text{VP, trans}$ V NP$_\text{Direct O}$ Prt]；句式位和句式体之间的实线表示实现或承继关系，句式体之间的双向虚线表示交替关系（而非派生关系）。这样就既捕捉到了两个句式体在语义间的相似处，也捕捉到了它们在句法、语义/语用方面的不同处（Cappelle，2006：18）。

3.2 交替的界定与分类

文献中关注最多的是论元结构交替（如 Levin，1993、2015；Cappelle，2006；Perek，2015），我们也以此为例进行讨论。Perek（2015：173）定义为"同一个动词的同一论元集合实现为不同的模式，通常伴随着系统的意义变化"，但是其中的"模式"有模糊之处，因为：有的交替模式只涉及**论元数目增减**，如"我吃饭了⇔我吃了"；有的只涉及**论元性质升降**（主宾格之间以及与旁格之间），如"Kelly kicked the intruder⇔Kelly kicked at the intruder"；有的只涉及**论元顺序调换**，如"我看过这本书⇔这本书我看过"。有鉴于此，我们把"论元结构交替"定义为：同一事态或命题有多种句式可供说话者选择（同义句式），因语义相似而发生聚合乃至概括（句式位），句式之间在信息结构、语篇衔接、语用功能和语体特征等因素上有所不同（句式体）；交替模式包括论元数目增减（Number）、性质升降（Case）和顺序调换（Order）及其组合。下面，把三种模式分别表示为 [±N]、[±R] 和 [±O] 三个参数；只涉及一个参数的是"单一型"，涉及多个参数的是"组合型"。

3.2.1 单一型

3.2.1.1 [+N][−C][−O]

如例 9-11 所示，它们都只涉及论元数目增减，传统被称为"省略"（ellipsis/omission）或"附加"（pleonastic）。对于例 10，Levin（1993：33）称为"未定宾语交替"（unspecified object alternation），因

为零形宾语表示所指的特指—无定性（specific indefinite）。Croft 称为"反被动构式"（antipassive construction），因为与被动构式相反，P 角色变得更不显著，有些语言有反被动标记，如例 11 中来自 Cilubà 的替换（Croft，2022：266）：

(9) I beg your pardon. ⇔ Beg your pardon.

(10) She ate the spaghetti. ⇔ She ate.

(11) a. mù-sàlaayì   ù-di   ù-lu-a   mu-lwishì
       CL1-soldier   CL1-be   CL1-fight-FV   CL1-enemy
       'the soldier who is fighting the enemy'

   b. mù-sàlaayì   ù-di   ù-lu-angan-a
      mu   ci-alu
      CL1-soldier CL1-be   CL1-fight-ANTP-FV
      LOC. CL18   CL7-meeting_ place
      cì-à   m-virà
      CL1-CONN   CL1-war
      'the soldier who is fighting (someone) on the battle-field'

3.2.1.2　[−N][−C][+O]

如例 12—15 所示，它们都只涉及论元顺序调换，以语序手段表示信息结构的变化。例 12 和 13 传统上被称作标准句—话题句交替（或"宾语前置"），例 14 和 15 被称作标准句—分离句交替。话题句与左分离句的异同在于：在述题内部都有一个与话题所指共指的论元或空位，从语义上可以是施事、当事、工具、受事、对象等；但是前者共指成分不出现（空位），后者出现（通常用代词来复指）。

(12) 我看过这本书。⇔ 这本书我看过。

(13) I feel less good about the product. ⇔ The product I feel less good about.

(14) 那个小伙子来自北京。⇔ 那个小伙子，他来自北京。

(15) The wizard lived in Africa. ⇔Now the wizard, he lived in Africa.

3.2.1.3　［-N］［+C］［-O］

如例 16—19 所示，它们都只涉及论元性质升降，例 16 被称为意动交替，动词 kick 后添加 at 之后，被踢者 intruder 从宾格降为旁格——这也是一种反被动构式；例 17—19 传统被称为"旁格宾语"或"状语/补语提升"现象，实际上是一种施用现象（applicative），即某些非显著论元角色从旁格提升为宾格。有些语言有专门的施用标记，如例 17 来自亚古阿语（Yagua）的例子，通过词缀—tá 把处所格提升为宾格，这种形态手段是施用现象最常见的手段；汉语和英语没有专门的施用标记，但可以通过介词删除（例 18）和谓词替换（例 19）达成同样效果，这在过去被为宾语—旁格交替（object-oblique alternations）。

(16) Kelly kicked the intruder. ⇔Kelly kicked at the intruder.

(17) a.　sa-duu　　rá-viimú
　　　　3SG-blow　INAN-into
　　　　"He blows into it."

　　　b.　sa-duu-tá-ra
　　　　3SG-blow-APPL-INAN：OBJ
　　　　"He blows it."

(18) 小明睡在沙发上。⇔小明睡沙发。

(19) Jack ran faster than the giant. ⇔Jack outran the giant.

3.2.2　组合型

从逻辑上来看存在四种类型，包括［+N］［+C］［-O］、［+N］［-C］［+O］、［-N］［+C］［+O］和［+N］［+C］［+O］。但是，［+N］［+C］［-O］不存在；另外也可能三种参数都不用，而是用特殊的韵律手段。

3.2.2.1　［+N］［-C］［+O］

例 20—24 同时涉及论元数目增减和顺序调换，这一类的经典案例是致使/作格交替——这是从不同角度给的称呼，前者指致使句和自动句的交替，后者指作格句和非作格句的交替。第二个案例是识别交替，例 24 中后两句属于主位等价结构（thematic equative）或识别小句（identifying clause），通过名词化手段把一个或一组成分处理为单一成分，具有排他性的语义特征（Halliday，1994：40）。披头士一首著名的歌曲有 all you need is love 和 love is all you need 的交替，就属于这一类。有些语言在完成此类交替时会借助形态手段，如例 25 中的俄语借用了反身后缀 - s'（是反身后缀 - sja 的变体），而相应的英语和汉语只借助了语序。

(20) 小明开了门。⇔门开了。

(21) The boat sailed. ⇔Mary sailed the boat.

(22) The lion chased the tourist. ⇔The tourist ran.

(23) The duke gave my aunt that teapot. ⇔What the duke gave to my aunt was that teapot. ⇔This teapot was what the duke gave to my aunt.

(24) a. Maria   otkryla   dver'.
　　　　Maria. NOM　open. PSTfs　door. ACC
　　　　"Maria opened the door. /玛利亚开了门。"
　　b. Dver'　　　otrkyla-s'.
　　　　door. NOM　open. PSTfs-REFL
　　　　"The door opened. /门开了。"

3.2.2.2　[－N] [＋C] [＋O]

这一类同时涉及论元性质升降和顺序调换，又分为三种情况：第一种是主动—被动交替，如例 25 和 26 中的受事"李四"和 English 从宾语提升为主语，原来的主语则降级为旁格（通过"被"和 by 引进）。

(25) 张三打了李四。⇔李四被张三打了。

(26) Many people speak English. ⇔English is spoken by many people.

第二种是施用现象，因为涉及旁格提升为宾语。例27是与格交替，可能是文献中讨论最多的案例，Larry伴随着语序变化从旁格提升为间接宾语。例28和例29属于处所交替（locative alternation），英语和汉语的情况有所不同：英语涉及填满和未填满的区别，汉语涉及事件处所和实体处所的区别，以及由此带来的对比语义的变化。

(27) He gave a book to Larry. ⇔He gave Larry a book.
(28) John loaded the hay on the truck. ⇔John loaded the truck with the hay.
(29) 小明在沙发上睡。⇔小明睡沙发。

第三种是传统所称的"倒置"或"主宾换位"，即两个参与者的语序发生颠倒，同时语义角色发生变化甚至反转。例30之所以可以倒置，是因为动补结构的动词和补语均可做结构中心，前者属于以动词为中心的自动格局，后者为以补语为中心的使动格局（任鹰，2001）；例31之所以可以倒置，是因为该构式含有"容纳"或"供用"义（陆俭明，2016）；例32这种倒置在心理动词（包括感知、情感和认知类）中十分常见，即伴随着谓词交替在经验者（experiencer）和刺激（stimulus）之间发生倒置（相关讨论参见Halliday，1994：114；Croft，2022：226-227）。

(30) 人喝醉了酒。⇔酒喝醉了人。
(31) 四个人睡一个屋。⇔一个屋睡四个人。
(32) Mary liked the gift. ⇔The gift pleased Mary.

3.2.2.3 [+N][+C][+O]

例34和例35同时涉及三种模式，典型案例为主动—被动交替，与例26和27不同的是省略了施事，事实上这是更常见的主动—被动交替，因为被动的主要功能之一就是省去施事（Hanks，2013：188）。另外，这类交替与[+N][-C][+O]中的致使/作格交替有异曲同工之妙，事实上作格就是在被动的基础上产生的（Bybee，2015：165-168）。

(33) 张三打了李四。⇔李四被打了。

(34) I keep the butter in the fridge. ⇔The butter is kept in the fridge.

3.2.2.4　[-O][-N][-F]

当三个参数均未变化时也可能发生交替,即用重音变化表示信息结构变化。过去的交替往往把重心放在书面可见的形式上,很少考虑韵律问题。方光焘(1939/1986:33)曾批评道:"两句句子所有的语词,完全相同,排列的次序,也都一样,却往往因了音调的不同,就会有各各不同的含义。若要说明这两句句子的差别,我们就非带研究音调不可,这种音调的研究,难道也可以用语序一次来概括的吗?"试看下面的例子:

(35) a. (What did the children do next?) The children went to SCHOOL.
b. (Who went to school?) The CHILDREN went to school.
c. (What happened?) The CHILDREN went to SCHOOL!
d. (John was very busy that morning.) After the children went to SCHOOL, he had to clean the house and go shopping for the party.

书面形式是同一的,但重音所在不同(以大写表示),导致各句的信息结构不同:在 a 中,children 是话题,属于话题—述题结构;b 是"识别句"(identificational sentences),属于窄焦点;c 的语用功能是"报道事件"(event-reporting),属于句子焦点——不管是 b 句还是 c 句,children 都是焦点或在焦点里边;在 d 句里,children 所在小句是复句的一部分,整个小句是一个"环境设置话题"(scene-setting topic),所以其信息结构可能是上述三种的任意一种(Lambrecht, 1994:121-126)。最后我们把上述所有交替类型总结到表 3-1 中:

表 3-1　　　　　　　　　论元结构交替的类型

类型	参数	传统称呼
单一型	[+N] [-C] [-O]	省略/附加/未定宾语交替
	[-N] [-C] [+O]	标准句—话题句交替/宾语前置
		标准句—分离句交替
	[-N] [+C] [-O]	意动交替
		旁格宾语或状语/补语提升
组合型	[+N] [-C] [+O]	致使/作格交替
		识别交替
	[-N] [+C] [+O]	主动—被动交替（施事未省略）
		与格交替
		处所交替
		倒置/主宾换位
	[+N] [+C] [+O]	主动—被动（施事省略）
	[-O] [-N] [-F]	重音交替

3.3　句式交替的不对称与网络表征

3.3.1　句式交替的不对称

形态交替的不对称已得到普遍承认，这集中表现在"标记性"的研究领域，比如在对名词的数量进行编码时，一般单数名词是零标记，复数名词会得到复数标记（Croft, 2003b: 88-89）。句式交替与形态交替类似，也存在不对称或标记性差异，比如在主动和被动之间，主动句用频更高，使用环境更宽，出现的动词类型更多，而被动句则会得到显性标记（如英语中的 be 和 by，参见 Diessel, 2019: 223）。但是需要注意的是，在判断句式的标记性高低时，要区分历时或发生学的不对称和共时或使用的不对称，两者可能一致也可能不一致。

前者的做法是"语法隐喻"。Halliday（1994）区分了一致式（congruent）和隐喻式（metaphorical）：前者是经验识解的典型方式；所谓典型，可能是最初使用母语时的说话方式，可能是最常用的表达方式，也可能是非特殊环境的表达方式。只要是说话人能够识别的典型措辞类型，都有可能是一致式。比如下面的例子：

（36）a. Mary saw something wonderful.
b. Mary come upon a wonderful sight.
c. A wonderful sight met Mary's eyes.

它们都是关于同一命题的可接受表达方式，从这个角度讲可以认为是同义句式，相互之间具有交替关系。但是它们的意义又有所不同，不同句式为整体意义提供了不同的侧面：例 36a 属于关系过程，可以表征为"感知者＋动词＋现象"；例 36b 属于物质过程，可以表征为"动作者＋动词＋目标"；例 36c 也属于物质过程，但 Mary 在这里成了眼睛的所有者。这三种表达方式，关系过程是一致式，b、c 是在 a 的基础上经语法隐喻产生的。但是 Halliday 在讲到一致式和隐喻式的关系时说："不是说一致式的体现方式更好，用得更多，甚至是一种常规，在很多情况下，反而是隐喻式是常规。"（1994：343）"在一致式和非一致式之间并没有明确的界限。每一种语言的主要历史都是一部去隐喻化的历史。"（1994：348）这便暗示了共时或使用不对称的存在。

共时或使用的不对称也被称作"能产性不对称"（productivity asymmetry），在基于使用的构式语法看来是由语言使用造成的。Perek（2015：Chapter 7）通过实验表明，双宾构式和与格构式之间存在不对称，当说话者首先在双宾构式中接触到一个新造动词时，更有可能推广到与格构式；反过来的概率则变小。Perek 利用语料库数据进行了验证，发现几乎所有出现在双宾构式中的动词也可以出现在与格构式中，但反过来就没有这种趋势，正是这种使用上的不对称决定了交替能产性的不对称。再比如例 35 的重音交替，a 是无标记表达，b、c 和 d 是有标记表达，因为在英语和很多语言中，主语都是无标记话题，话题—述题结构是无标记信息结构。这种标记性的对立也和语言使用有关，因为相对识别开放命题中的论元、单纯地报道事件以及为语篇引入一个实体来说，说话者就某一给定语言实体（话题）进行信息传达（述题）的情形更为常见（Lambrecht，1994：132）。这些研究给我们的启示是，可以根据使用频率来判断标记性高低，一般频率高的句式通常也是无显性标记、语用最中性的句式。

3.3.2 句式交替的网络表征

许多构式语法理论都认同一切语言单位皆是构式，即 Goldberg（2006：18）所说"构式一路到底"（It's constructions all the way down）；也认同构式之间形成构式网络或构式库（Constructicon）（Yang & Lapolla 2023）。Goldberg（1995）的承继链接已经体现了构式网络观，后来更是基于人类大脑的神经或联结网络，把"构式"定义为"基于相同形式、功能和语境维度涌现出的损耗记忆丛集"，"构式之间形成构式库，是抽象、有序、分布和部分重叠的表征丛集网络"（Goldberg, 2019：7）。但是很多构式理论只承认层级、分类或纵向关系（hierarchical/taxonomic/vertical），忽略聚合、水平或横向关系（paradigmatic/horizontal/lateral，参见 Van de Velde, 2014）。这种做法有以下三个问题。

（1）逻辑不自洽。构式语法主张词汇与句法之间的连续性（不做区分），但是如果只承认词汇当中的横向关系，即形态学中的词形变化（paradigms），那么就构成了逻辑上的不自洽（尽管有构式语法学者主张词项与构式之分，如 Diessel, 2019）。

（2）固守形式—意义一一对应（"one form-one meaning" adage）。该假设的立论基础是组合性原则（principle of compositionality），但是歧义现象和会话含义的大量存在让组合性原则失效，反而证明了形式—意义一对多的有效（Schmid, 2020：27；Crysmann & Sailer, 2021：6 – 7）。

（3）不符合语言事实。如前所述，已有很多证据支持构式之间横向关系的存在；至于形式—意义的对应问题，Crysmann & Sailer（2021）编著的 *One-to-many Relations in Morphology, Syntax, and Semantics* 列举了跨语言中大量的形式—意义一对多现象。

如果把横向关系纳入构式语法，那么该如何表征呢？施春宏（2008a、2018：29）提出了派生式假设，它不像生成语法设置深层、底层之别，即便借用移位、添加、删除等术语，也只是为了表征说话者心理存储的有关交替的不对称知识。但是如果构式网络并非隐喻的话，那么可以直接进行网络表征，这也是一种更为经济的做法。在构式网络中，规约化的形式—意义配对体（即构式）占据一个节点（node），构式之间因形式和（或）语义相似而链接在一起（link），形成局部构式网络或家族，既包括因形式、语义俱相似而形成的基于构式的纵向概括；也包括仅因语义相似而形成的基于交替的横向概括，交替的各种属性都能在网络中得到表征（已有实践参见 Van de Velde，2014；Diessel，2019；Goldberg，2019；Schmid，2020）。下面以"睡"的句式为例予以说明（另参见第 6 章）：

(37) a. 他在沙发上睡。——"睡者 + 处所_{介词框架} + 睡"
b. 他睡在沙发上。——"睡者 + 睡 + 处所_{介词框架}"
c. 他睡沙发。——"睡者 + 睡 + 处所"
d. 沙发上睡了一个人。——"处所 + 睡 + 数目 + 睡者"

以上 4 个句式体都表示同一睡眠事件（同义句式），从中可以概括出句式位［睡者｜睡｜处所｜介词框架］；但是在语义/语用上有一些差别，表现在："睡者 + 处所_{介词框架} + 睡"中"睡"占据默认焦点位置，意欲传达给听话者与"睡"相关的行为或结果；"睡者 + 睡 + 处所_{介词框架}"和"睡者 + 睡 + 处所"之间，借助介词框架时激活的是"睡"行为发生的"事件处所"，没有介词框架时激活的是参与到"睡"行为中的"实体处所"（处所区分参见詹卫东，2004），多出现在对比语境下；"处所 + 睡 + 数目 + 睡者"是存在句。基于语料库的统计发现，它们的频率标记性不一，分别为："睡者 + 睡 + 处所_{介词框架}"（69.6%）>"睡者 + 睡 + 处所"（14.7%）>"睡者 + 处所_{介词框架} + 睡"（13.7%）>"处所 + 睡 + 睡者"（2.0%）。这四类句式的网络表征见图 3 - 2：深灰方框代表句式体节点，浅灰方框代表图式构式节点；实线表示句式位/图式构式和句式体之间的纵向实现或承继关系，双向虚线表示句式体之间的横向交替关系。

3.4 结语

赋予句式交替以独立地位的前提是赋予构式以独立地位，当把构式

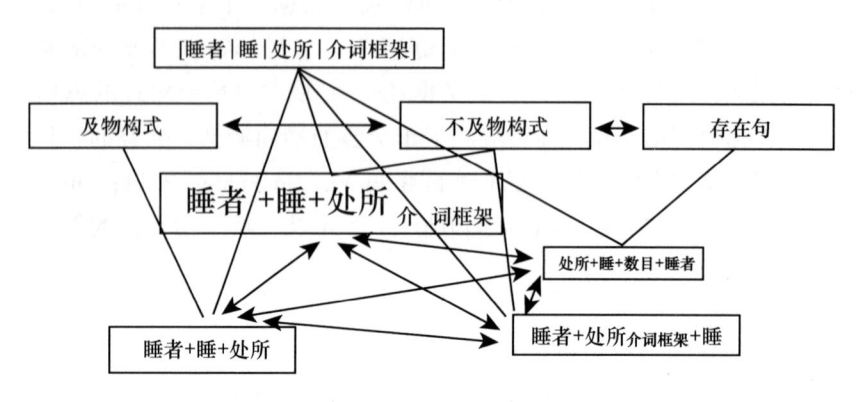

图 3-2 "睡"字句式的网络表征

和词项视为连续统时，我们便找到了其平行之处：（1）构式和词项一样，都是形式和意义/功能的配对体；（2）构式和词项一样，都可以因形式和（或）意义相似而构成网络；（3）构式和词项一样，既涉及组合关联也涉及聚合关联。认识到这三点，我们就明白句式交替的本质了，它是语言系具有聚合关联的体现。语言之所以是一个系统或者网络，聚合关联发挥着根本作用，它保证了个体层面的语言知识具有结构性，也保证了个体和集体层面的语言系统具有稳定性（Schmid，2020：286）。在这方面，构式语法可以向系统功能语法汲取营养，因为后者正是一个给予聚合关联以优先性的理论，它不把语言看作一系列的结构（其实就是"构式"），而是看作各种系统的一个网络，或者是制造意义的、分为不同组别但又相互关联的选项（Halliday，1994：15）。总之，重视句式交替可以给构式语法以有益补充，我们不仅要重视构式之间的纵向关联，也要重视构式之间的横向关联。

第 4 章

动词、句式及其动态循环关系

动词与句式的关系是自构式语法兴起之后凸显出来的热点问题，以此为题的文献数不胜数，如 Goldberg（1995：Chapter 2）、Croft（2003a）、孙志农（2008）和刘美君（2019）等。过去多持"动词中心说"（verb-centric）或投射观（projectionist），即句式的形式或语义特征可以通过动词信息得到全面解释；如果同一动词的句式表现不一，就为动词设置多个义项。这被称为自下而上的路径，配价语法是这种做法的代表。一些学者批评这种做法存在循环论证问题（circularity），即在坚持动词决定句式的同时又去句式（或分布）那里寻找动词的意义，转而提出一种自上而下的路径——构式语法，在解释"角色误配/论元异构"现象时求之于构式压制（如 Goldberg, 1995；张伯江, 1999；沈家煊, 2000a）。[①] 构式语法避免了动词多义，但也存在矫枉过正的问题：（1）构式语法仍然避免不了循环论证，确定句式的论元结构时还得看有几个论元共现（袁毓林, 2004）；（2）把任何异常现象归于构式又导向了动词单义问题，与人类大脑翔实记忆表征的领域通用认知能力不符（Bybee, 2010：14–19；Perek, 2015：33）。为此有学者主张两种路径需要结合（Diessel, 2016；施春宏, 2018：8），但是如何结合还未有定论。这一章拟从基于使用的构式语法视角出发，尝试构建一

[①] 受构式路径的影响，配价语法也为句式赋予了配价，如有学者提出了句法配价（Syntactic valence, Payne, 1997：169—70；转引自 Thompson & Hopper, 2001）、句式配价（沈家煊, 1999b）和配价构式（valency constructions, Herbst, 2010、2011，转引自 Perek, 2015：36）等概念。

种"基于使用的动词和句式动态循环模型"。句式的问题上一章已有论述，这一章先讨论词项问题，明确区分词项的两个层面，即个体词和概括词，看概括词可能存储哪些形式、语义信息；接下来讨论词项（具体为动词）和句式之间的关系，详述"基于使用的动词和句式动态循环模型"。

4.1 词项：个体词和概括词

国内语言学界的"词"是舶来品，它在古代汉语中另有意义。《说文》对"词（詞）"的解释是："意内而言外也，从司从言。似兹切。"后来演变出"虚词"的意思，如清人王引之所著《经传释词》中的"词"。随着西方语言学理论的涌入，一些新的概念及术语出现了。其中，黎锦熙（1924/2007）有意用"词"对等 word，后来便在语言学界流行开来。但是这个单位是否存在，或者是否合适，许多学者对此表示怀疑（如赵元任，1992：239—240）。一般语言学教材对"词"的解释是："词是代表一定的意义、具有固定的语音形式、可以独立运用的最小的结构单位。"（胡裕树，1995：203）这两个标准，前者只能作参考，后者在实际操作中也有一些问题。

正是由于这个单位的不确定性，[①] 学界开始区分各种词，据笔者所见有"词汇词、语法词、句法词、修辞词、韵律词"等，这其实是词的"同一性"问题。"词汇词"指多个义项具有联系的同一个词，体现为词典中的一个词条；"语法词"指词汇词之下的单个义项，这是按照同一性归纳出的单位；"句法词"指由句法运作而生成的"词"；修辞词指因词类或词汇活用而生成的词；韵律词指在韵律节奏中可以独立的单位（冯胜利，2001；莫彭龄，2004；戚晓杰，2015；庄会彬，2016）。具体到其中的动词，郑定欧（2001）区分了"形态动词"（词典中的一个条目）、"语义动词"（一个义项）和"句法动词"（一个句法分布即一个动词）。

[①] 当然，英语中的 word 也具有歧义性，按照 Hanks（2013：28-29）的说法，至少有 6 种用法：类型（type）、个例（token）、词条（lemma）、词位（lexeme）、短语（phraseme）和词项（lexical entry）。

之所以围绕"词"会有这么多概念，有两个原因：首先，词库、句法无法截然分清。构式语法主张取消词库、句法之分，这也得到了来自语法化、二语习得和心理语言学等领域的证据支持。汉语当然也不例外，最典型的是离合词，离为短语合为词；再如"可V"型词语，其实是"可（以）"搭配"V"进一步词汇化的结果（古川裕，2007）。其次，二者的区别又客观存在。词库、句法之分反映到词身上便是概括词（word type）和个体词（word token）：前者是存储在个体大脑或集体无意识词库中的词，可以脱离语境而存在；后者是运作于真实语言使用或言语层面句法中的词，必须依附语境而存在。两者存在动态的互动关系：概括词是从个体词中"抽象和综合"出来的（朱德熙等，1961），个体词的形式和意义一直处于浮现、协商和习得中（Hopper, 1987；Tao, 2003），其中固化/规约化的形式、语义属性可以存储到概括词当中；个体词可以视为概括词的具体应用或实现，存储在概括词当中已有的使用经验会对新的使用形成制约。由此可见，概括词和个体词之间是一种互动或双螺旋关系。

那么从个体词到概括词的固化/规约化涉及哪些形式、语义属性呢？我们在 Hawkins（2004：117）的基础上总结为以下几类：

1. 客观意义：概括词通常存储多个意义，成为多义词，在个体心理词库中表现为辐射网络（radial networks），在社群的语文词典中表现为多个义项。

2. 词类或句法范畴：词类的本质是指称、陈述和修饰等命题言语行为功能（Croft, 1991、2001）或表述功能（郭锐，2002）。个体词固化/规约化的功能分布信息会存储到概括词当中，从而影响其词类归属（Wang, 2014；王仁强、陈和敏，2014）。

3. 搭配偏好或高频搭配：个体词的生命来自搭配，因此其偏好搭配集也会存储到概括词当中。英国语言学家 J. R. Firth 有句名言："观其伴，知其意。"(You shall know a word by the company it keeps)。可见搭配是一个词词义的组成部分。

4. 语义结构：语义结构（大部分称为"论元结构"或"配价结构"）反映了词语的句法—语义联系，反映到概括词便是词语本身包含的语义成分数量及类型（大部分以"价""向""元"等术语来表述），甚至包括句法位置（如不及物、单及物和双及物）和句式交替信息（詹卫东，2004）。④语义结构主要针对动词，但是名词（尤其是动名词）和介词也存在语义结构（袁毓林，1992；Hanks，2013：134）。

5. 词汇化："今日的词法是昨天的句法。"（Givón，1971）受组块思维的影响，某些搭配在高频使用下可能合为一体，从而逐渐形成新的概括词。

6. （交互）主观性：主观意义如褒义（favorable/positive）、贬义（non-favorable/negative）等，交互主观意义如说话者与听话者之间的协同信息（alignment）、推理意义（inferential meaning）等，都可能存储到概括词当中。

7. 语境信息：与文本语境（co-text）、情境语境和社会、文化语境相关的语义，具体如文体或语体、语域和社会阶层信息等，都可能固化/规约化到词项之中（周春林，2006：205 – 206；Goldberg，2019：15；Schmid，2020：15、107）。

最后想强调的是，概括词存储了哪些信息，是由个体词的使用决定的，只有那些固化/规约化的使用信息才会存储到概括词当中。因此针对词的使用模式调查至关重要，这种使用模式便体现为句式（句式讨论见第 2 章，此处不赘）。

4.2　基于使用的动词和句式动态循环模型

讨论到动词和句式的关系，很容易陷入循环窘境，好比"鸡生蛋、蛋生鸡"一样（Hanks，2013：186）。① 为此需要区分两种"循环"：一种是循环论证，这是理论构建中应该避免的逻辑错误；另一种是循环累积因果（cumulative causation）或互为因果（reciprocal causation）或反馈回路（feedback loop），这是复杂适应系统（如语言、经济等）的常见现象。一方面，循环论证的逻辑错误不能犯，另一方面要正视循环互动

---

① 其实不光是讨论到动词与句式关系时容易陷入循环论证，很多语言现象的讨论都可能掉入这个陷阱。例如，在语用学中有著名的"格莱斯怪圈"（Grice's circle），指会话含义的得出基于命题意义，而命题意义又需要基于语用推理获得。

第4章 动词、句式及其动态循环关系

的语言事实,[①] 对于动词和句式的关系而言,唯一的出路只能是采用基于使用的模型(袁毓林,2004;Langacker,2000、2009;Perek,2015;严敏芬、李健雪,2018)。例如,Perek(2015:45)提出了"基于使用的配价假说"(the usage-based valency hypothesis),即"动词配价模式的认知状态与该模式的使用频率密切相关",并通过比较用法数据的实验结果验证了这个假设。我们在其基础上明确动词与句式之间的循环性质,进一步提出"基于使用的动词和句式动态循环模型"。

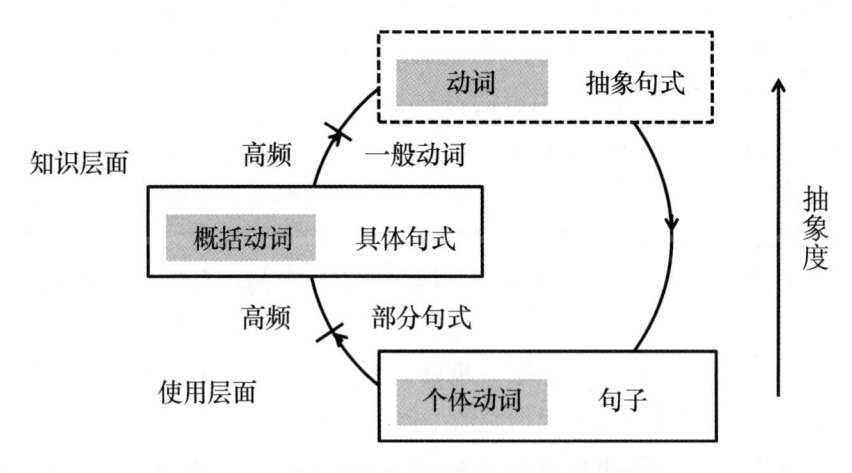

图 4-1 基于使用的动词和句式动态循环模型

按照上面有关词项的讨论,动词可以区分为"个体动词"(verb token)、"概括动词"(verb type)和"动词"。按照第2章有关句式的讨论,句式可以区分为"句子""具体句式"和"抽象句式":具体句式是在使用层面无数句子的基础上抽象概括出来的,而抽象句式则是进一步抽象的结果;具体句式和抽象句式又会对具体句子的生成做出贡献,各自贡献的大小决定于动词过去的使用。如图4-1所示,个体动词、概括动词和动词是部分,句子、具体句式和抽象句式是整体,两者是部分—整体关系;它们分布在不同的抽象层面上,个体动词、句子分布在使用层面,其他范畴分布在知识层面(包括个体语言知识和社群语言规

[①] 有学者指出,语言中的"双向互动关系"乃至"多重互动观"已成为未来的研究重点(宋作艳,2018)。

约）；上层范畴是对下层范畴或成员的抽象概括，下层范畴或成员是对上层范畴的具体实现，呈现为了一个互动循环反馈圈。为了避免把循环绝对化，我们在其中设置两道关卡，下面具体说明。

　　句式对动词的影响主要表现在从抽象句式到概括动词的固化/规约化。许多学者认为，抽象句式的语义结构有可能固化/规约化到动词之中。袁毓林（2004、2010：506）把这种影响称为"词汇化"，并说边缘动词在抽象句式意义的强力渗透或典型动词的同化作用下可能引申出和句式意义一致的新义项。有学者担心，新义项会给存储造成负担，这其实也是早期构式语法的忧虑（Goldberg，1995：12-13）。一方面，大脑的记忆存储不惧冗余，语言的心理表征无须考虑存储问题（Bybee，2010：14-19；Perek，2015：108）；另一方面，我们设置的两道关卡也能避免滥增义项。第一道关卡是，是否新增义项取决于使用频率或是否规约化。如 Langacker（2009）所言："当一个动词'经常'（regularly）出现在某个构式中时，它会获得与构式意义一致的自身意义。这虽然类似于'最大多义观'，但不同之处在于，这个意义的存在要取决于构式中该动词的意义是否规约化。"也就是说，从抽象句式到概括动词的固化/规约化，必须经过使用层面的个体动词或句子这个环节，这些假设得到了来自语料库和心理学实验的证据支持。以经典的 sneeze 及 Pat sneezed the napkin off the table 为例，Langacker（2009：254）和 Perek（2015：41）均认为种用法频率很低，其致动意义并没有规约化到动词当中。但是王仁强、陈和敏（2014）基于大型平衡语料库的调查发现，这种用法已经规约化并建议收入词典。再如针对 buy、pay 和 sell 三个商务动词，Perek（2015：Chapter 3）设计了阅读理解实验，并与来自语料库的频率信息进行比较，发现它们的使用频率决定了各自语义结构的认知凸显性或可及性，频率越高的用法越容易被处理。第二道关卡是，除了"高频"之外，还要满足"部分句式"的条件。这是因为某些句式无论多么高频，也不会对概括动词的语义造成影响，这便是一种不对称。[①] 比如存

---

　　① 宋作艳（2018）认为这和压制的类型有关，有些压制无论如何高频也不会导致词义变化。Langacker（2009：266）则把这种现象叫作扭曲（skewing），即动词语义和所在句式的组合语义发生了龃龉（Skewing is a discrepancy between a verb's meaning and the composite meaning of an expression it appears in）。

现句、事件存现句和动补结构,某些动词出现在这些结构里再高频,也不宜把句式义归纳到动词之中。

动词对句式的影响主要表现在从个体动词到抽象句式的固化/规约化。不论是配价语法还是构式语法,都认同动词的语义结构可以对句式做出贡献,争论在于动词是否会促成抽象句式的构式化。有学者提议,抽象句式的意义是从与之共现动词的语义结构中抽象出来的,其中高频、一般(general)动词扮演着决定性作用,如 go 促成不及物移动构式、put 促成致使移动构式、give 促成双及物构式等(袁毓林,2004;袁毓林,2010b:493;Goldberg,2006:77-79;王寅,2009)。① 该假设也得到了实证研究的支持。如 Perek(2015:80)对自然语言习得数据(分布偏向)、实验环境下的诱发数据以及语料库搭配构式分析(collostructional analysis)数据进行了综合,发现句式语义与出现其中的高频动词语义一致或相似,且这种分布偏向在句式习得中发挥着重要作用。也就是说,讨论到动词对句式的影响必须从个体动词出发,因为是语言使用决定了哪些动词是"高频"和"一般"的,只有那个频率最高、意义一般的动词会对句式语义造成影响(Langacker,2008;Stefanowitsch,2011;Perek,2015)。但是需要注意,单个动词本身无法促成抽象句式的最终形成,还需要其他几种因素的协同,如动词槽位的类型频率(type frequency)、语义成分的频率、动词和语义成分结合的相对频率(relative frequency)、语义变异度或相似度(variability/similarity)等(Goldberg,2006:79-90;2019:63;Diessel,2019:140-141;Schmid,2020:248-249)。

我们以两个例子来说明上述过程。图 4-2 左侧展示了从抽象句式到概括动词的固化/规约化过程:致使移动构式[NP V NP PP]是英语中的规约化构式,正是在此构式压制和类似动词类推的双重作用下,sneeze 产生了类似于 Pat sneezed the napkin off the table 这样的"非常规"用法。随着使用频率增多,其规约程度也越来越高。据王仁强、陈和敏(2014)的调查显示,sneeze 的这类用法个例频率虽然不高(COCA 中出现了 96 例),但类型频率很高(涉及 9 个不同的搭配介词),此外历时

---

① 早有学者思考过动词和句式之间的密切关联,Goldberg(2006:78)列有其他一些文献,如 Kay(1996)、Clark(1996)和 Ninio(1999)等,可参考。

分布和语域分布也很广泛,因此 sneeze 及物用法的规约化程度很高。换句话说,已经衍生出了［NP SNEEZE NP PP］这样的常规构式,概括词 SNEEZE 本身即可以激活及物用法。图4-2右侧展示了从个体动词到抽象句式的固化/规约化:基于无数像"张三没吃早餐""王五喝了六瓶啤酒"这样的具体句子,语言使用者首先概括出了［NP 吃 NP］和［NP 喝 NP］这样的具体句式或枢纽句式(pivot construction),在此基础上再概括出更为抽象的及物句式。该过程已经得到了来自儿童语言习得的证据支持(Tomasello,1992:23-24;Schmid,2020:53)。

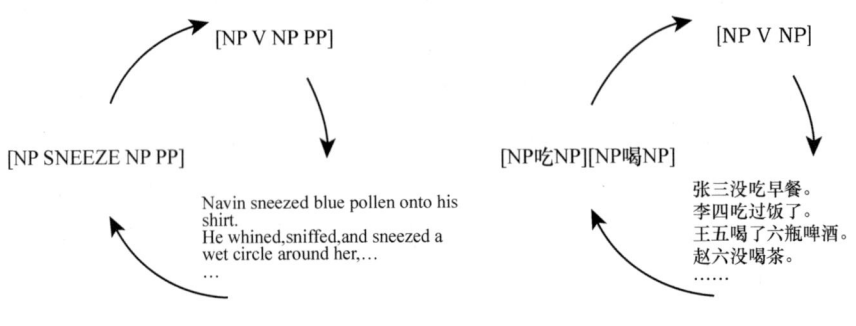

图4-2 动态循环模型的两个例示

4.3 小结

词项需要区分为个体词与概括词,但是这种区分不是割裂,而是要凸显二者的动态互动关系:个体词的使用模式会影响概括词,包括客观意义、词类或句法范畴、搭配偏好、语义结构、词汇化和(交互)主观性信息等,如果固化/规约化就会存储到概括词当中;概括词存储着个体或社群使用该词的已有经验,会对现在的、将来的使用形成无形制约,这导致很多创新用法是从常规用法中拓展出来的。

对于动词和句式的关系,我们提倡正视动词和句式之间的循环互动事实,初步确立了"基于使用的动词和句式动态循环模型"。句式对动词的影响主要表现为从抽象句式到概括动词的固化/规约化,动词对句式的影响主要表现为从个体动词到抽象句式的固化/规约化,不论哪个方向,使用都在其中发挥着决定性的作用。

第二部分　从认知图景看动词的非典型及物用法

第 5 章

基于使用的及物性研究框架

不及物指"动词+名词"结构或动宾结构,但为了淡化"动宾结构"中暗含的典型性(即动词为及物动词,宾语为受事),之后采用"动词+名词"结构称谓。"动词+名词"结构在现代汉语中具有强大的同化作用或类推作用,好多非"动词+名词"结构都被同化为该结构,如"学习""提醒"被同化为"学完习""提完醒",甚至单纯词"慷慨"也可以说成"慷他人之慨"。其中有一类比较非常规,即某些被视为不及物的动词出现了带宾语的现象,或者(而且)宾语的语义角色并非受事,导致"不及物+宾语"或"及物+非受事"这样的情况。

与该结构密切相关的概念是及物性(transitivity),各派理论对此看法不一:结构主义持"及物—不及物"二分的观点,以能否带宾语来判断一个词是及物还是不及物(如丁声树等,1961;陆俭明,1991);在系统功能语法看来及物性是一个语义概念,是用来界定名词(组)与动词之间的各种关系的(Halliday,1967;1968;周晓康,1988);美国西海岸功能学派把及物性视为小句乃至语篇层次的概念,主要基于连续统观提出了具有共变(co-vary)性质的句法和语义参数来判断及物性高低(Hopper & Thompson,1980;王惠,1997;屈承熹,2005);认知语义学以"弹子球模型"和"舞台模型"来加以解释(如 Langacker,1991;王惠静、文旭,2017);构式语法则用构式压制来解释"及物动词带非常规宾语"和"不及物动词带宾语"的语用异化现象(如任鹰,2009;吴义诚、李艳芝,2014)。

在汉语界，过去以语义标准来判断及物不及物，如马建忠（1898/2010：143）、黎锦熙（1924/1992：23）区分了"内动字/词"和"外动字/词"；后来语义标准遭到批评，受结构主义影响而倾向于功能标准（胡附、文炼，1955；朱德熙，1982：56–58；陆俭明，1991）；还有一派观点主张跳出及物不及物二分的圈子，或者放弃这种来自西方的框框（高名凯，1948/1986；曹逢甫，2005）。最后一种观点常受到忽视，但却值得格外注意。高名凯（1948/1986：237–240）指出："汉语具有动词功能的词本无及物与不及物之分别。当它存在于具体的命题或句子里头的时候，它既可以是及物的，又可以是不及物的，完全视实际情况而定。"判断一个词及物不及物经常落入"倒果为因"的逻辑错误（循环论证），大家之所以走入这个误区，是因为在观念上存在"先入为主"的问题："无奈国人受了西洋通俗语法书的影响，成见在胸，乃预先假定汉语具有动词功能的词必得有内外之本性，所以便将张冠李戴。"曹逢甫（2005：58—67）认为汉语中及物、不及物区别远没有英语那么明显，会受到话题、词—短语难分和动补结构等复杂因素的影响，因此不如采用对汉语语法影响更大的状态、行动之分。但是他在行动动词之下还是采用了及物不及物的分法。总之，他们对放弃及物不及物之后该如何分类，并没有提供一个很好的方案。

简言之，结构主义执着于把一个动词"锁定"为及物或不及物（最多加上兼类，但也会限制到最少），到功能主义才突破词汇进入了小句乃至语篇层面，基于原型范畴理论从语义或概念上去观察及物性，[1] 遇到异常现象则借助于"构式压制"来解释。但是这也带来不少问题，最明显的一点是：偏重小句乃至语篇层面，忽视词汇层面，构式语法更是走向了极端，以至导向了动词单义的后果（参考第4章的讨论）。鉴此，我们将基于"基于使用的语言观"提出新的及物性界定，同时讨论汉语中有哪些及物化机制，其理据为何，以及从不及物到及物的规约化问题。需要提前说明的是，我们仅涉及单及物，不涉及双及物。

---

[1] 屈承熹（2005：18）对此评价道："Hopper 和 Thompson 的及物性理论……在功能语法框架内，非常适合于描述及解释不为严格的语法规则所允许，但却确实存在的许多语言事实。"

第5章 基于使用的及物性研究框架

5.1 新的及物性研究框架

新的及物性研究框架可概括如下：

首先，及物性既是个体词及所在小句（乃至语篇）概念，也是概括词概念。这也是为何我们可以像功能学派去判断一个小句的及物性高低，或者判断其中某个体动词的及物性身份，也可以像结构主义去判断一个概括动词的及物身份。

其次，及物性研究要区分个人言语层面和社群语言层面。个体词及所在小句/语篇和概括词分属于不同的层面，前者属于个人言语层面，后者属于社群语言层面。个体词及所在小句/语篇中的及物性持续运作于真实语言使用中，而概括词则是表征于语言社群的心理词库当中的。[①]

最后，两个层面之间存在双向和动态互动，及物性是个体词及所在小句/语篇和概括词互动的产物。"双向"指的是：动词在小句/语篇中的使用情况会决定它在词库中的及物归属，而规约化的及物身份反过来又会影响人们对该动词的进一步使用（循环累积因果）。"动态"指的是：动词的及物身份不是先验的，也不是静止不变的，而是随着语言使用处于动态演变中的，尽管小句/语篇中少量的浮动不会影响其及物身份，但一旦累积到某个奇点之后，量变就会发生质变，动词就会在及物、不及物和兼类之间发生游移。[②]

[①] 事实上，词汇也有个人和社群之分，前者表征于个人大脑之中，后者表征于集体无意识当中，是无数个体的平均数或最大公约数。前者可以通过对个人长时的观察归纳或短时的心理学诱导实验来发掘，后者需要语言学家基于大规模语言样本有意识地调查归纳［体现在语文词典当中，参见王仁强、康晶（2017）的相关讨论］。由于我们对社群语言知识更感兴趣，后面谈及词库仅指社群心理词库。

[②] 动词的及物身份可以变化，反映了语言的动态涌现本质。汉语如此，其他语言也不例外。以英语为例，从共时层面来看，英语的及物、不及物之分也没那么容易；从历时层面来看，也存在相互转化的情形。例如 Rissanen（2000：第4.4.2.1节）说："在英语历史中，动词的及物、不及物用法一直存在着波动"（In the course of the history of English, there has been constant fluctuation between the transitive and intransitive use of verbs）。不及物变为及物可能是因为介词丢失和重新分析，前者如 jump 不借助介词 over 直接加宾语，后者如 the potatoes are grown 被重新分析为"土豆被种植"（本来是"土豆长势喜人"）。除此之外还存在及物转变为不及物，如 cure、shape、sell 等。

我们把这种及物性认识图示为图 5-1。其中纵线反映了动词在个人言语层面句法中的及物情况，白色代表及物，灰色代表不及物（如"吃"及物用法占 80%，不及物占 20%）；横线反映了动词在社群语言层面词库中的及物归属；无论纵向还是横向，及物性都是一个连续统。这种及物性认识以下几个特点：(1) **双层性**。这种区分以语言和言语的区分为基础，以概括词—个体词区分为前提。(2) **概率性**。我们不提倡基于自省判断及物性，而是要基于语料库的使用模式调查，因此它具有概率性。(3) **动态性**。一个动词的及物身份不是绝对的，而是持续处于演变乃至转换中的，当然转换与否要以规约化为前提。

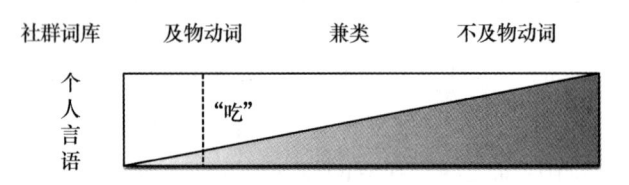

图 5-1　新的及物性研究框架

那么在这个及物性研究框架下，如何判断词语的及物性呢？在隶属于个人言语层面的小句中，及物与否是比较容易判断的，如果不以连续统观之（如 Hopper & Thompson, 1980；陈昌来, 1998 等的做法），而是采用"一刀切"的做法，即如陆俭明（1991）所定义的，"凡能直接带宾语的动词是及物动词，凡不能直接带宾语的动词是不及物动词"，且宾语不限于任何形类和语义角色，那么就只有及物和不及物两种情况。比如在下面的例子中，例 1 中的"死"无疑是不及物动词，例 2 和例 3 中的"死"后虽有名词性成分，但却是由介词"在"和"于"引进的，不符合"直接带宾语"的定义；例 4—5 中是及物动词，尽管我们从语感也能看出，例 5 的及物性比例 4 要高，比"她生了儿子"这类句子低［"王冕"句的及物性分析见（张伯江, 2002）］。

(1) 呵，不，不，反正他<u>死了</u>，真的死了。（于伶《满城风雨》）

(2) 老婆却因难产<u>死在手术室</u>，给他留下一个儿子。（《北京晚

报》1986-11-23)

(3) 尽管他<u>死于承乾叛乱之前</u>,但能说他不是承乾一党么?(吴枫、常万生《治世沧桑》)

(4) 大夫<u>死凶寇</u>,谏议谪蛮夷。(隋唐五代《旧唐书》)

(5) 你们<u>死了儿子</u>,也是我害了你们伤了阴鸷!(张爱玲《倾城之恋》)

那么在小句中是否存在第三种情况即兼属及物不及物的情况呢?温颖(1987)曾总结了两类"兼性动词":第一类就是我们上面说到的情况,动词可以根据所在句子明确地判断为及物或不及物;第二类就很奇怪,作者说它同时具有及物和不及物的性质,只不过在"动+名"中更像及物,在"名+动"中更像不及物。以"发展"为例,在"渔业在发展"中更像不及物(但也具有及物性质),在"在发展渔业"中更像及物(但也具有不及物性质)。温颖(1987)严格执行语义标准,但是第二类所谓"兼性动词"不仅违背了"图形—背景"的心理学原则,而且忽视了其中的"发展"受句式影响产生的语义变化。事实上,在言语层面,不仅不可能产生及物不及物的兼类,也不可能产生任何词性之间的兼类。

而在隶属于社群语言层面的词库中,根据颗粒度粗细可以有多种区分。我们可以通过基于语料库的及物性调查进行判断,如"吃"的及物用法在语料库中出现了80%(陶红印,2000),那么我们就可以说"概括词'吃'的及物性为80%"[①]。这样,所有动词将分布在一个从0%到100%的标度上,也就是说词汇的及物性也是个连续统。但是这种做法不太经济,因此常见做法是及物、不及物和兼类三分。这里的及物与否只能说是"大部分情况下"如此,而不能说绝对如此——绝对情况可以称之为"极端(不)及物动词"或"纯(不)及物动词",这种情况比较少见,比如在我们所调查的四个类别中,所有动词或多或少都有及物用法,虽然我们在脱离语境的情况下不一定想象得到;"兼类"则是指

---

① 这不同于Hopper & Thompson(1980)的做法,他们是根据若干标准判断一个句子的及物性高低,属于句法层面;而我们是基于语料库的使用模式调查判断一个概括词的及物性高低,属于词库层面。

及物/不及物的情况差不多。如此一来，80% 的及物比例完全可以把"吃"判断为及物动词。

那么如何判断一个概括动词的及物身份呢？或者说，如何判断一个动词及物用法的规约度呢？个人语感常常是不可靠的，尤其当调查者接触过很多语料之后，其认知状态（语感）会受到频率的影响。比如 Thompson & Hopper（2001）举到了 sample 的及物用法（We can't sample you），说"当我们听过几次之后，新奇性就消失了"，因为"我们所储存的关于动词或它们可以和哪些论元同现的信息是流动不居的（fluidity）"。为此我们必须求助于更加客观的标准。图 5-1 只是给出了一个最显性的标准——个例频率，即如果一个动词的及物用法占到了全部用法一半以上，那么一般来说可以肯定地判断为及物动词。但是如果及物用法没有一半以上时，我们便需要综合多项标准来判断，包括：

1. 共时分布：包括个例频率和类型频率，个例频率指及物用法的出现频率及比例；类型频率指该及物句式是否可以再细分，以及出现在宾语位置的词语是否丰富。个例频率促成具体句式的规约化，类型频率促成抽象句式的规约化，是及物结构能产性的重要标记，因此后者更为重要（Evans & Green，2006：118；Bybee，2010：95；王仁强、陈和敏，2014）。具体来说，如果两者同高（如"生"的及物用法）或同低（如"睡+觉"），那么可以肯定地判断为及物或不及物；但是两者一高一低，那么主要看类型频率，类型高说明规约度较高（如"睡+处所"，参见第 6 章），低则说明规约度较低。

2. 历时分布：指及物用法的分布是否久远，越久远说明其规约度越高。

3. 句式交替：及物句式交替的自由度越大，那么它的及物性就越高。如"我吃了饭"可以省略为"我吃了"，但"王冕死了父亲"就无法省略为"*王冕死了"。

4. 认知语义：本着"存在即合理"的假设，及物用法都可以找到认知理据，区别在于该理据在动词所激活的认知图景中地位如何，我们可以简化为认知要素的凸显度。还可以与其他动词进行比较，即在更广的背景下观察其及物性，可以基于参与者（participants）、自主性（volitionality）、动态性（kinesis）、施动性（agency）、受动性（affectedness）

和个体性（individuation）等参数进行判断。①

5.2 现代汉语及物化机制

高顺全（2004：57—58）指出："某些特殊句式如存在句能够导致甚至是要求动词的性质发生变化，同理，特殊句式也会导致或者要求名词性成分的语义角色发生相应的变化。""动词的性质"变化主要体现在不及物和及物之间，从前者到后者可以称之为"及物化"。需要提前说明的是，"及物化"不是说不及物动词变成了及物动词，而是不及物动词进入及物句式实现了及物化。即便是典型的不及物动词，也基本都有及物用法，如果不管及物用法是否规约化的话，那么都存在一种及物化机制。② 综合先贤研究，我们认为现代汉语中存下以下几种及物化机制。

5.2.1 非典型宾语句

非典型宾语（non-canonical objects）多是动词所关涉的对象，包括原因、目的、工具、方式、对象和处所等（李临定，1983；吕建军，2009：139；卢英顺，2016b）。这些语义成分既非施事，也非受事，故有称之为旁格。试举几个例子：

（6）老实说，我晕车也晕船，所以看到这张图也晕了。(BCC 微博)
（7）交通局积极与金融部门联系洽谈，跑政策，跑指标，(BCC 科技文献)
（8）他开始走之字形，并且两步一个弯腰，三步一个蹲身……(严歌苓《陆犯焉识》)

---

① 这里参考了 Hopper & Thompson（1980）提出的判断及物性高低的参数，但我们是在狭义及物性定义的前提下使用这些标准的：即先基于陆俭明（1991）提出的纯功能标准判定为及物，然后在此前提下根据这些标准对其及物性高低作出判定。
② 这里采用"及物化"这个术语是就句法层面句式之间的交替关系而言的，孰为基本孰为替换非指历时先后关系，而是共时交替关系（参见本书第 3.3.1 节的讨论）。此外，如果存在及物化机制，那么也应该存在"不及物化机制"，但是由于本项研究以典型不及物动词为多，所以这里只探讨及物化机制。

(9) 约会恋人的，走夜路的，作夜工的，皆觉得月光比日光较好。(沈从文《月下小景》)

(10) 睡炕比睡沙发床好，腰不疼的。(贾平凹《废都》)

(11) 他于是就在家里歇病假，哪儿也不去……(汪曾祺《云致秋行状》)

(12) 今天一大早出发，走走停停，累了一身汗……(《人民日报》1992-10-15)

这些例子中的宾语本来多由介词引进出现在状语位置，如今删略介词"升格"到了宾语位置，完成了及物化。① 如"睡沙发"可以说成是"在沙发上睡"。其句式交替可以描述如下：

介词+名词+动词→动词+名词

在沙发上睡　　　→睡沙发

这个机制经常表现在身体行为动词身上，除了上面举到的一些例子，还有[下面例子都出自(李临定，1990a：131)，他把这类兼类动词称为"走"类]：

(13) a. 他在那儿跪了老半天。b. 我只跪单腿。

(14) a. 天太冷，大家都不停地跳。b. 孩子们在那儿跳绳呢。

(15) a. 她哭了老半天。b. 她哭孩子的病老不好。

(16) a. 他哈哈大笑起来。b. 我笑你刚才说的那些话。

(17) a. 我不坐，我走了。b. 我坐椅子，你坐沙发。

(18) a. 我在外边玩了一天。b. 我们今天玩颐和园了。

5.2.2 存现句

存现句被林杏光(1990)归为无主句，吕叔湘(1979)则说"存

---

① 某些语言（如 Bantu languages、austronesian languages）有一种叫"应动语态"或"施用语态"的机制（applicative voice），可以把旁格提升为核心格，是一种可以导致增价的语素。英语没有专门的应动语态，但是可以通过词汇手段达成一样效果，如"Jack ran faster than the giant"可以说成"Jack outran the giant"（https://en.wikipedia.org/wiki/Applicative_voice）。汉语也没有严格意义的形态标记，但有学者认为汉语也有应动或施用标记[具体参见(孙天琦，2019：第三章)]。

现句属于非主谓句"。从信息结构的角度来看，存现句属于非主题判断句的一类，即以实体为中心的句子焦点结构（entity-central sentence focus structure），其语用功能在于把一个新的所指对象引入话语。存现句又可细分为存在句和隐现句，前者只是简单说明所指对象的存在场所，后者则引入一个伴随动词行为出现的新所指。[①] 动词，不论是及物还是不及物，进入该结构即可实现及物化。

5.2.3 事件存现句

事件存现句和存现句一样是非主题判断句，但它是以报道事件为中心的（event-central sentence focus structure）。汉语经常以语序来标记这类句子：为了避免听话者把某个名词（组）解读为话题，故把该名词（组）置于动词之后（定指、不定指都可），其功能为断言事件存现或发生（罗仁地、潘露莉，2005）。但我们一定要知道这只是一种倾向，而非绝对（沈园，2000；周士宏，2016：139）。这种结构在汉语中比较常见，过去一般被归为"无主句"（如林杏光，1990b：41）。如下面例19—20 所示，它们或者很难补出主语，或者很少补出主语——语料库中存在有主语的情况（例21—22），但相对没有主语频率很低。

(19) 下雨了/出太阳了/刮风了。
(20) 散会了。开学了。放假了。 ［以上来自（林杏光，1990）］
(21) 天上出太阳了！（贾平凹《高兴》）
(22) 天要刮风下雨，人要受苦受难。（莫言《十三步》）

动词如果通过该结构实现及物化，只要把动前名词调整到动词之后即可。替换之后的结构从信息结构来看属于句子焦点，即整个句子都是焦点，

[①] 有学者认为，"存现动词"和"存现物"就可以构成存现句，而经常出现的处所其作用既非焦点也非话题，而是为了指示所在场所（LaPolla, 1995；周士宏，2016：244）。换句话说，他们不认为存现句是话题—述题结构。当处所/时间成分在场的时候，后续话语并非要说明这个处所/时间怎么了，而是为了在这个框架下引入一个新的角色。这不仅能解释为何存现句中总有量化成分，也能解释为何在隐现句中它们总是缺席（因为说话者根本不关心处所/时间）。

根据交际需要可以为之添加一个话题，从而构成话题—述题句。如下：

名词＋动词→动词＋名词→<u>名词＋动词＋名词</u>

话题—述题→句子焦点　→话题—述题

5.2.4　非典型事件句

事件句是"叙述一个独立的、完整的事件的句子"，故又称之为"有界句"（bounded sentence）；与之相对的则是非事件句或无界句（unbounded sentence）。促成动词有界的典型语法标记是体标记"了"，促成名词有界的典型语法标记是数量词，其典型句式可概括为"光杆动词＋了＋数量名"（沈家煊，1995）；从语义上可以概括为"施事＋动词＋受事"，这是汉语中的无标记或基本句式（石毓智，2000a；施春宏，2004）。事件句是个原型范畴，其内部有中心成员和边缘成员之分：该句式的中心成员，语义上表示涉及力量传递的具体关系（如"我打了他"），动前名词的施事性强，动后名词的受事性强，整体句式的及物性高；边缘成员表示不涉及力量传递的抽象关系（心理或社会关系），动前名词的施事性弱，动后名词的受事性弱（但仍然可判断为受事，这是不同于非典型宾语句的关键），整体句式的及物性低。能构成前者的动词一般是典型及物动词（如"打"），能构成后者的除了典型性较差的及物动词（如"爱""失去"等），还有一些典型不及物动词，比如由"死"构成的"受损者＋死＋死者"句式，是典型事件句泛化类推到非典型事件句的结果。如高顺全所言：

　　对于母语者来说，这种认知机制（"泛化"——笔者注）同样起作用，表现为某一范畴的功能扩大化，例如带宾语本来是及物动词的用法，带双宾语是双及物动词的用法，可是母语使用者将及物动词带宾语推广到不及物动词（如"王冕死了父亲"），将双及物动词的特征推广到一般的及物动词（如"吃了他三个苹果"）都是功能扩大化的表现（高顺全，2009）。

行文至此，需要说明一下非典型宾语句、存现句、事件存现句和非典型事件句的关系。它们的不同可以通过"±存现""±事件"和"±

旁格"来厘清。如表5-1所示，事件存现句的句式是"（话题+）动词+存现物"，表示"存现或发生了某事"，所以存现义和事件义均凸显；存现句的句式是"处所/时间+动词+数目+存现物"，表示"哪里存现了多少个某物"，存现义凸显，事件义微弱——这两类句式的宾语既非受事，也非旁格，而是施事，故在文献中被称为"施事宾语句"（如范晓，1989；张伯江，1989）。非典型宾语句的句式是"名词$_1$+动词+名词$_2$"，其中"名词$_2$"属于旁格成分，句式存现义和事件义均微弱；非典型事件句的句式是"名词$_1$+动词+名词$_2$"，其中"名词$_2$"是非典型受事，句式事件义凸显，存现义微弱。① 这四类句式相对不及物句式即"名词+不及物动词"的及物性都要高，相对典型事件句即"名词$_1$+及物动词+名词$_2$"（其中"名词$_2$"为典型受事）都要低；而在其内部，其及物性高低呈现为"非典型事件句＞非典型宾语句＞存现句＞事件存现句"的连续统。可见，这四类是连续范畴，而非离散范畴（张谊生，2014），这也导致人们在判断时可能出现游离。如对"王冕"句，有的认为是事件存现句（罗仁地、潘露莉，2005；周士宏，2016），有的认为是存现句（如石毓智，2007；吕建军，2009），也有的则认为是非典型事件句（高顺全，2009）。

表5-1 **存现句、事件存现句、非典型宾语句和非典型事件句之比较**

	事件存现句 （话题+）动词+ 存现物	存现句 处所/时间+动词+ 数目+存现物	非典型宾语句 名词$_1$+动词+名词$_2$	非典型事件句 名词$_1$+动词+名词$_2$
存现	+存现	+存现	-存现	-存现
事件	+事件	-事件	-事件	+事件
旁格	-旁格	-旁格	+旁格	-旁格
及物	较低	中下	中上	较高

---

① 区分四类句式所使用的特征是二元的（"±"表示要不要不没有），但我们在表述时却使用了"突显""微弱"这类模糊的表述。比如对于"存现句"和"非典型宾语句"，我们判断为"-事件"，但是存现句下的隐现句具有一定事件性，而"非典型宾语句"下的"动词+处所"则可能新增了"征服"或"占有"的事件义；再如"非典型事件句"，我们判断为"-存现"，但是这类句式多表示领属关系和承蒙关系，因此也被张谊生（2014）归为"存现句"。

"非典型宾语句"比较容易区分,最容易纠缠不清的是其他三类,以"死""瞎"和"肿"三个词为例(a 为事件存现句,b 为存现句,c 为非典型事件句):

(23) a. 死了父亲很可怕。b. 村里死了一个人。c. 王冕死了父亲。

(24) a. 瞎了眼睛很可怕。b. ? 村里瞎了一个人。c. 王冕瞎了右眼。

(25) a. 肿了脚很可怕。 b. *村里肿了一个人。 c. 王冕肿了脚。

"死"的及物用法包括三类(详参第 7 章的讨论):"受损者 + 死 + 死者""死 + 死者"和"处所 + 死 + 数目 + 死者",它们的及物化机制是不同的。"处所 + 死 + 数目 + 死者"无论在形式还是意义上,都更偏向于存现句:整体具有消失的意义;"处所"经常是在场的;"死者"前加了"数目",也是典型存现句的特点之一。"死 + 死者"是典型的事件存现句,如下面例 26—28 中的"死 + 死者"前很少出现话题(当然也可以补出来),"人""母亲""那么多的人"都是不可识别的,与上面所举的例 19—20 具有形式、意义的一致性。尤其需要注意的是,例 27 和"王冕"句不同,其中的"母亲"不像"王冕"句的"父亲"是可识别的,这里只是一个通指。

(26) 芥末气如果不是吸到肺里,还不会马上死人。(李崇基《毒瓦斯》)

(27) 该仪式的第一段叫做"接舅舅",死了母亲后,要立即通知舅舅。(罗开玉《丧葬与中国文化》)

(28) 你们看见死了那么多的人,倒了那么多的房子,就动了人道主义的心,掉下了怜悯的眼泪。(中杰英《在地震的废墟上》)

"受损者 + 死 + 死者"("王冕"句)的情况比较复杂。在历时上,它有事件存现句的起源。调查表明,"死"后加"死者"句式开始出现时，前面都没有"受损者"或其他语义成分，它主要是利用事件存现句表述"死人"或"死了多少人"这样的事件。随着历史推移，"受损者"出现的比例上升，并逐渐独立为一类特殊的句式，并最终形成共时层面的"受损者+死+死者"句式，此时"受损者"不出现的句式反而受限，因此我们把它视为非典型事件句更为合适，其表现包括："受损者"经常是在场的；"受损者"和"死者"语义关系密切，主要是社会关系网络内亲人之间的领属关系；"死者"是定指的，多是"受损者"的亲人，而不是泛泛的亲人（试和例 27 比较）；"死者"可以成为整句的焦点，比如"王冕死了父亲"的焦点是"父亲"（不是"母亲"或者"妻子"等其他亲人）。

"瞎""肿"的及物用法包括两类句式："动词+器官"和"主体+动词+器官"。例如，"瞎了眼睛很可怕"中的"瞎了眼睛"是一个事件存现句，此时"眼睛"在语用上被合并到了动词"瞎"之中（其实由于"瞎"只对应于眼睛，这一句完全可以说成"瞎了很可怕"）。由此可见，"眼睛"的信息量极少，很难成为一个焦点。"王冕瞎了右眼"是一个非典型事件句，其理由和上述"受损者+死+死者"的表现类似，只不过"主体"和"器官"是单个个体内整体和部分的领属关系；"右眼"之所以可以成为焦点，是因为可以相对于"左眼"或"双眼"；"脚"则可以相对于其他器官，如"肿了胳膊""肿了手"等。"瞎"和"肿"都没有存现句："＊村里肿了一个人"绝对不能说，因为"肿"须要指明具体器官；"？村里瞎了一个人"似乎可以说，但我们找不到 1 个用例，这一点前面也已经指出过了。

5.2.5 使动句

使动句在现代汉语中具有独立地位，如徐通锵（1997：580）把使动和自动视为汉语的两种基本句式格局（转引自宋文辉，2018：174）。谭景春（1997：191）在谈到该句式致使义的来源时说，这种意义无法从动词和宾语中推导而出，因此"这种致使义是靠动宾结构体现的，是一种结构意义（结构的致使义）"。这种观点颇具构式思维。为此，某些"不及物动词和形容词"一旦进入使动句，就会成为具有及物身份的

"致使动词"。①

利用使动机制实现及物化,最典型的是"形容词"(王启龙,1995;朴德俊,2019),如单音节的"饿(肚子)、烦(人)、肥(田)、干(杯)、红(脸)、亲(日)、热(饭)、松(土)、烫(衣服)、累(人)、麻(嘴)、暖(手)、弯(腰)、温(酒)"(摘自王启龙,1995),双音节的"淡泊、富裕、高兴、规范、寒碜、开阔、麻痹、满意、奇怪、强壮、突出、完善、协调、兴奋、严密、严肃、镇定、镇静"(摘自朴德俊,2019:257),等等。

5.2.6 双动词结构

双动词结构就是过去所称的"动补结构""述补结构"或"动结式",为了保持中性我们采用了这个名称(第一个动词为"前动词",第二个动词为"后动词",合称"双动词",所在句式为"双动词结构")。②

不及物动词也可以通过直接进入双动词结构的后动词位置实现及物化,但此时句子的及物性是由双动词决定的,而非单由一个动词决定(双动词具有合成词性质,参见第8章的讨论)。有些动词,无论它们是否可以通过其他机制实现及物化,都可以通过直接进入双动词结构实现及物化。其交替机制可描述如下:

名词+动词→名词+<u>动词+动词</u>+名词

小伙子醒了→虱子咬醒了小伙子

枕头湿了 →我哭湿了枕头

人醉了 →人喝醉了酒

需要补充的是,"咬醒""哭湿"具有使动意义,其使动意义体现在后动词身上,但不能因此说,它们是先进入使动句,然后再进入双动词结构的,因为单独一个"醒""湿"无法构成使动结构(例29—30)。可见,使动句和双动词结构是两种独立的机制,双动词的使动意义是整

---

① 使动意义有三种表达方式:句法手段、形态手段和词汇手段。汉语中的句法手段除使动句之外,还可以用"使/令/让"字句(如"使布局整体化");汉语中没有形态手段;汉语中的词汇手段有"双动词结构"和"X化"。

② 这里的动词取广义,包括狭义动词和形容词。另外,"双动词"的说法并非笔者首创,金立鑫、王红卫(2014)就使用过这个术语。

体造成的，但不是后动词单独造成的。

(29) *虱子醒了小伙子。
(30) *我湿了枕头。

5.2.7　两种机制的结合
例句如下：

(31) 红菱湖冻死了两头耕牛。
(32) 爱情故事哭晕了我。
(33) 酒喝醉了老王。

上述句子都是在常式的基础上变化出来的，因此某些动词通过这些及物机制实现及物化也要经过常式的环节。对于例31来说，"死"要先进入双动词结构（两头耕牛冻死了），然后再进入了事件存现句，最后可以添加一个话题。对于例32和例33来说，"晕""醉"也要先进入双动词结构，然后再通过使动句实现及物化。

名词+动动　　→动动+名词　　→名词+动动+名词
双动词结构　　→事件存现句　　→话题—述题句
两头耕牛冻死了→冻死了两头耕牛→红菱湖冻死了两头耕牛

名词+动动（+名词）→名词+动动（+名词）
双动词结构　　　　→使动句
我哭晕了　　　　　→爱情故事哭晕了我
人喝醉了酒　　　　→酒喝醉了人

5.3　现代汉语及物化理据

及物化理据要解决的问题是：在具体语境中，是哪些因素促成了语言使用者选择了及物句式？据我们的调查，存在四个因素，分别是：焦点、话题、协同和语体。

5.3.1 焦点

汉语被视为一种语用敏感性语言（sensitive to pragmatics），故很多语序问题能从隶属于语用范畴的信息结构得到解释（Thompson，1978；LaPolla，1990、1995）。汉语的自然焦点位于句尾，故被称为"焦点基本位置"（default focus position），所以若要凸显焦点性便须占据该位置（可称之为焦点化）。徐烈炯（2002）讨论的四种组合语序"动词和宾语""动词和时间/地点成分""宾语和动量/时段成分"以及"主语和动词"都是出于这样的语用动因，而允许语序有一定的灵活性；其实除了这四种之外，还有不及物的双动词结构①和"得"字结构（刘丹青，1995；张伯江，2011；陆丙甫等，2015）。正是因为宾语的焦点性特别强，造成了许多非常规"动词+名词"结构。焦点（化）的解释只适用于谓语焦点，在我们讨论的几种及物化机制中，非典型宾语句、非典型事件句、使动句和双动词结构可用"焦点化"来解释。

5.3.2 话题

话题何以能影响到及物化，这要从反面来理解：在存现句和事件存现句这种句子焦点类型中，当有多个名词（组）需要安置时，为了避免某个名词组被视为话题（不管是主话题还是次话题），可以将其置于动词后或句尾的位置，此时由于整个句子都是焦点，因此该名词（组）虽占据句尾但并非焦点。当然存现句和事件存现句还是有一些不同，前者的语用功能是为了引进一个新对象，所以"存现物"的焦点性偶尔会凸显［哪里存现了多少个某物（而非他物）］；但是对于后者，由于其语用功能是为了引进一个事件，所以"存现物"和动词发生了语用合并，不管从语义还是语用上"存现物"都不会凸显。

5.3.3 协同

"协同"（alignment）是指"说话者倾向于使用相同的词或短语

---

① 及物的双动词结构可归入徐烈炯（2002）所说的"动词和宾语"，因为可以把双动词视为一个整体。

（不管何种类型）作为他们的交际模式，这是一个说话者再利用另一个说话者说过的话的拷贝行为"（Feyaerts，Brone & Goldin-Meadow，2017：251）。① "协同"是一个具有心理学基础的概念，有学者认为是启动效应（priming effect）② 造成的（Pickering & Garrod，2004、2006）。至于其语用动因，可以从"协同"字面得到，即我们之所以要采用与对话者相同的词、短语甚至语法，只是为了与对方形成共鸣，这是一种与对方站在同一立场的联盟行为。陆俭明（2007）曾举到一则例子："位"作为量词用于人时含有敬意，一般不能用于说话者自己，但如果饭店的服务员问我们"请问几位？"时，我们通常会脱口而出"我们三位"，完全意识不到这样指称自己是不合适的。这其实就是一种协同现象。

遗憾的是，这些研究多是针对面对面的交际互动，几乎没有关注听话者/读者不在场的独白或写作活动。那么这类活动是否也可以体现协同呢？作者又是如何与读者实现共鸣的呢？笔者提出一种假设：作者默认自己的话被读者接受从而形成话语反射，继而以实际上是自己的话语作为模板形成协同，这样作者就通过重复自己的语言模式与读者实现了共鸣。比方说，作者在写作中追求术语一致，如果在前文中使用了"电脑"一词，在后文也会保持一致而不会使用"计算机"，否则就是对读者的不友好。再比如，Bock（1986）进行的实验表明，当英语使用者在参与实验之前听到过或**使用过** to 与格构式，那么实验中会更倾向于使用 to 与格构式（转引自 Diessel，2015）。③

及物化作为一种句法机制也会受到协同的影响。通俗来说就是，我们之所以在特定时点采用及物结构，只是因为不久之前听别人这么用过，这种"模仿"在大多数情况下是无意识的。我们注意到，不及物动

---

① 对于 alignment 这个术语，文献中也有翻译为"认同"或"同盟"，我们在这里依据其本义（排成一条直线）翻译为"协同"。Pickering & Garrod（2004、2006）是关于互动协同的开创性研究，他们主张在第一语言的交际互动中，协同是保证对话成功的重要机制。汉语界这方面的研究可参见陈振宇（2017）、朱军（2019）和孙佳莹、陈振宇（2021）等。

② 指由于之前受某一刺激的影响而使得之后对同一刺激的知觉和加工变得容易的心理现象（参见百度百科"启动效应"词条）。

③ 协同现象体现了交互主观性，但目前的研究局限于说话者和听话者都在场的互动，书面文本如何体现交互主观性值得进一步研究。笔者曾就此问题向陆俭明教授请教过，他说"你可以超越我所谈的对话体的情况去大胆假设，但必须小心加以求证。一定要防止为了要将自己的观点站住而去扭曲语言事实！"

词的及物用法经常出现在及物"连用"的环境中,如下:

(34) 她整日紧闭了嘴唇,头上带着大家以为耻辱的记号的那伤痕,默默的<u>跑街</u>,<u>扫地</u>,<u>洗菜</u>,<u>淘米</u>。(鲁迅《祝福》)

(35) 半路上,<u>遇一道人</u>,<u>瞎一只眼</u>,<u>瘸一条腿</u>,头戴白藤冠,身穿青懒衣,随在骆驼后面既不吃,也未喝,……(李文澄《努尔哈赤》)

(36) 党委书记孙金贵过早地<u>秃了脑门</u>、<u>减了青发</u>,<u>落下了一身病痛</u>;镇长司元礼也<u>老了容颜</u>、<u>皱了皮肉</u>,副书记杨家旭只为柴胡店农民操心致富,却荒了他自己的农村的家,崔广峰也一下子老了许多。(侯贺林《当官会给民作主》)

谢晓明、王宇波(2009)指出,例34是一个"连用"的句法环境,即两个或两个以上有并列关系的VN连用所组成的黏合结构,导致本不能搭配的"跑街"在这种动宾结构的强类化作用下临时搭配在一起——这其实就是一种协同现象。例35和例36也是一个道理。

5.3.4 语体

语体区别对语法研究有重要的方法论意义,这在过去就得到注意,如今更受到重视(陶红印,1999;张伯江,2007)。Kretzschmar(2015:100)更在Biber研究的基础上指出:每个文本都有其自身语法(every text has its own grammar),语法总是与我们所观察的说者人群和文本相关的。很多创新的及物用法与语体相关,如果我们把语体粗分为口语、文学、报刊、学术四类的话,那么它们对这种用法的容忍度是不同的:从高到低可排列为"口语>文学>报刊>学术"。比如我们调查了"死"及物用法的语体分布,发现在各语体中的分布是不均匀的,就是因为各语体不同的特点决定了它们对"死"及物用法的不同容忍度(表5-2)。——当然这只是一个十分粗浅的观察和总结,目前这方面的研究还比较少。语体和语法具体如何相关,还需要我们做更具体和深入的调查。

表 5-2　　　　　　　　动词"死"及物用法的语体分布

语体	口语	文学	报刊	学术
频率	31	20	14	1
比例（%）	47.0	30.3	21.2	1.52

除了以上四个因素，相信还有很多因素会影响及物化。这里想指出的是，以上分析都是针对个体的，即把及物用法视为少数人甚至个别人的创新用法，但一旦这种创新用法被更多人乃至整个语言社群使用，那么直接用"语法"解释即可。这便是规约化的问题。

5.4　从不及物到及物的规约化

不及物动词初次进入上述及物结构，都属于创新用法，但是随着使用增加也可能规约化，即从不及物动词变成及物动词。高顺全（2009）指出，从创新句法结构（修辞）到常规句法结构（语法），经历了"泛化—模仿—类推"的演变过程；发展到类推须有"足够多的语言社团成员参与"，如果满足这个条件，即可实现规则化，例外也将变得整齐规律。所以说，以上及物化机制只是为规约化打开了一扇门，是否允准规约化还需要我们一一考察。须谨记的是，规约化是个程度问题，并非是或否的截然二分。

在上面提及的七类及物化机制中，存现句和事件存现句属于非主题判断句，它们在现代汉语中具有独立性和典型性，具有无法从词汇推导出的句式义，故大部分不及物动词进入这两个结构都只会受到临时压制，动词本身的不及物身份或语义结构不会发生变化，如果贸然为之赋予新义将违背经济原则。换句话说，这两类机制导致的不论是动词性质的变化，还是名词的语义成分的变化，都是句式作用的结果，而非发生在词汇层面（高顺全，2004：140—141；张谊生，2014）。[1] 双动词结构

---

[1]　至于如何解释动词和句式之间的互融关系，袁毓林（2004、2010b：509）采用了"词汇衍生"（lexical derivation）的做法：针对成批的有句法、语义共性的动词小类，通过这样一种手段，在不改变语义的情况下改变动词的原有论元结构，从而创造出适合某种句式的某种类型的动词或动词性结构的特有的论元结构。对于存现句来说，动词需要满足包含［状态］［附着］意义的定位动词，至于施事论元删除可以设置一条广义被动化规则（袁毓林，2004；2010b：509—511）。

和两种机制的结合都涉及双动词结构，动词都是临时进入该结构，因此不涉及规约化问题。如果涉及规约化，那也是双动词结构整体的词汇化，也就变成另一个动词的问题了，这样就只剩下了非典型宾语句、非典型事件句和使动句。

5.4.1　非典型宾语句

如前所述，非典型宾语类型多样，其语义类可以是原因、目的、工具、方式、对象和处所等。如果一个不及物动词总是和这一类宾语搭配，那么我们认为这种及物性是可以规约化的。单宝顺（2011：278—280）在论及"征服义宾语"时，就说有些动词"征服"意义已经融入词汇之中成为其中的一个义项，不及物动词也就成为及物动词。以"闯"为例，我们目前觉得它是一个典型的及物动词（如"闯关东"），但它一开始需要和"进、入"搭配才能带处所宾语，直到明朝才出现了直接带宾语的用法。具体案例可参考第 6 章有关"睡"及物用法的讨论。

5.4.2　非典型事件句

事件句是一个殊为抽象的句式，不像存现句和事件存现句那样具体和独立，其下可以涵盖多种多样的语义类。如果一个不及物动词经常出现在事件句当中，那么它就可能实现规约化，从而成为及物动词。具体案例可参考第 7 章有关"死"及物用法的讨论。

5.4.3　使动句

使动句式是句法范畴还是词法范畴，在文献中向来有争议。如果是词法范畴，那么使动意义是词本身自带的；如果是句法范畴，那么应该是动宾结构赋予的（石村广，2015）。构式语法把词法和句法视为连续统，这也为重新审视使动句增添了一个新视角。我们的观点是，句法可能规约化为词法。谭景春（1997：191）把使动用法区分为临时活用和基本用法两类，并且指出：

由于动词或形容词的使动用法的经常使用，有些词的使动用法逐渐成熟，致使义也稳定下来，不再依赖动宾结构来体现致使义，致使义完全由动词来承担（词的致使义）。……使动用法从临时活用到基本用法是质的转变，从结构的致使义到词的致使义是使动用法成熟程度的差别。这种程度差别是个逐渐转变的过程，中间有过渡带。

尽管作者认识到了不及物动词有可能规约化及物动词，但文中对"兼类"的认识却有点儿自相矛盾。作者说道："致使动词一般由不及物动词和形容词转变而来，因此而成为兼类词。"事实上，只有确定了该动词的致使用法成为"基本用法"（规约化），才能把这个词视为兼类；如果还是"临时活用"，那么是不好判定为兼类的。例如作者列之为"兼属形容词的致使动词"的"清醒"，我们在"语料库在线"中只找到了1条索引（1/295＝0.3%），且是出现在创新用法多发的文学作品中。如下：

(37) 或许是广场的阵阵寒风清醒了人的头脑，有天半夜时分，谢齐历突然拉住丈夫的手，用正常人的口吻说："找林巧稚大夫去，她是专家，只有她才有权证明我是男是女！"（马雨农、王武《林巧稚传》）

一个典型的例子是"闹"（单宝顺，2011：281）。"闹"早在上古汉语中就已经出现，主要是表示"热闹"的形容词用法；唐朝后出现了直接带宾语的使动用法，开始主要出现在标题中（例38和例39），来逐渐扩散到正文中（例40），一直延续至今（例41和例42）。如今语文词典已把这一用法释为"扰乱；搅扰"[如《现代汉语词典》（第7版）第942页]。

(38) 和风闹燕莺，丽日明桃杏。（《元人小令选》）
(39) 王司徒巧使连环计　董太师大闹凤仪亭（《三国演义》）
(40) 便将大闹阴司之事，细说一遍。（《喻世明言》）
(41) 球迷大闹球场裁判再添把火。(新浪体育)

（42）到了闹洞房的时间，葡萄挤在大叫大笑的人群里，……（严歌苓《第九个寡妇》）

谭文除了"清醒"之外，还涉及"饿、苦、累、恶心、渴、馋"等。其中前四个动词的及物用法都已经被词典收录了，分别释义为"使挨饿"[《现代汉语词典》（第7版）第342页]、"使痛苦、使难受"（《现代汉语词典》（第7版）第753页）、"使疲劳；使劳累"（《现代汉语词典》（第7版）第791页）和"令人厌恶"（《现代汉语词典》（第7版）第340页）。"渴、馋"虽也有使动用法，但不是仿古用法，就是分布极为有限，规约度都极低。① 例句如下：

（43）爸爸饿了弟弟一天。

（44）楚国军士争相逃命，互相践踏，这就苦了那些老弱和"娃娃"兵了。

（45）你别恶心我了。

（46）你老拿好吃的馋我。/他老馋我。（以上出自谭景春1997）

（47）要是没有我累着你，你或许不会苦到这样。（巴金《寒夜》）

（48）"渴着他臊着他也不行吗？"（王朔《空中小姐》）

最后一个问题是，既然某些动词及物用法的规约度很高，那么我们是否应该在词典中标注它呢？其实词典编纂者对此一直是持开放态度的，例如我们前面说到的"饿、苦、累、恶心"四个词的使动用法，词典都收录了。谭景春（1997）也说"把致使义归属到动词上便于学习、理解和掌握，也便于词典的释义"。这里面的关键问题就在于其规约度，可是规约度并没有那么容易判断，而规约度居中的又很难说它到底是及物还是不及物。对于上面提及的"睡"等动词，如果主张在词典中新增

---

① 英语中也存在此类情况，如 grow 在词典中具有"生长"和"使生长"两种意思，其中后者在 16 和 17 世纪其实是很少见的，但如今已经规约化（Rissanen, 2000：254）。

义项［（李金兰，2006：134）即持此观点］，可以预想会遇到很多反对意见。那么退一步说，是否可以在心理词库中如此表征呢？袁毓林（2004）认为这种做法可能大大地增加心理词库的负担。但是我们认为不存在这个问题，因为大脑的负载容量远远超乎我们的想象，大脑对语言是一种翔实记忆表征法（Bybee，2010：第2章）。我们在研究语言知识的心理表征时，只需要考虑是否真是如此就行了，而不需要考虑是否经济或简约的问题（Croft，1998；转引自 Perek，2015：108）。计算机词库也能承受这种做法，因为如今的计算机存储成本大为低廉。总之，我们认为这种新增义项的做法对心理词库和计算机词库都没什么问题，因为它们是不避也不怕冗余的，而语文词典（尤其是纸质版的语文词典）则要考虑到篇幅和成本问题。

5.5 小结

这一章在回顾过去及物性研究的基础上，确定了一个新的及物性框架：及物性既是个体词及所在小句（乃至语篇）概念，也是概括词概念；及物性研究要区分个人言语层面和社群语言层面；两个层面之间存在双向和动态互动，及物性是个体词及所在小句/语篇和概括词互动的产物。

在这个框架的指导下，我们总结了七种及物化机制，包括非典型宾语句、存现句、事件存现句、非典型事件句、使动句、双动词结构和两种机制的结合，尤其讨论了存现句、事件存现句、非典型宾语句和非典型事件句之间的区别和联系。

不及物动词出现在这七种及物句式中即可实现及物化，其理据包括焦点、话题、协同和语体等因素。

当某个不及物动词的及物用法变得广泛后，有可能规约化，但是由于动词和句式的互动存在不对称，因此只有一部分机制能突破临时压制，促成动词从不及物规约化为及物。这部分机制包括非典型宾语句、非典型事件句和使动句。对于把某些动词处理为及物动词，虽然争议很大，但是对心理词库和计算机词库却不存在问题。

第 6 章

动词"睡"的及物用法

在有关动词语义结构的文献中,"睡"是一个颇受注意的词,这是因为它的用法比较多样,而这又源于其高频使用。[①] 这一章拟讨论"睡"的及物性。需要提前说明的是,这里的"及物性"定义暂取陆俭明(1991),即"凡能直接带宾语的动词是及物动词,凡不能直接带宾语的动词是不及物动词",宾语不限于任何形类(包括名词、动词、形容词和小句)和语义角色(包括受事、与事、施事、工具、方式、目的、原因、致使、同源、等同、时间和处所等)。

在"睡"的及物句式中,"睡者+睡+处所"受到了最多的关注。"睡"一般被归为一价不及物动词,"睡者"被视为必有论元,"处所""时间"等被视为可有论元,而在该句式中"处所"却出现在了重要的宾语位置。很多学者用移位和介词消失,以及"焦点化"来解释此类句式的生成机制和动因,但是针对介词的去向,即是并入动词了还是脱落掉了,还有些争议(如吕建军,2009:193;袁毓林,2010b:163)。这种争议的本质究其根源来自对其语义变化的认识不同:有的认为处所性减弱,事物性增强,整个句式新增了"征服"或"占有"的语义(任鹰,2000;张云秋,2004;吕建军,2009;袁毓林,2010b:161);有的认为宾语表示动作行为的方式,是"方式类"宾语(单宝顺,2011:283);也有的则认为处所宾语形成了一个选项集合,具有"分类性"和

[①] 根据《现代汉语常用词表》(草案),"睡"的频序号是1554,是一个3000以内的较高频词。

第6章 动词"睡"的及物用法

"对比性"的语义（孙天琦，2019）。

但是"睡"除了"睡者+睡+处所"之外，至少还有两种及物用法，即"睡者+睡+同眠者"和"睡+觉"。① 它们具有一些比较特殊的形式、语义特点，暂时还未得到充分的重视。② 试看如下例子：

（1）王二妈冷笑说："跟人家睡了一夜，有了'撞门喜'，这才逃到安徽打胎去的……"（马春阳《重婚记》）

（2）矿工也去睡妓女，岂不是有意诬蔑工人阶级！（谭谈《桥》）

（3）他还没睡觉呢=他还没睡呢（李临定，1983）

例1可归纳为"睡者+'和'类虚词+同眠者+睡"句式，它只是在某些语境下具有发生性关系的推理意义，相对而言，例2所属的"睡者+睡+同眠者"只有发生性关系的意义。至于"睡+觉"，它是离合词"睡觉"的"离"用法，属于动宾结构，但宾语"觉"的语义性质尚未得到清楚界定。如李临定（1983）认为"觉"在语义上没什么实际作用，称之为"形式宾语"，如例3把"觉"去掉也没什么影响。施春宏（2005）则认为是"影子论元"（shadow argument）或"同源宾语"（cognate object），即为动词的语义所蕴含的句法宾语，类似于"吃饭、说话、画画儿、写字、念书、买东西"。

按照陆俭明（1991）的定义，"睡"既然有如此多样的及物用法，无疑应该把它判为及物动词。但是问题并没有那么简单，因为一个动词有及物用法并不代表它必然是及物动词。那么大家如何看待"睡"本身的及物性呢？陈昌来（1998）指出，"睡+觉"无论是从语义上还是从

---

① 除此之外还有"睡者+睡+时点"，如"前年种麦缺水，都是睡半夜起三更到几里外挑水浇，……（陈表贵、黄德华《荔枝问题》）"，但由于只限于"睡半夜"的组合，因此不予考虑。另外需要说明的是，"睡者+睡+时长"的用法不算及物用法，因为"时长"只能算是"准宾语"［见（陆俭明，1991）的注释11］

② "睡+处所"和"睡+同眠者"在古代汉语语料库中未有用例，我们推测它们是后起的语言现象。在古代汉语中当然有"睡"后直接加"处所"的用例，但限于与其他动词的及物用法并举时，可以说只是临时省略了"在"，如"那见好人家妇女吃两家茶，睡两家床?"（元明《警世通言》）"在路上兔不得睡死人床，吃不滚汤。"（元明《水浒传》）

句法上都有支配关系，因此"着眼于语义角度"倾向于把它视为二价动词。也有学者认为"睡沙发"中的"睡"已从一价动词变成了二价动词[转引自（吕建军，2009：179）]，但是任鹰（2000）、张云秋（2004）等认为这只是受句式影响的临时用法，吕建军（2009：180）则指出这种用法有"固化"的可能，遗憾的是没有亲自调查过。

下面首先从宏观上调查"睡"的句式分布情况，接着重点关注"睡"的三种及物用法，详细讨论它们的形式、语义特点，并做出认知、功能视角的解释，最后讨论动词"睡"本身的及物性。

6.1 "睡"的句式分布情况

我们基于语料库调查了"睡"的句式分布，不仅关注有哪些句式类型，而且给出了每一类句式的分布信息（通过随机抽样500条语料统计其频率和比例）。如表6-1所示（例子均出自真实语料，限于篇幅做了裁剪），"睡"最常出现在"睡者+睡"句式中（20.0%），这是它的典型句式——这也就能解释人们为何会从直觉上把"睡"判断为不及物动词；其次是"睡者+睡+时长"（13%）；再次是动补结构（10.2%）、"睡+觉"（8.4%）、"得"字结构（8.2%）和"睡者+睡+处所"（3.0%），分别激活了"结果""觉""状态"和"处所"；此外，还有一些比较少见的句式，如"睡者+睡+次数""睡者+'和'类虚词+同眠者+睡"和"睡者+睡+同眠者"等。对于我们关注的三种及物用法，它们的比例都没有超过10%，可见它们的及物用法分布并不是十分广泛。

表6-1　　　　　　　　　"睡"的句式分布统计

句式	频率/比例	例子
"睡者+睡"	100/20.0%	崖下的人家都睡了。
"睡者+睡+时长"	65/13%	我每晚只睡两个小时。
动补结构	51/10.2%	我怎么也睡不着。
"睡+觉"	42/8.4%	一定要睡一个好觉。

续表

句式	频率/比例	例子
"得"字结构	41/8.2%	皓皓睡得特别香。
"睡者+睡+处所"	15/3.0%	睡炕比睡沙发床好。
其他	186/37.2%	白天仍要睡一、二次。——"睡者+睡+次数" 她跟人家睡了一夜——"睡者+'和'类虚词+同眠者+睡" 矿工去睡妓女——"睡者+睡+同眠者"
合计	500/100%	

下面,先看一下除及物用法之外的句式情况(及物用法句式见第6.3节):

6.1.1 "睡者+睡"
例句如下:

(4) 崖下的人家都睡了。(赵玫《河东寨》)
(5) 我马上要回上海,进来谈谈吧,我们都没睡呢。(宋珏《促进》)

该句式主要表示睡者表现出睡眠行为,其特点为:"睡"只能表示变化,无法表示状态,比如我们无法说"*我们很睡"。

6.1.2 "睡者+睡+时间"
例句如下:

(6) 我每晚只睡两个小时。(王亚法《魔枕》)
(7) 前年种麦缺水,都是睡半夜起三更到几里外挑水浇,……(陈表贵、黄德华《荔枝问题》)
(8) 好容易数着雨点声才睡到天明。(冰莹《回乡日记》)
(9) 他已经几夜没有睡,所以成了那样的面目。(胡山源《嘉定义民别传》)

"时间"以"时长"居多，表示睡眠持续的时间（例6）；至于时点，虽有出现，但都是"睡半夜"的组合（例7）；① 如果要表示睡的结束时点，需要以介词"到"引进（例8）。与该句式密切相关的是"睡者+时长+睡"，但是该句式**无一例外**都出现在否定句中，即"睡者+时长+否定+睡"，表示"多长时间没有睡觉了"（例9）。"时长"位置何以会和肯定/否定相关呢？这其实和信息结构有关系：如果说话者意欲传达一个肯定信息，在有"时长"需要安置时，鉴于其提供的信息丰富，因此可以与焦点位置兼容，放在状语位置反不自然（例10b）；如果说话者意欲传达一个否定信息，那么"没睡"就已经包含了丰富信息（"没睡"意味着"时长"为零），"时长"只是用来强化或补充的，因此只能放在状语位置，放在句末反不自然（例11b）。

(10) a. 她说，有一次在逃跑途中，在一座坟地里睡了一个晚上。（格非《江南三部曲》）

b. *她说，有一次在逃跑途中，在一座坟地里一个晚上睡了。

(11) a. 接到通知，兵舰一个晚上都没睡，盘算和收拾着家里的一切事情。（《人民日报》2001-07-25）

b. *接到通知，兵舰都没睡一个晚上，盘算和收拾着家里的一切事情。

6.1.3 "睡+状态"
例句如下：

(12) 难道秀莲睡沉了？（曲延坤《治山俩姊妹》）

(13) 从此老两口再也睡不安稳，常常半夜起来，趴在坑头看丫头。（韩冬《杨柳巷的故事》）

(14) 我怎么也睡不着，瞪大眼睛，朝四周张望。（顾骏翘《怪圈儿》）

---

① 时点一般出现在动词前做状语，时长一般出现在动词后，那么它是宾语还是补语呢？文献中有无穷争论。陆丙甫、应学凤、张国华（2015）认为时点和时长的本质区别是定指和不定指的区分。

状态位置主要和睡眠状态相关,如"着、好、宁、熟、稳、醒、沉、安定、安稳",但是大部分加了否定词"不"。

6.1.4 "睡者+睡+得+状态"
例句如下:

(15) 现在小林睡得很香甜,工作学习劲头足。(《解放军报》1980-12-17)

(16) 皓皓睡得特别香,做了一个又一个好梦。(刘克非《奇异的"颠倒草"》)

状态位置频率最高的5个动词(语)是"香甜、香、甜、熟、好"等。

6.1.5 "睡者+睡+次数"
例句如下:

(17) 婴儿期末,要睡14小时,白天仍要睡一、二次。(丁祖荫《幼儿心理学》)

例17为"睡者+睡+次数",但是"睡+次数"多适用于婴儿,因为成人正常情况下都是睡一到两次。

6.2 "睡"的认知图景

基于"睡"的句式调查,睡眠认知图景可归纳如下:

表6-2   "睡"的认知图景

认知要素	具体描述
睡者	指表现出睡眠行为的人类个体

续表

认知要素	具体描述
处所	凡能入睡的地方皆可归入此类,睡眠处所的好坏不仅关系着睡眠质量,也意味不同的生活条件
时间	人的一生有将近三分之一时间花在了睡眠上,如果长期不睡或失眠会引起各种生理或心理问题,为此人们会关心睡/醒的早晚以及睡的长短等
状态	睡眠质量除了从时间来观察,也可从状态来观察:有的人睡的比较稳定(俗称"囫囵觉"),有的则因做噩梦等老醒来
同眠者	人类是一种社会动物,处于家庭、工作或学习关系中,因此在不同年龄段可能和家人、同学或同事在一起睡。此外,由于睡觉和性爱密切相关,因此同眠者也可能是发生性关系者
次数	婴幼儿睡眠次数多;成人睡眠次数固定,但也可能因各种内外因素而多次入睡或醒来

上述认知要素在睡眠认知图景中的凸显度不同。我们通过统计这些认知要素与动词的共现频率,计算出了它们的凸显度:如图6–1所示,从高到低分别为"睡者(85%)＞处所(26%)＞时间(24%)＞'觉'(13%)＞状态(11%)＞同眠者(3%)"。也就是说,人们最关心"谁睡",下来是"睡在哪里""睡的时间(如几点睡、睡了多久)"和"睡得好不好",最后才是"和谁睡"。这印证了把"睡者"视为必有论元在某种程度上是合理的,但是这个"必有"并非百分之百;同时,"可有"论元在凸显度也存在差异,例如"处所""时间"就比其他认知要素更容易凸显。总之,"睡"所激活的认知要素在凸显度上是连续的,而不是必有和可有的绝对区分。下面我们重点分析其中的三种及物用法。

图6–1 "睡"激活的认知要素

6.3 三种及物用法的句式、语义特点

6.3.1 "睡者+睡+处所"

有三种句式与"睡者+睡+处所"密切相关,分别是"睡者+处所$_{介词框架}$+睡""睡者+睡+处所$_{介词框架}$"和"处所+睡+睡者"。它们在语义成分的类型及数目上一致,但在词序、频率(表6-3)和是否借助介词框架上不一致。过去文献多假设它们之间具有"派生"关系,如下所示,"睡者+处所$_{介词框架}$+睡"中的"处所$_{介词框架}$"通过移位和删除过程"升格"到宾语位置,完成了及物化。

睡者+处所$_{介词框架}$+睡→动睡者+睡+处所$_{介词框架}$→睡者+睡+处所
小明在沙发上睡　　→小明睡在沙发上　　　→小明睡沙发

构式语法比较排斥"变换""派生"或"转换"的做法,转而提出"表层概括假说",主张从表层论元结构中抽象出句法和语义,这个表层形式与其他形式不存在句法或语义派生关系(Goldberg,2002;2006:25)。但是这种忽视句式之间交替关系的做法抹杀了构式之间的句法相关性(陆俭明,2008),既不符合类型学视角下的语言事实(Levin,2015),也不符合语言使用者的心理表征(Perek,2015;施春宏,2018:28)。考虑到这些问题,我们假设上述句式之间存在交替关系,但却是一种网状的多向的交替关系。如图6-2所示,针对"睡者、处所、睡"构成的睡眠行为,说话者出于不同交际目的做出不同识解,构成了右侧这样一个局部的句式网络。这些句式之间除了表面的倒置、移位和删除等句法关联之外,更主要的是在语义识解和信息结构上有所不同。

表6-3　　　　　　　　四类句式的频率分布

	处所+睡+睡者	睡者+处所$_{介词框架}$+睡	睡者+睡+处所$_{介词框架}$	睡者+睡+处所
频率	2	14	71	15
内部比例(/100)	2.0%	13.7%	69.6%	14.7%
总体比例(/500)	0.4%	2.8%	14.2%	3.0%

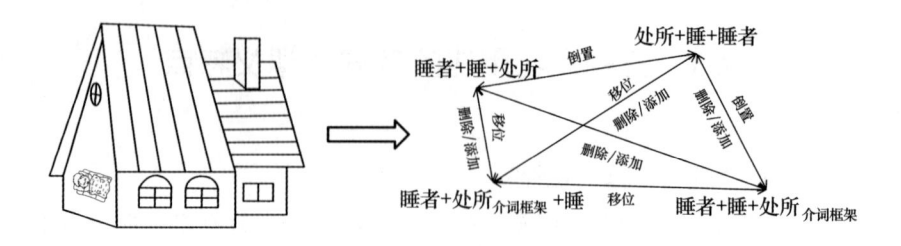

图 6-2　针对同一睡眠行为的句式网络

"处所 + 睡 + 睡者"属于存现句,如例 18 和例 19,都是以实体"睡者"为中心的句子焦点结构,语用功能在于把一个新的所指对象引入话语。①

(18) 这时已是夜晚了,<u>一间大屋里地铺上睡了许多人</u>。(梅志《胡风沉冤录》)

(19) <u>本站睡有千五百位难友</u>,打呼者至少有千六百五十人。(马峰、西戎《吕梁英雄传》)

在"睡者 + 处所_{介词框架} + 睡"中,"睡"占据默认焦点位置,意欲传达给听话者与"睡"相关的行为或结果;"处所_{介词框架}"属于次要信息,因此凸显到状语位置。如例 20 中的"睡了"表明一个新的变化发生;例 21 中作为焦点的"睡"一方面呼应前文"困了",另一方面和后文"啃块冷馍"形成对举。

(20) 烤过衣服,<u>民兵们就在中队部、村公所炕上挤着睡了</u>。(马峰、西戎《吕梁英雄传》)

(21) 困了,<u>轮着在地边睡</u>,饿了,就啃块冷馍。(路遥《银花灿灿》)

---

① 《汉语动词用法词典》列有"床上睡着一个人"(第 343 页)和"醒了两个人了"(第 419 页),但在语料中很少能发现类似的用例。除此之外,"睡"还出现了少量带有容量含义的"处所 + 可以/能 + 睡 + 数目 + 睡者"句式,如"<u>这屋子能睡 200 个孩子</u>"(王朔《看上去很美》)、"没关系,我有救命袋,<u>可以睡 4 个人的</u>。"(CCL/新华社 2002 年 5 月新闻报道)。

再看"睡者+睡+处所介词框架"和"睡者+睡+处所"。对于"睡"而言,"处所"是一个比较凸显的语义成分,可以提供新信息,所以经常凸显到重要的句末位置,意在说明"睡者"睡在哪里,这个"处所"的条件如何。只有当其他语义成分竞争焦点位置时,才会被排挤到状语位置,如"我在这里睡""我在潮湿的青苔中间睡了一大觉""产妇上竹楼后还要在火塘前睡 30 天"等就被"睡""一大觉""30 天"排挤到了状语位置。至于这两个句式的不同,形式上在于是否借助"介词框架"(如"在……上""在……里"等),语义上也因之有所变化:借助介词框架时,激活的是"睡"行为发生的"事件处所",因此凡是可睡的地方都可置于该位置,如"木板、工地、家里、母亲怀中"等;没有介词框架时,激活的是参与到"睡"行为中的"实体处所"(两种处所的区分可参见詹卫东,2004),局限在了"睡具"(如"草铺、地铺、炕头/炕梢、上下铺、一夜的冷地板、一张床板、硬木板子")和"房屋"(如"集体宿舍、这样的客店、候车室、篷帐、地窖、一屋")两类。"实体处所"相对"事件处所"有两个变化:(1)指称性有所变化。"事件处所"可以定位到语境中实际存在的处所——不管它在听话人那里的可识别性如何,也就是说它是特指的(specific);"实体处所"在语境中则也许存在,也许不存在,是非特指的(nonspecific),这也就能解释它为什么多以光杆形式出现了。(2)语境关联有所变化。"事件处所"只是指明了空间或位置,是中性的;"实体处所"多出现在对比语境下,因为名词或"实体处所"可以激活某些属性。试看具体例子:

(22)<u>瘦弱如我的邓君</u>,在今夜,<u>睡在少了一床棉被作褥子的吊铺的木板上</u>,是会觉着不舒服的吧?(马文珍《入蜀日记》)

(23)这一天,<u>史岱年</u>出席了场长的招待晚餐;晚上,<u>就睡在郝队长的家里</u>。(鲍昌《盲流》)

(24)a. <u>我们睡在月亮底下去</u>,我们浸在月亮中间去。(俞平伯《眠月》)

b. *我们睡月亮去。

(25)我和天天、马当娜睡在卧室的大床上,<u>Johnson 睡在沙发上</u>。(卫慧《上海宝贝》)

(26) 陆武桥说：这就不好了。我怎么能让你<u>睡沙发</u>呢？（池莉《你以为你是谁》）

(27) 适逢丈夫外出，<u>她跟两个年轻妹子睡一铺炕</u>，盖一床被，拉呵，拉呵，一直拉到鸡叫。（孙青松、高丕田、孙永猛《苦楝》）

(28) ……谁愿意出钱<u>睡这样的客店</u>呢？（艾芜《江底之夜》）

例22和例23指明了"睡"行为发生的空间，名词性成分都能在语境中找到具体所指，此外没有其他隐含意义。这类句式不可以自由替换为"睡者+睡+处所"，比如例24，我们无法说"睡月亮"，因为"月亮"无法作为参与者与"睡者"发生互动。个别例句可以替换，但语义发生了较大变化，如从例25到例26："睡在沙发上"只是表明Johnson具体睡在哪儿，"睡沙发"则隐含了"让客人睡在沙发上而不是床上意味着待客不周"的预设。正为此，"睡者+睡+处所"经常发生在对比语境中，如例27中的"床铺"激活了数目的属性，含有是否同床或同屋的对比，例28中"这样的"激活了处所质量或条件的属性——我们做了进一步调查，发现"实体处所"常常激活较为极端或不好的处所条件。

最后需要注意的是，"睡者+睡+处所"的比例虽然不高（3.0%），但是"处所"位置的名词特别多样。我们基于BCC多领域子库做了调查，发现"处所"位置的名词特别丰富。如表6-4所示（限于篇幅，只列频率最高的前20个），"睡沙发"是出现频率最高的组合，可以说是该句式的原型；除此之外，还有"地板""客厅"等多种搭配。这与过去常放在一起讨论的"吃+处所"句式形成对照，因为该句式的"处所"主要是"食堂"，其他例子的个例和类型频率都很低（有"必胜客、全家、大排档、饭堂、酒席"等），因此"吃食堂"的惯用语性质更强。

表6-4　　"睡者+睡+处所"中的"处所"分布

序号	宾语	频率	序号	宾语	频率
1	沙发	371	3	客厅	109
2	地板	189	4	上铺	86

续表

序号	宾语	频率	序号	宾语	频率
5	地铺	64	13	硬板	28
6	大街	57	14	枕头	28
7	马路	55	15	凉席	22
8	下铺	49	16	办公室	20
9	客房	44	17	厕所	19
10	电热毯	32	18	土炕	16
11	书房	29	19	公司	15
12	帐篷	29	20	棺材	15

6.3.2 "睡者+睡+同眠者"

例句如下：

(29) 我不能酒后欺负一个寡妇，是跟你睡，不是睡你。（电影《让子弹飞》台词）

(30) 他想，我睡了你的女人，穿了你的衣裳，最终还要要你的命。（莫言《酒国》）

(31) 有的说许爷把安德蕾睡了又抛弃了她。（王朔《许爷》）

(32) "我把一个女孩睡了，让人家的一世闺名全毁了，你快替我收拾残局呀！"（方子衿《百万初吻》）

"睡"可以进入"睡者+'和'类虚词+同眠者+睡"句式，但是它并不像交互动词①那样必须有两个主体。但是当引申出"发生性关系"的意义之后，"睡"只能进入带有两个"睡者"的句式，即"睡者+'和'类虚词+同眠者+睡"或"睡者+睡+同眠者"。对于前一句式，"发生性关系"的意义需要结合语境推理，因此可以取消，如例29用"不是睡你"加以取消；此外，两个"睡者"在命题意义上是平等的，只不过在信息传达上扮演了不同的角色，即强调"同眠者"是"睡者"的伴随者。对于后一句式，形式上发生了两个变化："和"类虚词消失；

---

① 又叫"相互动词""交涉动词"或"协同动词"。

"同眠者"移位到宾语位置。语义也发生了较大变化：(1)命题意义局限于"发生性关系"，这也意味着"同眠者"实际变成了"发生性关系者"；(2)"睡者"成为主动者，"同眠者"成为受动者；(3)主语一般为男性，宾语一般为女性，暗含男女地位的不对等。这三点变化得到了语料的证明：在我们检索到的语料中，无一例外都表示"发生性关系"；在例30中，"睡者"为主动者，"同眠者"为被动者；这类句式可以替换为"把"字句，如例31和例32，表明了"同眠者"的受动性很高（因为只有及物性较高的句式才能替换为"把"字句）。另外，这些句式都包含了对女性居高临下的大男子主义立场。

"睡者+睡+处所"相对其他相关句式虽然增添了新的意义，但命题意义毕竟大同小异，但"睡者+睡+同眠者"却只能局限于"发生性关系"，原因何在？这和该句式的文化语境（cultural context）有关。在汉语社群中性属于敏感话题，而且性文化中还包含了对女性的歧视，这种"消极"的意义排斥了其他意义进入。过去只注意到词汇的这种现象（如"小姐""菊花"等），但这里启示我们，句式也存在这种现象——当然需要指出的是，这种"句式"并非指抽象的句式（比如，不是说消极意义霸占了"睡者+睡+同眠者"，因此所有的动宾结构都不能表示积极意义了），而是由某一类动词或具体动词决定的句式。

6.3.3 "睡+觉"

例句如下：

(33) 过不久，不知怎么的我总觉得头昏眼花，吃不下饭，<u>睡不着觉</u>。（杨楠《苦恼的小宝贝》）

(34) 懒懒地<u>睡过一觉</u>后，我便带着一份特殊的礼物出发了。（冯中平《小萌的心事》）

(35) 不，一定要找到一个壳，才能香香地<u>睡个好觉</u>。（阳光《小蟹找壳》）

(36) 我活动了一会，感到两腿又痛又酸，正想重新躺下好好地<u>睡它一觉</u>。（肖建亨《钓鱼爱好者的唱片》）

(37) 但他也和王庭河一样不放心，有时甚至连觉也睡不安。（万力《后军屯》）

"睡觉"被视为离合词，我们进一步调查发现，在语委语料库中"合"的用法出现了 347 条，"离"的用法出现了 59 条。在这 59 条之中，"睡"和"觉"之间有四种成分，包括补语、数量词、修饰词和代词：补语如"睡不着/不好觉"（例 33）；数量词如"睡个好觉""睡了一觉"（例 34 和例 35）；修饰词如"睡好/大/懒/安稳/闷头/眯眬/安生觉"（例 35）；代词指的是"睡它一觉"，并没有特别指代的对象（例 36）。这些丰富的成分说明完全可以把"离"的"睡觉"视为动宾结构。尤其能证明这一点的是，"觉"还可以出现在"睡"之前，语料库中共出现了 6 条（例 37）。

如果把"睡+觉"视为动宾结构，那么"觉"的语义性质是什么呢？这可以从睡眠事件语言编码的历时演化中去寻找线索。如图 6-3 所示，睡眠事件可以切分为三段：睡前、睡中和睡后。第一个弧形表示从未睡到睡着的状态变化（a），第二个弧形表示从睡中到睡醒的状态变化（c），两个弧形之间表示从睡着到睡醒的过程（b），睡醒之后即为醒的状态（d）。睡眠事件是古今中外都恒定的，但是人们对睡眠事件的编码却在变。先看例句：

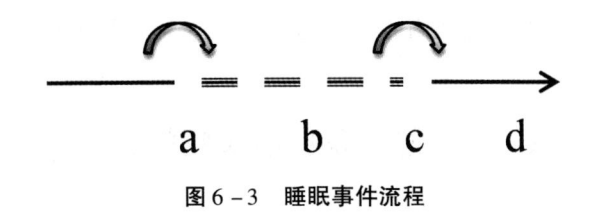

图 6-3　睡眠事件流程

(38) 孩子睡了。
(39) 孩子睡了三个小时。
(40) 孩子醒了。
(41) 孩子醒着。
(42) 云鬓半偏新睡觉，花冠不整下堂来。（唐·白居易《长恨歌》）

"睡"既可以表示a（例38），也可以表示b（例39）。"醒"既可以表示c（例40），也可以表示d（例41）。至于"觉"，它曾表示c；[①]当和"睡"组成"睡觉"也表示c（例42）。但是随着时间推移，人们对"睡觉"做了两点重新分析：结合紧密时，语义从"觉"偏向"睡"，和"睡"的用法类似；[②]结合不紧密时被重新分析为动宾结构，"觉"把睡着到睡醒这一过程（process）识解为事物（thing）。一般来说，这种现象是通过动词自指来完成的，如"梦"既表示"梦的过程"（动词），也表示"梦的内容"（名词）。英语中也有类似表达，如live a happy life、dream a terrible dream、smile a sweet smile、laugh a happy laugh、sleep a sound sleep等，其中动词和名词同源甚至同形（即兼类）。"觉"特殊就特殊在使用了非"睡"本身，而这与语言发展过程中重新分析这种偶然因素有关。

此时我们再来看开头提到的李、施的观点。首先，李所举的例子是不妥的，因为"他还没睡觉呢"中的"睡觉"是个词，而非他所暗示的动宾结构，因此"删除"的操作用在这个例子上是不当的。即使把该例句换为"他睡不着觉→他睡不着"，也不能用单个例子证明"觉"没有什么意义，因为在语言中把过程识解为事物的现象是非常普遍的，是命题言语行为中的指称功能所驱动的。至于施所说的"影子论元"或"同源宾语"，从其所举的例子可以看出，这些宾语都是可以感知到的典型事物，是动作的对象或结果，脱离动作也可以单独存在；而"觉""梦"这类名词表示的意义是依附于动作的，脱离动作无法独立存在。

6.4 "睡"本身的及物性分析

我们结合第5.1节提到的判断及物用法规约化的标准，发现：

[①] "觉"表示"睡醒"的意思是从"醒悟"的意思中引申出来的（吴道勤，2004；曹先擢、苏培成，1999：280）。

[②] 尽管两者的语义相同［《现代汉语词典》（第7版）就是用"睡觉"来释义"睡"的，第1230页］，但在使用上却存在不对称，能用"睡觉"的似乎都可以替换为"睡"，但能用"睡"的却不一定能替换为"睡觉"，如下面的例子都不能替换为"睡觉"：*孩子睡觉了。*孩子睡觉了三个小时。

对于"睡者+睡+同眠者"而言，由于语义发生了非常大的变化，因此在使用层面出现了另一个"睡$_2$"。但是考虑到该句式的频率较低，暂时只能处理为"睡"的推理意义，尚不能在词典中为其单立义项乃至词条。

对于"睡+觉"而言，"觉"与"睡"的语义关系十分密切，但是个例频率和类型频率过低（宾语位置只限于"觉"），因此我们不认同陈昌来（1998）的观点，即从该句式出发把"睡"处理为及物动词。

至于"睡者+睡+处所"，该句式相对其他相关句式而言，形式和语义上均发生了较大变化；它的个例频率虽然不高（3.0%），但是类型频率很高（"处所"位置词语特别多样，与"吃+处所"形成鲜明对照）；此外，"处所"与"睡"的共现频率为26%，说明它与"睡"的语义关系比较密切。考虑到这些特点，我们认为"睡"本身的及物性规约度较高，可以把它处理为及物动词。

6.5　小结

这一章基于语料库调查了"睡"的句式分布情况（尤其是给出了频率和比例等量化信息），发现"睡"除"睡者+睡+处所"之外，至少还有"睡者+睡+同眠者"和"睡+觉"两种及物用法。接着详细描写了三种及物用法的形式、语义特点。"睡者+睡+处所"与其他句式存在网状交替关系，随着"处所"移位到宾语位置且介词框架脱落，"处所"局限为"实体处所"，指称性从特指变成了非特指，并且多出现在对比语境中。"睡者+睡+同眠者"随着"同眠者"移位到宾语位置，命题意义局限于"发生性关系"。对于"睡+觉"句式，"觉"的语义是把睡着到睡醒这一过程识解为事物。最后，综合个例频率、类型频率、句式交替和认知语义等标准判断了"睡"本身的及物性，发现可以从"睡者+睡+处所"出发把它判断为及物动词。

这一章的启示为：要从具体的动词或一类动词出发来研究句式，而不是局限在较高抽象层面上做泛泛的讨论；在判断动词的及物性时，不能仅依靠个人自省，而是要在基于语料库用法模式调查的基础上，依据明确的判断标准来下结论。

第 7 章

动词"死"的及物用法

在汉语界,动词"死"颇受注意,很大程度上源于"王冕死了父亲"这个经典例句。围绕该句的文献汗牛充栋,多数讨论与"及物性"概念相关。传统语法以语义标准来判断及物,如马建忠(1898/2010:143)、黎锦熙(1924/1992:23)二分为"内动字/词"和"外动字/词",这样动词"死"便被分析为"内动"。后语义标准受到批评,形式/功能标准得到提倡(胡附、文炼,1955;朱德熙,1982;陆俭明,1991),"王冕"句被分析为主动宾结构,"死"被分析为及物动词。但这样做带来的后果是,与语义的冲突十分明显,因为"死"并非典型及物动词,"王冕"和"父亲"也并非施事—受事关系(丁声树等,1961/1999:35—36)。功能语法把及物性视为语义概念,着重分析小句(以上)层面的及物性,如系统功能语法支持者认为,"王冕"句属于"属有型关系过程","王冕"和"父亲"分别是"受影响者—载体"(Affected-Carrier)和"受影响者-被拥有者"(Affected-Possessed)(龙日金、彭宣维,2012:243;邓仁华,2015);美国西海岸功能学派支持者基于 Hopper & Thompson(1980)提出的具有共变(co-vary)性质的 10 条句法和语义参数,来判断"王冕"句的及物性高低,认为"王冕"和"父亲"属于"领有物—领有者"或"部分—整体"关系,是低及物句式的典型特征(张伯江,2002)。如今方兴未艾的构式语法则求之于构式压制,认为这种"及物动词带非常规宾语"的语用异化现象是整个句式压制的结果,因此不能局限于"死"在词汇层面的固有语义结构(不及物动词),而应该考虑到它在句法层面受构式压制造成的论元拓展

(任鹰，2009)。对"王冕"句的分析也可见出对动词"死"的处理，大致有三派观点：不论是词库中还是句法中，"死"都是不及物动词（主流观点）；在"王冕"句中是及物动词，但因为是"临时职务"，所以词库中还是不及物动词（王了一，1956）；"死"在词库中是及物、不及物兼类（马莉，2003）。

遗憾的是，这些讨论或多或少都呈现出一种割裂，即没有把"王冕"句的及物性和概括动词"死"的及物性联系起来。下面我们将在基于使用的及物性概念（第5.1节）指导下，从四个方面调查"死"及物用法的规约度，并与"生、老、病"[①]作出比较，进而判断"死"及物用法的规约度；接着从客观、主观和交互主观三个维度挖掘"王冕"句的意义，指出汉语社群使用该句的动因为何；最后对牵涉的三个难题提出解构。

7.1 "死"的及物句式

7.1.1 共时分布

我们从"国家语委现代汉语语料库"下载了"死"的全部语料2585条，排除无效索引和非动词用法，剩余1757条索引（68.0%）。在这些索引之中，不及物句式"名词+动词"共有798条，占比45.4%，是"死"的主要用法；及物句式"（名词+）动词+名词"共有68条，占比3.9%。不及物句式可以再细分为三类："受损者+死+死者""死+死者"和"处所+死+数目+死者"，下面分述。[②]

[①] "老"的主要用法是修饰，在词典中被标为"形容词"，但鉴于（1）形容词和动词在形态表现/句法分布及句法行为上有模糊之处，（2）有学者主张应把"老"的陈述用法处理为"形转动词"（李临定，1990），我们也把"老"暂时归为动词。

[②] 当然也有一些介于两者之间，如"我家死了一口人哪"（吴丽嫱《莲子》）似乎解读为"受损者+死+死者"和"处所+死+数目+死者"都没什么问题。此外，我们排除了"死心""死机"这类隐喻用法。它们已经规约化为词汇词，被《现代汉语词典》收录。当然它们在现实中仍然存在句法用法，如"你知道我是死了心的"（郭沫若《南冠草》）、"我当场就死了机"（蔡宗武《谁是我的情人》）。

表7-1　　　　　　　　动词"死"的句式分布

句式		频率/比例	
名词+动词		798/45.4%	
（名词+）动词+名词	受损者+死+死者	68/3.9%	29/1.7%
	死+死者		20/1.1%
	处所+死+数目+死者		19/1.15%
其他		891/50.7%	
总体		1757/100%	

7.1.1.1 "受损者+死+死者"

例句如下：

(1) 先生，我的女儿刚刚死了丈夫，想必这一点人情世故，你总该明白的吧！（于伶《满城风雨》）

(2) 龙校长，这孩子从小死了娘，在对过铁匠铺当学徒。（春潮、周杰《决裂》）

(3) 她十岁上死了母亲，十一岁上父亲带她来大寨逃荒。（孙谦《大寨英雄谱》）

这类句式最有名的是"王冕"句。该句式多用于表达家庭内亲人丧失，故"受损者"和"死者"具有亲属关系，"死者"位置主要是亲属称谓词，有"父亲、母亲/娘、老伴、婆姨、丈夫/男人"等。当该句式表示幼年丧亲时，句中多有"很小、n岁上"等表示年幼的时间副词。

7.1.1.2 "死+死者"

例句如下：

(4) 死了人，无论贫富，葬礼大竞赛。（韩静霆《大出殡》）

(5) 该仪式的第一段叫作"接舅舅"，死了母亲后，要立即通知舅舅。（罗开玉《丧葬与中国文化》）

(6) 奶奶本来非常支持爷爷搞科研工作，现在因为死了乐乐，所以说出的话是带刺的。（张炜岗《弟弟的生日》）

(7) 你们看见死了那么多的人，倒了那么多的房子，就动了人道主义的心，掉下了怜悯的眼泪。(中杰英《在地震的废墟上》)

在只强调死亡事件时可使用该句式，具体又包括"死+死者"和"死+数目+死者"：前者强调"死亡"事件本身，"死者"是次要信息，后者除事件外还增加了"数目"信息。该句式相对"受损者+死+死者"看似只是少了一个"受损者"，其实"死者"的信息状态也发生了变化，如例5中的"母亲"相对"王冕"句中的"父亲"变成了通指——当然也有少数定指的情况，如例6中的"乐乐"。

7.1.1.3 "处所+死+数目+死者"
例句如下：

(8) 罗店镇上死了许多人，跛老人却没有 (胡山源《嘉定义民别传》)
(9) 截至7月10日，本市因游泳发生溺水事故26起，死28人。(《北京日报》1983-08-06)
(10) 拿山头上的小碉堡来说吧，死了多少人？(吴源植《金色的群山》)
(11) 自从去年接连死了十六头猪，转转猪圈就成了他每个周末的例行事务。(张俊南《风，吹皱了心湖》)

相对"受损者+死+死者"，该句式有三点不同：（1）句首位置变成了"处所"（也有少量"时间"），如例11，故多被分析为存现句；（2）多出一个语义成分"数目"，导致"死者"成为不定指；（3）基于前两点不同，句式义变成了"某个地方损失了多少死者"，多出现在人为灾害（如溺水、车祸）、自然灾害（如地震、疾病）或战争背景下。

7.1.2 历时分布
我们从"国家语委古代汉语语料库"下载了"死"的全部语料

47396 条，进行了全样本分析。与这里相关的及物句式共有 93 条，① 最早出自在汉朝（例12）。如果该用法不太典型，那么至少可以追溯到唐朝，共有 4 条用例。这 4 条用例都未出现"受损者"；"死"后多加"没、尽、却"等成分；3 条属于"死＋数目＋死者"（例13—15），1 条属于"死＋死者"（例16）。

(12) 汉军破城，食至多，然士自载不足以竟师，强者尽食畜产，羸者道死数千人。(汉《汉书》)

(13) 丁巳，诏曰：慕容皝摧珍殄寇，乃云死没八万余人，将是其天亡之始也。(隋唐五代《晋书》)

(14) 二月冰雪深，死尽万木身。(隋唐五代《全唐诗》)

(15) 烟叶葱茏苍尘尾，霜皮驳落紫龙鳞。欲知松老看尘壁，死却题诗几许人。(隋唐五代《全唐诗》)

(16) 东家小女不惜钱，买得鹦鹉独自怜。自从死却家中女，无人更共鹦鹉语。(隋唐五代《全唐诗》)

值得一提的是有名的"东门吴"典故。该典故描述了一个人失去了儿子但不悲伤的故事，后多以"东门吴"作为丧失亲人而胸怀旷达者的典型。该典故在春秋战国的《列子》和汉朝的《战国策》中都是"子死"，但到了《昭明文选》的唐朝注文中却出现了"死子"和"子死"并存的用法。例句如下：

(17) 魏人有东门吴者，其子死而不忧。(春秋战国《列子》)

(18) 梁人有东门吴者，其子死而不忧。(汉《战国策》)

(19) 魏有东门吴，子死不忧。(魏晋六朝《昭明文选·卷十纪行下》)

(20) 列子曰：魏有东门吴者，死子而不忧。(《昭明文选》)②

---

① 排除了与这里无关的及物用法，如"死"的"死＋目的""死＋原因"、使动、意动等及物用法，"病"的"病＋原因""病＋病名"、使动等及物用法，"老"的"老＋死者""老＋脸"等及物用法。

② 例19和例20出自唐朝李善注本的注文中，故归属于唐朝，具体可参见（梁）萧统编，（唐）李善、吕延济、刘良等注，《六臣注文选》（全三册），中华书局1987年版，第191、431页。

第7章 动词"死"的及物用法

宋朝也有5条用例,和唐朝用例的特点一样,仍然是以不出现"受损者"为多;2条属于"死+数目+死者",2条属于"死+死者"。例22代表着一个重要的时刻,因为:(1)出现了"受损者";(2)"却"等成分消失;(3)该例介于"死+死者"和"死+数目+死者"之间。据俞理明、吕建军(2011),"死+数目+死者"来自"死+数目",由此又推衍出了"死+死者"。如果是这样的话,那例22就属于推衍的中间状态。例句如下:

(21) 曰:"死却爷,死却娘。"(宋《五灯会元》)
(22) 数日,其家果死一子。(宋《朱子语类》)
(23) 只缘本路奏乞后时,不及于事,卒死五十万人。(宋《东坡文集》)
(24) 吐蕃以兵千人来,泥婆罗以七千骑来,玄策部分进战茶镈和罗城,三日破之,斩首三千级,溺水死万人。(宋《新唐书》)
(25) 太尉乂奉帝攻张方,方兵望见乘舆,皆退走,方遂大败,死才五千余人。(宋《资治通鉴》)

从元朝开始用例逐渐增多,元、明时期共有51条,清朝到民国初共有30条。这些例句的特点包括:已经没有"死"后加"却"等用例,而是以"了"为主〔这和(俞理明、吕建军,2011)的调查一致〕;"受损者"出现的比例上升,而且"受损者+死+死者"更多地分布在白话小说里,一定程度上反映了当时的口语情况;相对而言,"受损者"不出现的"死+数目+死者"则主要分布在《元史》《明史》这样的文言史书中。例句如下:

(26) 你三年前死了娘子儿,问这位鲁大哥借的那三十两银子,本利也该许多,今日问你要来了。(元明《金瓶梅》)
(27) 那个哥哥道:万三员外女儿万秀娘,死了夫婿,今日归来。(元明《警世通言》)
(28) 河间之乐寿、交河疫,死六千五百余人。(元明《元史》)

(29) 比如人家男人死了女人，也有再娶的，只是不把死的丢过不提就是有情分了。(清《红楼梦》)

(30) 那和尚道：寺门前孙豆腐，他死了妻子，已有半年。(清《风流悟》)

(31) 会天雨，我军溃围出，无马被创者死四百余人。(民初《清史稿下》)

7.1.3 句式交替

"死"的常规句式是"死者+死"，其他句式可视为由此替换而来。如例32所示，b在a基础上把"死者"移位到动词后，是一个事件存现句；c在b基础上又添加一个语义成分"受损者"；由于c并非常式，故无法替换为d，否则会得出"王冕死了"的解读，而不是"王冕失去了某人"（这与"生"形成对比，参见第7.2.3节）；e和f也无法接受，只能得出和b、c相逆的解读。

(32) a. 死者+死　　　　　父亲死了
　　 b. 死+死者　　　　　死了父亲
　　 c. 受损者+死+死者　 王冕死了父亲。
　　 d. *受损者+死　　　 *王冕死了
　　 e. *死+受损者　　　 *死了王冕
　　 f. *死者+死+受损者　*父亲死了王冕。

7.1.4 认知语义

"死"为何能激活"受损者"呢？这必须从社会关系来理解。以"王冕"句为例，"王冕"之所以会被激活并得到凸显，原因在于，父亲之死虽然和王冕没有身体上的联系，但却因为两者属于父子关系，父亲之死对王冕的社会网络造成影响，导致其成为孤儿。如图7-1所示，父亲是这个局部社会网络的重要节点，其死亡对其他节点造成多重影响，包括使父母失去儿子（如果是独生子女，会使父母无人抚养）、妻子成为寡妇、儿女成为孤儿等。其中对弱势群体儿女的影响无疑是最大的。① 尽管如此，"受损者"在"死"所激活的死亡认知图景中凸显度并不高（只占15%），远远不如"死者（89%）"——见第7.4节。

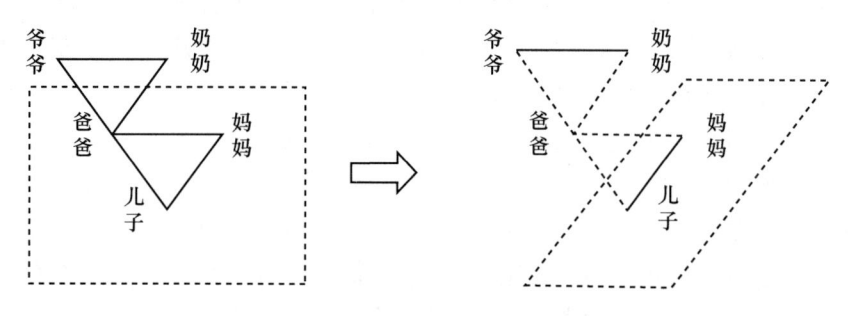

图7-1 王冕所在的局部社会网络

7.2 与"生、老、病"之比较

"一种事物的特点，要跟别的事物比较才显出来。"（吕叔湘，1977/1992：31）之所以选择这三个词，是因为"生"是典型及物动词，"老、病"是典型不及物动词，与它们比较可以更准确地定位"死"及物用法的规约度。这种做法不是没有先例，如吕冀平（1955）指出，"李大可四十九岁时生了一个孩子"和"王冕七岁时死了父亲""无论从哪一方面看都应该是相同的句式"（着重号为笔者所加）。王了一（1956）并不认同这一点，说"生"本来就是及物动词，而"死"本来是不及物动词，及物用法是从中引申出的"临时职务"。在我们看来，这正是一个及物用法规约度的问题。下面也从共时分布、历时分布、句式交替和认知语义四个方面来看。

---

① 孟子曾在《孟子·梁惠王下》中说："老而无妻曰鳏，老而无夫曰寡，老而无子曰独，幼而无父曰孤；此四者，天下之穷民而无告者。"然而，现有的语义角色尚无法概括这种关系，我们暂时把它们概括为"受影响节点—被删除中心节点"。我们甚至可以借用网络科学的术语，如节点、边距和连接度等来定义某人死亡造成的影响大小。比如，在社会网络中，父亲作为家庭的顶梁柱是一个中心节点，具有很高的连接度，其死亡等于某个中心节点被删除，对社会网络造成的影响很大。

7.2.1 共时分布

我们从"国家语委现代汉语语料库"下载了"生、老、病"的全部语料,各有2043、6236和1866条,分析前排除了不合格索引和非动词用法。如表7-2所示,"生"还剩余1765条,其中"名词+动词"句式152条,占比8.6%;"(名词+)动词+名词"句式1077条,占比61.0%。可见"生"主要表现为及物用法,具体为"生育者+生+出生者"(例33)。"老"剩余113条,不及物句式69条,占比61.1%,及物句式2条,占比1.8%;"病"剩余259条,不及物句式159条,占比61.4%,及物句式1条,占比0.4%。如例34和例35所示,"老/病"的及物用法都是后加"器官"句式,但是分布极为有限。①

表7-2　　　　　　　　四个词的句式分布比较

	死	生	老	病
名词+动词	798/45.4%	152/8.6%	69/61.1%	159/61.4%
(名词+)动词+名词	68/3.9%	1077/61.0%	2/1.8%	1/0.4%
其他	891/50.7%	152/30.4%	42/37.2%	99/38.2%
合计	1757/100%	1765/100%	113/100%	259/100%

(33) 而今,<u>那又丑又胖的媳妇生了个小子</u>,才硬实起来,才有了地位,不打了。(韩静霆《大出殡》)

(34) 陶耀是一个<u>病了一条腿</u>的、胖胖的老头子,他打开门时只穿着一件背心和一条短裤子。(周翼南《夏雨》)

(35) 你得意地建树你自己,<u>你发芽</u>,放苞,开花,结子,衰落,<u>老去了牙齿</u>,你白掉了头发,清风来处,你的家!(端木蕻良《科尔沁旗草原》)

---

① 对于"病",一些用法词典中列有"名宾"用法,如"病了三个同学","三个同学"是"施事";还列有"存现"用法,如"家里病着一个人"(孟琮等,1999:27)。但我们在语料库在线中没有发现1例这种用法。

7.2.2 历时分布

与"死"相比,"生"的及物用法不仅分布更多,而且早至先秦就已经出现了(如例36)。"病+器官"最早出现在汉朝,"器官"位置除了例37中的"足"之外,还有"心、耳、眼、肺"等。"老"及物用法最早出自隋唐,如例38表示某人老了,例39表示"身体器官衰退"。

(36) <u>父兮生我</u>,母兮鞠我。(周《诗经》)

(37) 入而徐趋,至而自谢,曰:老臣<u>病足</u>,曾不能疾走,不得见久矣。(汉《战国策赵策四》)

(38) 一从翠辇无巡幸,<u>老却蛾眉几许人</u>。(隋唐五代·杜牧《洛中二首》)

(39) 都是俺妈,<u>空老了一片皮</u>,干的营生没个主意。(元明《金瓶梅》)

7.2.3 句式交替

相对"死"来说,"生"的句式交替自由度更高。如例40所示,可以依据频率把a视为常规句式;b和c视为a删除或省略了一个语义成分;d不仅删除了一个语义成分,而且把"出生者"移位到了动词前,语序变化导致该句式比较受限或标记性高(例句见例41),如使用频率较低,"出生者"换为"女儿"会得出"生育"的解读,需要后加"时间/处所"才会得出"出生"的唯一解读(如"儿子/女儿生于北京/去年"),同样意思会用更明确的词语(如"出生、降生、诞生"等)来表达,等等;e、f不可接受。

(40) a. 生育者+生+出生者　媳妇生了儿子
　　 b. 生育者+生　　　　　媳妇生了
　　 c. 生+出生者　　　　　生了儿子
　　 d. 出生者+生　　　　　儿子生了
　　 e. *生+生育者　　　　 *生了媳妇
　　 f. *出生者+生+生育者　*儿子生了媳妇

(41) 新的一定胜过旧的，年轻的胜过年老的，新的来了旧的滚开，<u>儿子生了老子死去</u>，否则它必将成为新生的绊脚石。（CCL网络语料）

至于"病"和"老"，句式交替相当受限。常规句式为"名词+动词"，勉强可以在其基础上添加一个"器官"，如"陶耀病了一条腿""镇长司元礼老了容颜"，但是频率极低。"病"勉强可以把"主体"后移到动词之后，但一方面只限于不定指的名词，如"（班里）病了**两个同学**"，不能说"＊（王冕）病了父亲"；另一方面频率极低。"老"则根本不能说"＊老了父亲"或"＊老了两个人"。

7.2.4 认知语义

与"死"相比，"生"也可以激活两个"主体"，但二者关系更为密切："出生者"婴儿在"生育者"的子宫内发育大约10个月降生到这个世界。这决定了"生育者"凸显到动词前、"出生者"凸显到动词后是最自然的句式。"老"和"病"无法激活两个"主体"，只能激活一个"主体"，但却可以激活"器官"，因为"老/病"可以定位到具体的器官上。由此可见，四个词都可以激活不可让渡的领属关系，不过"生/死"激活的是亲属关系（kin），"老/病"激活的是身体部分（body parts）。从表面来看，身体部位似乎比亲属关系更为密切，但能激活不代表经常激活。据我们调查："生"激活的"生育者"和"出生者"凸显度都很高（分别为70%和80%），会分别占据主宾语位置；"死"激活的"死者"凸显度高（89%），"受损者"凸显度低（15%），因此很少会凸显到主语位置进而把"死者"排挤到宾语位置；"老/病"激活的"老/病者"凸显度高（80%和86%），会优先凸显到主语位置，"器官"凸显度低（都为2%），极少会凸显出来占据宾语位置。

7.3 "死"及物用法的规约度

综上所述，"死"在句式交替自由度上低于"生"但高于"病、老"；在共时分布上，个例频率不高（仅占5%），类型频率上"死者"位置局限于亲属称谓（如"父亲、母亲/娘、老伴、婆姨、丈夫/男人"）——切记不能混同于隶属于事件存现句的"死+死者"（如"死了人"）和存现句的"处所+死+数目+死者"（如"罗店镇上死了许多人"）；在历时分布上，比较明确的用法可以追溯到元明，较为久远；在认知理据上基于抽象的社会关系之损失，"受损者"在"死"激活的认知图景中凸显度较低（15%）。综合判断，我们认为尚不能把"死"处理为及物动词。

尽管如此，我们并不能排斥它将来可能规约化。我们可以做一个大胆预测，把它的规约化过程描述如下：

死$_1$→死者+死$_1$　　　　　　　　常规

受损者+死$_1$+死者　　　　　　　　创新

受损者+死$_2$+死者→死$_2$　　　　常规

动词"死$_1$"和"死者+死"语义兼容，属于常规用法；利用汉语中的事件句对其语义成分和语序造成压制，构成创新的"受损者+死$_1$+死者"用法；随着使用越来越多样和广泛，该结构规约化为一个整体，从而催生出一个内含新语义结构的动词"死$_2$"。此时将造成两个结果：（1）可以不再采用构式压制或句式配价来解释该句式，而是为动词"死"再赋予一个意义，或者说把这种语义结构赋予动词"死"本身；（2）过去无论是把"受损者"者处理为由"死者"激活的配价成分（袁毓林，1994），还是把"受损者"处理为话题，都不承认"受损者"和"死"之间有语义关系，但是如果"死$_2$"已经产生，那么就可以认为"受损者"与"死"也存在语义关系，因为我们可以把"死$_2$"释义为"因某人之死而失去"。

7.4 "死"的其他句式及认知图景

上面我们主要描写了"死"的及物句式，下面我们再补充一下其他句式，在此基础上总结出"死"的认知图景。

7.4.1 "死"的其他句式

7.4.1.1 "死者+死"
例句如下：

（42）总而言之，可怜的考林，现在他已经死了！（于伶《满城风雨》）

（43）大姐，我是死里逃生的人，要不是你，早死过了，还怕什么？（胡正言《海盗》）

"死"出现在谓语位置主要表示变化（例42）：可以加"了"（例42），有条件地加"过"（例43），绝不可以加"着"。"死"无法出现在谓语位置表示状态，比如我们无法说"*那个人很死"（此时"死"已是其他意思）。

7.4.1.2 "死者+死+处所/时间"
例句如下：

（44）谁知天有不测风云，四十得子，老婆却因难产死在手术室，给他留下一个儿子。（《北京晚报》1986-11-23）

（45）当时，陪床人彭安林因临时协助值班大夫去抢救一个急病号，并不知岳父死于几点几分（徐本夫《出山一案》）

（46）三哥今年四十七，前头讨的七都的玉环，死了十多年了。（胡适《四十自述》）

动词后加"处所"需要以介词"在"引进（例44）。"时间"有"时点"和"时长"之分，"死"搭配两者都没什么问题（例45和例46）。"死"与"时长"搭配会得到特定的解读，如"死了十多年了"是说从死去到现在已有十多年了。这与其他动词有所不同，如"病了二个月"是说病持续了二个月。这源于"死"无法持续（被归为成就或瞬间动词），而"病"可以持续（被归为活动动词）——"死"无法说

"*死着","病"可以说"病着",也是同理。

7.4.1.3 "死者+死+得+动词(语)"

例句如下:

(47) 能跟你死在一起,死得荣幸,我一直在祈祷,这船能沉得快一些。(程凌征《难民少女风尘录》)

陈述或描述"死"的动词(语)有"早、惨、漂亮、不明不白、多、干干净净"等,可见其语义比较多样。

7.4.1.4 "死者+死+数目"

例句如下:

(48) 黄平东坡乡二十五个妇女生₂了一百四十四个孩子,死了六十八个。(《新观察》1951年)

"死/病+数目"表示"特定人群或总人数中的死亡/生病数目"。

7.4.1.5 动补结构

(49) 吃饭问题解决了,还要愁衣;冬日无衣穿,也不免冻病或冻死。(白钢《历史学的发展趋势》)

(50) 在这春耕紧急的时候,红菱湖竟冻死了两头耕牛。(曹逸兴《崭新的湖》)

(51) 他们一再发动起义,烧毁贵族的帐幕,夺回被占的牲畜,甚至杀死贵族。(人民教育出版社历史室《世界历史》)

(52) 舅舅被日本狼狗咬死,……(陈明斋《奇迹,发生在中国》)

(53) 大公鸡和老母鸡赶来,把老鹰啄死,最后小鸡被救回来了。(丁祖荫《幼儿心理学》)

(54) 俗话说,人参吃死人无罪,黄连治好病无功。(路遥《早晨从中午开始》)

"死"出现了"死者+动词+动词"这种不及物句式(例49),"死者"还可以后移到双动词之后（例50）。"死"还出现了"致死者+致死方式+死+死者"这种及物句式，其中"把/被"字要远多于非"把/被"字句；在语义指向上，"致死方式"指向"致死者"，"死"指向"死者"（例51—53）。相对比较特殊的是如例54这样的句式，"人"作为"吃"的施事出现在了宾语位置，"人参"作为"吃"的受事却出现在了主语位置，这在文献中被称为"倒置动结式"。最后，"死"前动词在语义上也有一定规律，即大多是含有"（使）破坏、（使）受损、使消失"语义的动作动词，据侯瑞芬（2005）调查有"吃、喝、咬、捏、拍、拖、夹、打、敲、撞、砍、砸、摔、压、踩、踢、跌、挤、烧、炸、杀、烫、碰、笑、冻、弄、轧、劈、碾、逼、欺负、压、迫、糟蹋、吓、气、愁、伤心、热、穷"等。

7.4.1.6 其他句式
例句如下：

(55) 吴院长声泪俱下：赵书记他……<u>他是死于心力衰竭</u>。（霍达《绝症》）

(56) <u>我已经死过好几次了</u>，现在该是叫敌人死的时候了。（黎静《彭大将军》）

可以分别概括为"死者+死+于+死因"（例55）"死者+死++次数"（例56）。

7.4.2 "死"的认知图景
基于以上的句式调查，可以建构出"死"的认知图景。

表7-3　　　　　　　　　　"死"的认知图景

认知要素	具体描述
死者	表现出死亡行为的人类个体
处所	死亡行为发生的地点
时间	死亡行为发生的时点和发生后的时长，因死亡是瞬间动作，所以无法激活持续时长

续表

认知要素	具体描述
致死方式	导致死者死亡的具体方式
致死者	导致死者死亡的主体或客体,由"致死方式+死"激活
死因	直接或间接导致死者死亡的各种因素
目的	死者死亡所欲实现的目标或结果。目的常与死因混淆,"死因"是因果关系上的成因,即动力因;"目的"是意图上的理由,即目的因(如"死难""死节""死国"等用例)
受损者	死者生前属于一定的社会关系网络,如家庭关系,其死亡会导致社会关系网络破碎或重组,从而给与其连接的个体带来损失。损失大小视与其连接的强度或亲密度而定,受损最大的无疑是家庭关系
数目	死者数目
次数	死亡虽然只能发生一次,但濒临死亡却可以多次发生

"死"所激活认知要素的凸显度不同,如图7-2所示:"死者(89%)>致死方式(30%)>死因(20%)>处所(20%)>受损者(15%)>>时间(5%)>数目(2%)>目的(2%)>次数(2%)"。可以看出凸显度是一个连续统,可以根据数值大小大致区分为原型和边缘认知要素(以">>"区分)。① 以"死"为例,我们在关注一个死亡事件时,优先关注"谁死了""怎么死的""死于何因""死于何处""影响到谁",它们会在语言中最先得到凸显。

图7-2 "死"激活的认知要素

---

① 采用由具体动词(类)决定的语义成分之优势可以从对"时间/处所"的处理得到彰显。过去一律把它们处理为外围论元,但是以这四个动词为例,"生、死、病"可以激活,"老"却不能激活。即使"生、死、病"都可以激活,它们的凸显度也不相同:"生"与"时间/处所"的紧密度更高,因此都是原型认知要素;"死"则与"处所"紧密度更高,与"时间"较低;"病"则与"时间"紧密度更高,与"处所"较低。

7.5 针对"王冕"句的意义再挖掘

7.5.1 交互主观性理论介绍[①]

很早就有语言学家注意到交互主观性[②]对于沟通的重要性。比如说，如果两人想要在不提前约好地点的情况下会面，就必须这样想："我应该去我认为你若是我会去的地方。"洪堡特注意到该策略在沟通中的核心角色，故基于"心智的功能是了解"提出以下原则：

在知道对方居于同样情况下会如何说话后，没有人会故意以其他方式来沟通。（"洪堡特原则"，转引自 Keller，1994：102）

这个沟通策略也是一般知识的结构，Itkonen（1997：55）形式化如下：

（Ⅰ）A 知道 x，

（Ⅱ）A 知道 B 知道 x，

（Ⅲ）A 知道 B 知道 A 知道 x。

以上结构是从 A 的视角架构的，里面也自含一个 B 的视角（把 A、B 互相替换即可）。该结构涉及三个实体，包括两个主体（A 和 B）和一个客体（x），故是一个三位一体的结构（tradic）。当儿童的认知能力从二分结构（即只有 A 和 B）发展到三分结构时，就表明他拥有了"共同注意"（joint attention）[③]的能力，在语言上表现为指称能力（reference）。需要注意的是，在发展到第（Ⅱ）步时，也就是当 A 和 B 都知道对方知道 x 时，这只是表明其拥有了"共享注意"（shared attention）的能力，或者说拥有了"共同基础"（common ground，参见 Clark，1996）。只有发展第（Ⅲ）步，即知道对方知道自己知道时才拥有了

[①] 参见杨旭、王雅琪《交互主观性的 3 种研究范式》，《外语学刊》2022 年第 4 期。

[②] "subjectivity"有"主观性"和"主体性"两种译法，相应地，"intersubjectivity"也有"交互主观性"和"主体间性"两种译法。鉴于语言学文献中多用"主观性"，我们也从众使用"主观性"和"交互主观等"。但要时刻明白，汉语中有所区别的"主体性"和"主观性"在英语中是一个形式，这样才能避免偏见。

[③] 简单而言，共同注意就是说话者指示听话者和他/她一起注意同一个实体或情境的一般认知能力（Diessel，2006：465）。

"相互共享注意"（mutually shared attention）的能力，这可谓是从"意向性"（intentionality）到"共同意向性"（we-intentionality）的质变——后者即交互主观性（Zlatev et al.，2008；Verhagen，2015：238；Schmid，2020：30），可以图示如下：

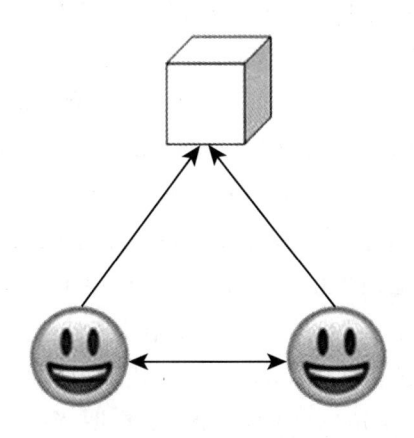

图7-3 共同注意三角

目前，国内主观性研究搞得如火如荼，交互主观性的研究相对较冷，但也渐趋增多。下面介绍交互主观性的研究概况，对该领域的三种研究范式进行梳理、分析和比较，在此基础上简单述评国内相关研究。

7.5.1.1 交互主观性的研究概况

Émile Benveniste 对于交互主观性的研究具有开创之功。Benveniste（1958）虽然没有过多论及交互主观性，但是谈到的人称极性（polarité）却为之做了注脚："人称的极性，作为言语活动的基本条件，以及交流过程与主体自立的基本条件，不过是出自实际需要产生的一个结果。而且，极性就其本身而言非常特殊，我们在言语活动之外的任何地方都找不到此类对应的对等物。"（1958/1971：225）同时在末尾断言，"……话语，就是由言说的人在主体间性（交互主观性——笔者注）的条件下承担着的语言，也只有在这一条件下，语言交流才成为可能。"[1]（1958/1971：230）在 Benveniste 看来，说话者和听话者之间的二分组合关系

---

[1] 译文摘自本维尼斯特（2008：291-301）。另外需要注意的是，根据 Traugott（2010），主观性和交互主观性的概念最早可以追溯到 Bréal（1899）。

(speaker-addressee dyad) 是语言交际的根本条件。

近来研究交互主观性影响较大的学者有 Elizabeth C. Traugott、Arie Verhagen、Jan Nuyts 和 John W. Du Bois 等。Elizabeth C. Traugott 是语法化学说的权威，在交互主观性之外更关注交互主观化（intersubjectification），提出了从主观性到交互主观性的单向性假说，作品包括 Traugott（2003、2010、2012）等。Arie Verhagen 在前人基础上提出了新的"识解构型"（construal configuration），关注说话者和听话者之间认知状态的管理，作品包括 Verhagen（2005、2008、2015）等。Jan Nuyts 主要关注情态领域的交互主观性，作品包括 Nuyts（2001、2012）等。John W. Du Bois 属于互动语言学派，其立场表达三角体现出对交互主观性的关注，作品包括 Du Bois（2007）和 Du Bois & Kärkkäinen（2012）等。

国外近几年出版了几期专刊，说明对交互主观性的兴趣日益增加。包括：2012 年，English Text Construction 杂志出版了由 Brems 等主编的 *Intersections of intersubjectivity*（后作为"本杰明当代主题系列丛书"出版，名为 Intersubjectivity and Intersubjectification in Grammar and Discourse: Theoretical and Descriptive Advances）；同一年，Text & Talk 杂志出版了由 Kärkkäinen 和 Du Bois 主编的 *Stance, Affect, and Intersubjectivity in Interaction: Sequential and Dialogic Perspectives*；2016 年，Nordic Journal of Linguistics 杂志出版了由 Etelämäki 等主编的 *Discourse, Grammar and Intersubjectivity*。

该研究领域关注较多的问题有：(1) 主观性和交互主观性的关系。一般观点是"蕴含说"，即交互主观性蕴含主观性，但也有学者指出，失去交互主观性，主观性也不成立，甚至提出一切都是交互主观性的泛化观点。(2) 交互主观性的类别。有两种研究范式，一种是采用静态的分类观，一种是采用动态的认识观，不把交互主观性的多样性视为不同类别，而是视为一个动态的整合多面体。(3) 交互主观性和小句边缘位置（clause periphery）的关系，或者说方向性问题（directionality issue）。因为过去基于 Traugott 早期作品的研究发现，交互主观意义更倾向于出现在右边缘位置，而主观意义则更常出现在左边缘位置。(4) 交互主观性的操作标准。这个问题旨在寻找验证交互主观性的形式标准或结构属性，以和非主观性语义学和主观性语义学区别开来。

7.5.1.2 三种研究范式之梳理

语言学领域对交互主观性的研究至少包括三种范式：以 Traugott 为代表的语义路径，以 Verhagen 和 Nuyts 为代表的认知—语用路径，以及以 Du Bois 为代表的互动路径。

语义路径关注已被编码的构式意义。集中体现 Traugott 交互主观性定义的是 Traugott（2003、2010），这里主要介绍 Traugott（2003），另一篇见"三种研究范式之比较"（第 7.5.3 节）。

Traugott（2003）反对当时把"交互主观性"理解为听众的解读，而是把它和"主观性"对称使用，视为说话者对听话者"自我"（self）关注的显性表达。这种关注体现在两层意义上：一是认识意义，即关注听话者对所言内容的可能态度，如 as you may expect、as you and I know 等在传信意义上考虑到了听话者；二是社会意义，关注与社会立场和身份相关的"面子"和"形象需要"，如我们会使用模棱两可标记①（hedging markers）perhaps、sort of 等表达推测或不确定的含义，再如禁忌词（taboo vocabulary）和尊称谦称等则考虑到了听话者的文化背景和社会地位。试看她举的例子：

(57) I will drive you to the dentist.
(58) Actually, I will drive you to the dentist.

说话者之所以使用 actually 一词，是考虑到了拒绝的可能性，比如听话者认为看牙医没有必要，或者听话者想要其他人带他去。说话者正是考虑到这种可能性，故借 actually 来缓和对立，充分体现出说话者对听话者面子的关注（2003：129）。

该文的目标之一是支持语法化单向性假说，故花了较多篇幅在交互主观化上。交互主观性产生于交互主观化过程，即交互主观性的含义随时间得到编码或外化，其中的假设为：任何词语的交互主观化都要晚于且来自主观化。如日语中的-mas-u-，在古日语中是一个形态复杂动词

---

① 说话者认为接下来要说的话在某些方面可能具有社会敏感性，因此故意采用一些"把事情弄得模模糊糊的词语"（Lakoff, 1972），如 perhap、sort of 等令听话者得不到确切的信息，或者用它们来表达推测或不确定的含义。

mawi-ir-as-uru（表示"让来"，具有谦恭色彩），后被用为词缀动词，失去了词汇意义而仅剩下了谦恭色彩（主观性），最后成为现代日语中表示对听话者尊敬的敬语标记（Narrog，2010：387；转引自 Ghesquière et al.，2012）。作者在行文中经常引用日语的例子，是因为日语具有关注听话者的敬语系统，相对其他语言更显性地标识了交互主观性。

认知—语用路径把语言和交互主观性视为认知现象，关注语言使用中意义的修辞表征。这里主要介绍 Verhagen[①]，简要介绍 Nuyts。

Verhagen（2005）从 Anscombre & Ducrot（1989）的"论辩理论"（the theory of argumentativity）出发，主张语言除了分享信息的告知功能（informative）之外，也具有操控（management/regulation）和评价（assessment）功能，这就是语言的论辩性（argumentative/argumentativity）[②]。在 Verhagen 看来，论辩功能而非告知功能才是语言的恒定功能，因为口头交际中涉及的经验或概念内容常有分歧，而交流就是就这些内容进行协调：说话者影响听话者得出说话者想要的推论，而听话者就说话者施加的影响进行评估（Verhagen，2008：312）。他采纳了 Anscombre & Ducrot（1989）的方法，用 but 插入来证明上述观点。比如 John is handsome 这句话：

(59) a. John is handsome. But I don't like him.
　　 b. #John is handsome. But I like him.

例 59a 连贯而例 59b 不连贯，原因在于，在"特定文化模型"（topos）[③]中，"约翰长得帅"和"我喜欢他"存在一种天然关联，听者可以基于该模型做出缺省推理。如果缺乏这种共享知识，说话者与听话者进行认知协作以达到对特定概念化客体的认知平衡就难以实现。

基于以上观点，Verhagen（2005）提出了一种"识解构型"。如图

[①] 对 Verhagen 研究的简单介绍，可参见（Boogaart & Reuneker，2017）。

[②] 完权（2018）翻译为"信据性"，但易被误解为"言据性"（evidentiality）。Verhagen 的解释为"为释话人推理提供可信的论据"，因此笔者认为"论辩性"更接近原文含义。

[③] "特定文化模型"指说话者与听话者共享的与文化相关的模型（Verhagen，2008：315）。topos 是（Anscombre & Ducrot，1989）使用的术语，Verhagen 也使用"相互共享模型"（mutually shared model）这个术语，类似于认知语言学中的"理想认知模型"。

7-4所示，其中不仅包含了语言使用的描述维度和主观维度［体现为连接了现场（概念化主体，S层面）与言辞描述内容（概念化客体，O层面）的竖线］，还把说话者和听话者之间的"认知协调"（cognitive coordination）容纳了进来，这就是语言使用者共享的视角——交互主观性（体现为连接说话者和听话者的横线）。所以在Verhagen看来，语言交流是为了邀请他者"以一种特定的方式共同关注概念化客体，并以此更新共同的现场"。这意味着，所使用的语言言辞会激活某些推论，说话者据此邀请听话者改变其认知系统，从而相应地调整共同现场。

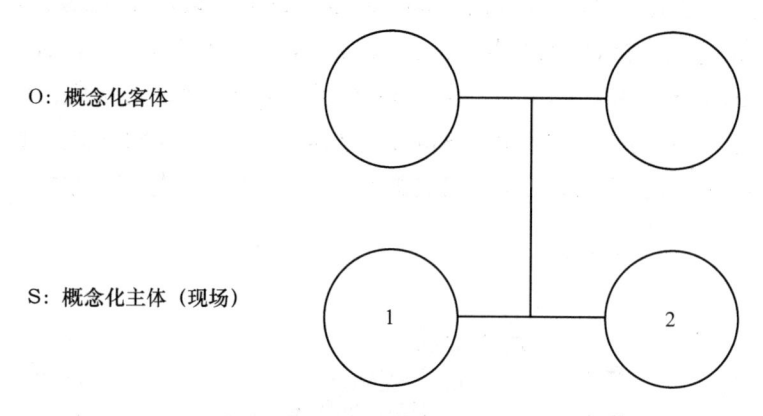

图7-4　识解构型及其基本要素（Verhagen，2005：7）

这种观点与传统语用学有很大区别。传统语用学认为，信息之中包含着永存的、规约的功能，而修辞效果只是依照语境"加上去"的，因而是变异的。但是Verhagen认为，语言的默认条件是为某结论立证，这种论辩倾向才是语言的恒定功能，而信息价值则是变异的。

Nuyts的定义强调证据/意义的分享状态，即如果被说话者和一批受众（可能包括听话者但不一定）表征或共享，那就体现交互主观性；如果只是被说话者自己占有，那就体现主观性（Nuyts，2001、2012）。试比较下面两个例子：

（60）Given the instability in the country it is likely that the army will intervene.

（61）In such an unstable situation I think the army will intervene.

例60中it is likely 表明"敌军入侵"被大家共享,故体现交互主观性;而例61中I think 表明只是发表自己所知,故只体现主观性。

最后介绍互动路径。互动语言学的一大来源是会话分析学派,而会话分析学派又植根于社会学,所以他们很早就开始关注交互主观性在会话分析中的地位。如美国学者Deborah Schiffrin指出,交互主观性原则是一条"根本原则",在口头交际中居于中心地位,抛弃该原则根本无法进行会话分析(Schiffrin, 1990)。他们从会话分析的传统出发,指出交互主观性产生于互动(交际)结构或会话序列组织,并且由后者维持。这种交互主观性的互动体系(interactional architecture of intersubjectivity),原则上包括话轮结构(turn construction)、行为序列(action sequencing)和修补(repair)。会话分析学派强调互动的中心角色,认为交互主观性是互动结构的产物(Sidnell, 2014)。故此,他们把交互主观性理解为有序社会互动的结果,把它置于社会实践而非人类大脑之中。

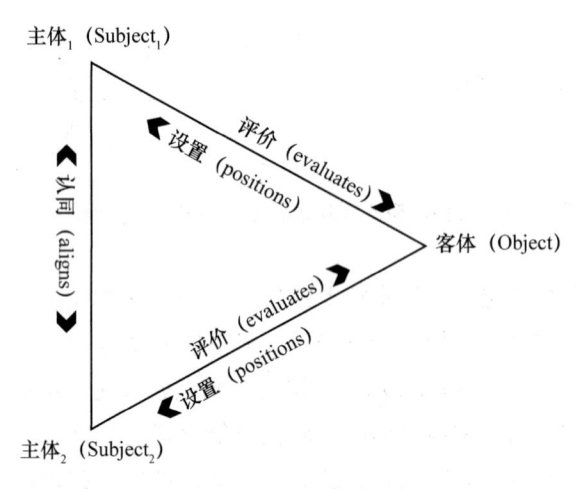

图 7-5 立场表达三角

在交互主观性的互动体系之中,立场表达或分享居于中心地位,是交互主观性的一个重要维度。我们来看 Du Bois (2007) 的立场表达三角。Du Bois 认为,凡交际都涉及立场表达,立场表达是一个三位一体的复杂整体,包括了评价(evaluation)、立场设置(position)和认同度(alignment)三个方面(注意,不是类型);在一个语境化的立场表达场合中,三个实体——包括两个立场主体(stance subject)和一个立场客体（stance object）——构成了立场表达三角的三个顶点。综合这些立场表达要素，作者提出了立场三角模型（见图7-5）。

作者的目标在于提供一个概括模型，用于解释特定互动交际环境中立场的产生和理解构成。集中体现交互主观性的是认同，即在实际对话中，两个主体就"共享立场客体"（shared stance object）的立场进行协商。那么交互主观性在对话中是如何浮现的呢？试看如下对话片段：

（62）a. -Alice：I don't know if she'd do it.
      -Mary：I don't know if she would either.
   b. -# I don't know if she'd do it.
   c. -# I don't know if she would.

针对Alice的话语，Mary利用I don't know if she would either表达了看似相同的立场，但是如果置换为例（62b/c）则觉得不自然，说明两个人的立场还是有不同之处的：Alice是立场发起，Mary是立场回应，either一词指示了两者之间特定的交互主观性关系，即说话者为了避免被认为缺乏互动交际能力，而使用表达交互主观性的either来标明自己的立场共鸣。通俗来说，就是为了避免鹦鹉学舌带有的粗鲁性。

由于立场表达是一个实时动态过程，所以Du Bois对交互主观性抱有动态观：交互主观性是在实时的互动中构建起来的，来自参与者通过立场表达展示出的主观性。以上所举例子是用显性标记来标识交互主观性，但在他们看来，大部分是隐性的，需要参与者从会话序列多个评价的比较中推测（Du Bois & Kärkkäinen, 2012）。总之，由于立场表达涉及多个参与主体，所以它本质上具有交互主观性。

7.5.1.3 三种研究范式之比较

在关注层面上，语义路径关注已被编码或者由显性语言标记表示的交互主观性，认知—语用路径和互动路径关注语言使用中说话者和听话者之间的协调或认同。以Traugott和Verhagen为例[①]，Traugott（2010）

[①] 之所以不与Nuyts进行比较，是因为其定义存在局限：一方面，该定义来自且局限于情态表达研究，目前来看尚不太容易扩展到其他语言现象（Ghesquière et al., 2012）；另一方面，在说话者和听话者的二分格局上，倾向于甚至完全偏向于说话者，这样来看依旧是传统的主客关系，失去了语言交互研究的意义（陈征，2017：106）。

提及 Verhagen（2005）说："它基于论辩理论，关注说话者和听话者的认知系统协调而非语言编码的不同。"她区分了"语用交互主观性"（pragmatic intersubjectivity）和"语义交互主观性"（semantic intersubjectivity）：前者是交际的必要元素，因为交际必须有至少两方的参与；而后者则必须经过语言编码或语法化。试看：

(63) He was kind of a jerk last night.

kind of 的使用减少了 jerk 带有的被动甚至冒犯的语义，从这点来说它具有态度上的交互主观性。但是我们无法证明这层意义已被编码到 kind of 中，因为该意义具有可取消性，所以本质上仅仅是语用推论——这和例58的 actually 形成鲜明对照。也正是由于关注层面的不同，造成了两者在视角选取和研究内容上的不同：Traugott 多从历时的语法化视角探讨语言表达式如何在表达主观意义的基础上发展出关注听话者的意义，其研究对象多为礼貌标记，如日语中的敬语系统；而 Verhagen 则主要从共时的认知视角，把交互主观性定位到说话者和听话者之间的认知协调，认为这是语篇的基础和语言使用的前提，其研究对象包括否定模式、补足结构、条件构式等。

当然认知—语用路径和互动路径也有所不同，分歧在于对认知的态度上：认知—语用路径把语言和交互主观性视为认知现象，利用图式（如 Verhagen，2005 的"识解构型"）来展示前语言（pre-language）的具身经验；互动路径则对认知抱有不可知论，主张把交互主观性置于社会实践而非人类大脑之中。所以，虽然我们注意到"识解构型"（图7-4）和"立场表达三角"（图7-5）有相似的地方，但两者存在根本不同：前者是一种认知表征，后者是一种社会行为。

最后，尽管三种路径存在诸多不同，但相对于形式主义都属于功能主义，都认为语言的交互主观性基于规约性（normativity）。[①] 也就是说，

[①] 如果对交互主观性作泛化理解，由于"所有语言交流都基于相互共享知识"，那么语言的规约性（约定俗成）本身就是交互主观性的体现。但这就导向了"什么都是交互主观性"，使这方面的研究没什么意义了。

无论关注的是语言结构还是语言使用，都认同语言使用中的规约性会在语言结构之中实现规约化（Etelämäki，2016）[①]。

7.5.1.4 国内交互主观性研究述评

Traugott 的定义发展得很完善，在很多研究中得到了运用。国内也多基于她的定义，如张兴（2009）、王敏、杨坤（2010）、刘春卉（2016）、陈征（2017）和完权（2017）等。比如，基于 Traugott 观点的研究特别关注（交互）主观性和小句边缘位置的关系（Traugott，2012），就汉语的相关问题，完权（2017）提出了与国外学者（如 Van der Wouden & Foolen，2011）不同的意见，认为汉语（交互）主观性的表达并不依赖于特定位置，甚至连倾向性都没有。

除了 Traugott 的路径，国内采用 Verhagen 观点的也比较多，如高莉、张滟和完权等。高莉是首个评介 Verhagen（2005）的国内学者（高莉，2012；文旭、高莉，2014），并且以"识解构型"为指导解决了许多具体问题（如高莉，2013a；2013b）。张滟则以"XAY let alone B"和"X（连）A 都/也 Y"（张滟，2010a）、"主题提升"句（张滟，2010b）和因果关联标记（如"因为、所以、由于"）（张滟，2012）为研究对象，发现它们不仅具有描述维度和主观维度，也具有交互主观维度的概念意义。完权（2018）在 Verhagen（2005）的理论体系下借助"论辩力"（argumentative strength）这个概念，分析了有"呢"无"呢"的最小对比对，发现"呢"在句中的功能是表达较高的论辩力，体现出了强烈的交互主观性。国内基于 Nuyts 观点的研究不多，钟小勇、张霖（2013）是一例。

以上学者从交互主观维度解决了许多具体问题，这些问题是只凭客观维度（真值语义）和主观维度（主观性）无法解决的，然而也有一些缺憾。首先，他们只是摘取了其中最具有操作性的识解构型，既没有关注说话者和听话者之间认知状态的管理，更未贯彻语言具有论辩倾向的语言观——而这才是 Verhagen 设计这个构型的终

[①] Etelämäki（2016）认为，语义路径和认知路径更关注语言结构之中更稳定和规约的面相，而互动路径则关注在场的社会互动和语言结构产生以及交互主观性被巩固（validated）的方式。笔者认为认知—语用路径的观点略显特殊，很多在他们看来是规约化的现象，语义路径却不这么认为。

极目的。① 另外，他们还借鉴了和 Verhagen 观点存在诸多冲突的 Traugott 观点，这种做法固然弥补了 Verhagen 只从共时维度探讨相关问题的缺陷，但没有就两者观点做出比较和说明，有可能会引起读者的混淆。当然，他们在借鉴国外理论时各有其便，但前提是认识到其理论的系统性，断章取用时要细加说明。

互动路径方面，方梅、乐耀（2017：第 2.1 节）基于立场表达理论，集中分析了汉语人称代词的使用：第一人称"我们、咱/咱们"可以指代听话者（咱们厂这几年的效益怎么样？），第二人称"你"可以泛指一类人（那小孩闹得叫你不能专心做事），第三人称可以指称说话者自己（你怎么才到啊！人家等了半个钟头了。）。之所以会有这些非常规用法，正是由于人称代词涉及立场表达，关涉对立场主体和立场客体的指称，其虚化过程伴随着交互主观化（2017：46）。

7.5.2　句式意义的三个维度

受交互主观性研究的启示，我们认为：句式意义可从三个维度进行挖掘，即客观维度、主观维度和交互主观维度：客观维度把语言视为指称工具，即一种交换事物信息的语言手段；主观维度指说话者在选词造句时不可避免地掺杂了其特定识解；交互主观维度则同时承认说话者和听话者的角色，思考说话者向听话者传递关于现实的描述或识解的意图为何（Boogaart & Reuneker, 2017）。客观维度是哲学和语言学一直侧重的一个维度（体现为真值语义学），主观维度在后来也受到越来越多的关注（体现为主观性的研究），交互主观维度最近也受到重视。

当前的语言学研究越来越重视语言的互动性，有学者认为认知语言学正在经历从传统的、以说话者为中心的概念化及解释机制，走向真正意义上的、对意义的互动式社会认知学阐释（Feyaerts et al., 2017：243）。Langacker（2008）提出的"当前话语空间模型"（Current Dis-

---

① Verhagen 设计这个构型的目的，一是解释语言如何帮助实现这种认知处理（人类理解自我和理解他人），解释人类与他人进行"认知协作"的能力如何在语言中得以体现，或者说以语言为窗口透视人类思维（2005：210）；二是最终服务于作者的语言观，即交互主观性植根于语言系统当中，其中论辩性在人类交际中扮演着根本的角色，人类相互影响（操纵）是语法结构的内在属性（Verhagen, 2008）。

course Space Model) 认为, 意义是作为言谈者之间互动的一部分在交际中涌现出来的, 即使一方言谈者不在场, 也可以从互动视角来看待语言的输出和理解, 因为正是一个或数个已知或未知言谈者的过去、当前和将来的假设、期望、态度、情绪和/或知识构成了语言的本质。为此 Langacker (2008: 261) 提出一种基于概念化主体的意义表达图式 (图 7 - 6a), 不仅包括语言表达的"一般注意点" (MS) 和上台的直接相关对象 (IS), 更包括了说话者和听话者互动的说话场景 (G)。上面介绍的 Verhagen (2005) 正是在 Langacke 的基础上提出改良后的"识解构型" (图 7 - 6b)。

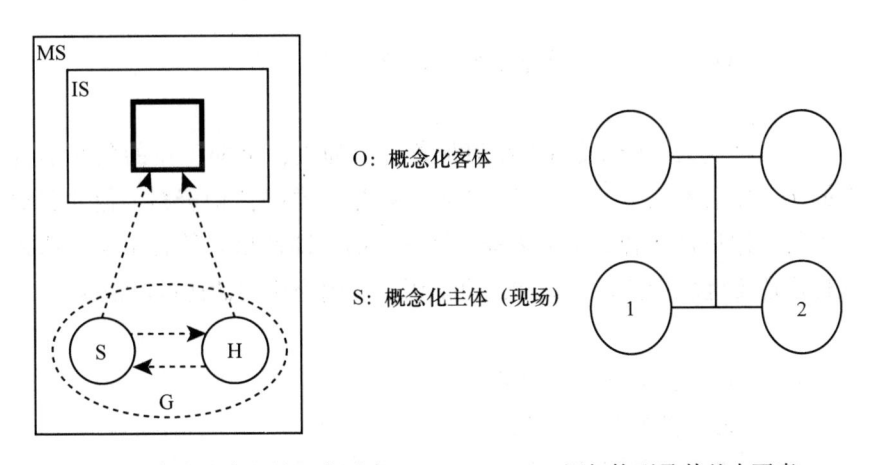

a. 语言表达意义的基本图式　　　b. 识解构型及其基本要素

图 7 - 6

从三个维度来看"王冕"句,[①] 我们发现其意义并未挖掘殆尽。目前只发现了两层句义:

句义$_1$: "王冕的父亲死了。"

句义$_2$: "说话人认为事情有关得失并计较这种得失。" (沈家煊, 2009b)

[①] 我们的研究对象是取自《儒林外史》的真实用例, 但在文献中讨论更多的是张汝舟 (1952) 改编后的"王冕死了父亲", 两者的不同在于: 真实用例的主语"王冕"承前省略, 还有"七岁上"来修饰, 在功能上多提供原因、条件等背景信息 (张伯江, 2002; 石毓智, 2007)。当然, 由于人们可能在其他年龄失去父亲, 而且该句的关键点在"死"上, 所以有时也引用改编后的用例。

句义₁归纳了较低层次的语义，即指向客观现实的真值语义，是一种脱离语境的描述语义。句义₂考虑到了说话者（作者吴敬梓）的主观性，把他对王冕的移情因素概括为"计较得失"，是一种充分考虑到语境的主观意义，又上升了一个层次。遗憾的是，目前只概括到了这个层次，事实上还可以再上升一个层次，把听话者（读者）也考虑进来——这就是交互主观性的维度。

7.5.3 "王冕"句的三维语义

试看如下例句：

(64) 王×（在王冕七岁上）死了。①

客观维度关心的是例 64 在何种条件下为真，也即王冕的父亲是否真的在王冕七岁上死了。但是一方面，根据王冕的传记资料，他并非幼年丧父，这只是作者的文学虚构；另一方面，即使该句符合事实，那么这种描述维度也无法提供该句的全部语义，因为这句话还可以说成：

(65) 王冕（的）父亲死了。
(66) 王冕父亲死了。
(67) 王冕死了父亲。

例 64—65 基于同样的客观现实，但体现出不同的主观性：例 64 以父亲为话题或出发点（starting point），是从父亲的视角陈述事实，作者移情于父亲之死而非王冕之失。例 65 和例 64 相比，由"王×"变为领属结构"王冕（的）父亲"，话题所指未变，视角未变，但却是以儿子为参照引入或定位父亲，其中蕴含了说话者对父子关系的认定。张敏（1998：327）认为在名词定语领属结构中，当修饰语为专名时，作用是单指限定，中间不能去掉"的"。但在实际语言使用中确实有去掉"的"的情况，如"<u>槐花父亲</u>原是瘫在床上的"（阎连科《柳乡长》）。考虑到

---

① 由于王冕父亲之名不可考，故以"王×"表示。

这种情况，我们标记为"王冕（的）父亲"。

例66在"王冕"和"父亲"之间稍有停顿，属于双名词结构，该结构把主要话题明确为"王冕"，移情于父亲之死对王冕造成的影响，真实用例如下面的例68。这样，"王冕父亲死了"就有两种解读：一种是例65中的领属结构；另一种是例66和例68中的双名词结构。我们只有结合语篇才能做出判定，如"他/她父亲死了"，在例69中是领属结构，因为后面所说"丧礼"是围绕父亲的；例70中是双名词结构，因为后续"又没哥哥"是围绕"她"。

（68）王德父亲死了，他当了家，而且作了父亲。（老舍《老张的哲学》）

（69）他父亲死了，连个丧礼都没法办，真是痛心。（凤凰网2019-05-21，http://v.ifeng.com/c/7mr8iVP0DFn）

（70）她父亲死了，又没哥哥，母亲跟弟弟全靠她（陈瘦竹《职业》）

例67的话题亦是王冕，它与例66的不同之处在于主观性更强，其中含有"王冕因父亲去世而损失惨重"的语义（沈家煊，2000a）。颜景常（1956）早就注意到类似句式的主观性，他说，两句表达的理性认识是相同的，可是情绪上却有很大的差别，他把该句式的语义概括为"遭遇"（包括得与失）（1956：127）。刘探宙（2018：15）对此评论道："可见句子的主观性，在我国这个时代的学者这儿已有明确的说法。"

主观维度考虑到了说话者因素，关注说话者如何识解客观现实，比如移情对象是什么、以什么为话题等，但无法解决说话者为什么要花费认知努力来输出语言表达的问题。此时需要把"听话者"考虑进来，追问作者吴敬梓把王冕失去父亲的信息传递给读者的意图何在。

联系图7-6b来看，"王冕"句在O层面具有"王冕的父亲死了"的客观内容；在连接说话场景和言辞描述内容的竖线上，具有"说话人认为事情有关得失并计较这种得失"的主观意义（移情于王冕）；在S层面连接了说话者和听话者的横线即交互主观维度上，作者使用该句意在邀请读者推论出"王冕成为孤儿,童年很惨"(移情于读者)[1]——这就是句义$_3$。这种推论义需要人们结合语境来得出,包括上下文语境的"七岁上"以及属于百科知识的"年幼丧父意味着成为孤儿"——这一点也是大人丧父较少使用"王冕"句式的原因。句义$_3$具有现实基础:王冕和父亲属于父子关系,父亲之死对王冕的社会网络造成影响,导致其成为孤儿;孤儿尚未成年,无人抚养,是社会上的弱势群体,所以人们得知某人"孤儿"身份后,不仅会产生怜悯之心,更会付诸行动,如资助上学、助养收养、捐赠款物等。可见王冕和父亲的及物性质既非物质,也非心理,而是社会的。

7.6 "王冕"句的使用动因

交互主观维度可以理解为以听话者为中心的设计原则(recipient design),也即说话者之所以在若干种表达方式中选择了一种,主要取决于对听话者的考虑。从这个维度,我们可以得出三点发现:传递特定的消息,提高语言的论证力以及与读者实现共鸣。

7.6.1 传递特定的消息

如前所述,我们比较支持把"王冕"句视为非典型事件句(参见第5.2.4节),它在信息结构上的特点包括:"死者"是定指的,多是"受损者"的亲人,而不是泛泛的亲人;"死者"可以成为整句的焦点,比如"王冕死了父亲"的焦点是"父亲"(不是"母亲"或"妻子"等其他亲人);至于"父亲"的定指性,主要是基于百科知识得出的,听话者可以利用转喻思维确定这是"王冕的父亲",这也就是陈平(1987:112)所说的:"所指对象与其他人物之间存在着不可分离的从属或连带关系,我们在认识周围世界万事万物的同时,也必然会注意到事物之间

---

[1] 传统的"移情"(empathy)概念在交互主观维度下显示出了不足。根据 Kuno(1987:206),移情是说话者对他在句中描述的参与到事件或状态中的人或物的一种认同。这个定义局限于说话者和句中人或物的关系,没有考虑到说话者和听话者可能存在的移情关系。后一种关系只有在交互主观性的观照下才能明确。

的这种关系,把有关这类的知识纳入我们的常识范畴。"

7.6.2 提高语言的论证力

Anscombre & Ducrot(1989)的"论证理论"认为,语言表达具有论证潜能,其恒定功能在于为某结论立证,而表达式的信息值却是易变的。换句话说,语言不具有告知性(informative),而是具有论证性(argumentative)。人们总是试图通过语言影响别人的想法、态度甚至当下行为,对于听话者而言,就是找到说话者/作者想施加的影响是什么,然后决定同意还是不同意。

对于《儒林外史》第一回的论证性质,我们认为,作者以"王冕"句邀请读者得出"王冕成为孤儿,童年很惨"的推论,进而服务于更大的结论——王冕是"一个嵚崎磊落的人"。论证过程如下(括号外为说话者的论据,括号内为听话者的推论):

论据$_1$:王冕七岁上死了父亲,只能弃学放牛(>推论$_1$:王冕童年很惨)>>论据$_2$:然而王冕孝敬母亲,苦学画画(>推论$_2$:然而王冕很孝敬,很勤奋)>>论据$_3$:成名之后不为利诱,终隐居于会稽山(>推论$_3$:而且,王冕很正直)>>>结论:王冕是一个嵚崎磊落的真君子。

那么"王冕"句式能否满足这个要求呢?颜景常(1956)早就注意到该句式包含的主观性,试看他举的例子:

(71) a. 少年的头发白了。 b. 白了少年头。
(72) a. 客来了。 b. 来客了。

他说,两句表达的理性认识是相同的,可是情绪上却有很大的差别。他把该句式的语义概括为"遭遇"(包括得与失)(1956:127),后被李钻娘(1987:24)进一步概括为"以事件变化结果不可预见的方式让主语承受损失"。除了主观性,该句式还具有较高的交互主观性,以"王冕"句为例,其中规约性地含有"王冕成为孤儿,童年很惨"的推论义。

7.6.3 协同或与读者实现共鸣

"王冕"句也有协同或与读者实现共鸣的因素（协同的讨论参见第5.3.3节）。如例73所示，"王冕"句之前及物用法出现了10次，包括动词"**是、说、是、见、舍、求、同、出、姓、名**"（加粗）；而不及物用法只出现了4次，包括动词"到手、看得破、说（后一个）、住"（下画线）；正是受到这种启动效应的影响，作者更容易采用"死"的及物用法。

(73) 这一首词，也**是**个老生常谈。不过**说**人生富贵功名，**是**身外之物；但世人一**见**了功名，便**舍**着性命去**求**他，及至<u>到手</u>之后，味**同**嚼蜡。自古及今，那一个是<u>看得破</u>的！虽然如此<u>说</u>，元朝末年，也曾**出**了一个嵚崎磊落的人。这人**姓**王**名**冕，在诸暨县乡村里<u>住</u>。七岁上死了父亲，他母亲做些针指，供给他到村学堂里去读书。（吴敬梓《儒林外史》）

7.7 "王冕"句难题的解构

刘探宙（2018：2—3）把"王冕"句难题总结为三条：其一，<u>不及物动词</u>**不能带**<u>宾语</u>，"死"作为不及物动词带宾语了；其二，"父亲死了"（真值语义）**应被**编码为"父亲死了"（语言形式），"王冕"句"形义错配"；其三，"王冕"和"父亲"具有<u>领属关系</u>，似乎打破了"**领属不能分裂**"的常规表达。

历史上诞生过很多难题，有的被后人解决了，有的至今无解，有的后来发现根本不是难题（甚至是伪命题）。所以，我们在解决一个问题之前，首先要怀疑的是问题本身，如果难题不成为难题，那么它就被解构了。金立鑫（2018）有一段话值得注意：

我们相信，语言的句法规则应该是简单的，很多所谓老大难难题或许是因为我们观察对象的视角选择得不好，或者参照坐标不

第 7 章 动词 "死" 的及物用法

好,一旦视角或坐标对了,一些原本杂乱无序的现象立刻会变得简单、整齐、清晰起来。

从这个视角来审视上述难题,会发现里面有许多标签(下划线标出)和规定性陈述(粗体标出)。这些概念是语言学家归纳的经验产物,无疑会受到语言学家占有材料多寡以及所认可理论(不论是无意识的还是有意识的)的影响。其中最重要的是频率效应(可见频率效应不仅适应于语言使用者,也适用于语言学家):语言学家容易注意到高频用法,而忽视低频或链接度较低的用法。这导致的结果是,所谓"语法"其实掺杂了语言学家的主观认定,甚至依赖于他们认为人们应该怎么做(规定性)的想法(Kretzschmar,2015:34、92)。笔者将从这个层面对"王冕"难题提出解构。

难题一以经典范畴观来看待及物性范畴,对动词的语义结构持静态观,排斥其发生变化甚至转换的可能,这样自然导向认为"死"先验地属于一价和(或)不及物动词。陶红印(2000)对此早有批评,认为过去的很多研究忽略了语言的动态本质,导致对动词语义结构的研究以静态研究方法为主,从而出现了不少研究上的缺陷,包括把动词语义结构看成静止不变或泾渭分明,脱离实际的言谈和篇章语料以及缺乏历时观念等。

难题二对语义的认识存在局限,即把语义等同于真值语义,忽视了(交互)主观性也是语义的一部分(甚至更为重要)。这种认识局限在面对真值语义相同但形式多样时必然导向"形义错配"的错误结论。在对"王冕"句长达 70 年的争论中,我们已经从真值语义中脱离出来,去探讨其主观意义的不同,这是极大的进步。但是我们现在也应该重视句子的交互主观意义,因为语言从本质上讲具有互动性。把三个维度结合起来,我们或许可以对与"父亲死了"(真值语义)匹配的多种形式做出合理解释。总之,"王冕"句的持续争论暴露了限于客观命题内容的真值条件之不足,正如 Lyons(1995:339-342)所言:语言学的语义学原则上应涵盖所有存在于具体自然语言的词汇和语法结构中的意义,无论能否对其进行真值分析。

难题三认定领属关系只能表示为"王冕的父亲死了"这样的领属结

构，但事实上双名词结构"王冕父亲死了"和及物结构"王冕死了父亲"同样体现了领属关系。但是把这三类句式统一在一起的并非领属关系，而是客观维度的句式意义。这是因为领属关系过于含混或抽象，如果凡是两个名词之间有此关系的句式都归入其下，必然导致句式多种多样、交替纷繁复杂。可能正是为此，自郭继懋（1990）之后诸多学者提出领属关系在解读"王冕"句上没有那么关键（张翼，2013：88；刘探宙，2018：27—28）。我们认为如果把领属关系再做下位分类，这个概念还是非常有用的，例如可以把上述句式概括为"领有者失去从属者"。总之，不能把领属关系和领属结构等同起来，这样"领属不能分裂"的难题也就被解构了。

笔者斗胆提出上述解构，并非否认"王冕"句的研究价值。事实上，围绕"王冕"句的许多细微问题尚未弄清楚，只有从历史、社会、认知等多方位的角度全面审视，才能更接近"王冕"句的使用和生成机制。

第 8 章

"吃饱饭/喝醉酒" 句[①]

有学者认为，双动词带宾语有一条规则：当后动词或结果补语的语义指向施事时不能再带宾语，如果坚持要带宾语，则倾向于使用动词拷贝结构，如"小王写腻了"后面不能再加"作业"，须要说成"小王写作业写腻了"（马真、陆俭明，1997；李讷、石毓智，1997）。[②] 从这一"规律"出发，"吃饱饭/喝醉酒"被视为"异数"。比如有学者指出，"吃饱饭/喝醉酒"不符合双动词的配价结构公式（郭锐，1995：183）；还有学者认为这种例外是少数甚至唯一（石毓智，2000b、2003、2018；施春宏，2005），如石毓智在 2000 年的文章中说"根据对大量语料的调查，我们发现了两个特例"（2000b：29），在 2018 年的文章中又说"迄今为止我们只发现了两个案例"（2018：133）。李临定（1986：189）则指出，它们的宾语仅限于"饭/酒"，不具有类推性，如下：

(1) 吃饱了饭：? 吃饱了米饭/? 吃饱了面条
(2) 喝醉了酒：＊喝醉了茅台／＊喝醉了二锅头（李临定 1986：189）

[①] 参见杨旭《双动词结构的还原与整体分析》，《辞书研究》2021 年第 5 期；杨旭《"吃饱饭/喝醉酒"类结构的分布与生成》，《语言研究集刊》（第二十八辑），上海辞书出版社 2021 年版。

[②] 当结果补语指向受事时，带宾语是非常自然的，如"吃坏肚子""喝完咖啡"。这类双动词更容易发生词汇化，《现代汉语词典》中收录的双动词复合词大都是这一类。英语也如此，只有"吃坏/喝完"这样的语义关系才有可能词汇化，如 break（"打碎"）、kill（"杀死"）、fix（"修好"）、burn（"烧焦/晒伤"）等（董秀芳，2011：205；施春宏，2018：42）。

这种唯一性必然导向"词汇化"的解释，即"吃饱饭/喝醉酒"已经词汇化为惯用语，可以不受句法规律的支配，因此并不算真正的例外。如果已经词汇化了，那么"饭/酒"就是可有可无的羡余成分，出现与否并不影响整体的信息传达。

事实上，已有很多调查指出"吃饱饭/喝醉酒"并非唯一例外（如佚名，2012；武跃，2015；崔山佳，2015），但是对于把它们视为词汇现象还是句法现象仍有争议。石毓智在2000年的文章中说："我们也可以根据已往动补短语发展规律预测，随着'吃饱饭'这种用法的逐渐增加，它们将来也会发展成一种范式，最后会取代现存的动补短语带宾语的规律。"（2000：30）但在2018年的文章中仍然坚持了原有的看法。施春宏（2018：122）也认为这些新生的现象是受频率效应类推产生的，但是范围还十分有限，比如不能说"*吃傻了假药""*喝胖了营养品""*帮累了他一个大忙"等（需要用拷贝结构），因此"还不具有规则内的系统通行性"。也有学者认为"吃饱饭/喝醉酒"是句法结构（佚名，2012；崔山佳，2015：314—328），如崔认为"吃饱饭/喝醉酒""与语法规律还是直接发生关系的"，不能像施春宏（2008b）把它们处理为"特例（个人的、临时的用法）"或例外，而是"显性语法现象"。

至于其生成过程，多认为是在"吃饭/喝酒"中间分别添加"饱/醉"得到的（郭锐，1995；石毓智，2000b、2003；施春宏，2005；吴为善，2010；董秀芳，2011：205—206）。但是从历时上来看还存在"饱吃饭"的组合，如果是这样，为何不说"吃饱饭"是"饱""吃"调换顺序得来的？另外，"饱/醉"也能与"饭/酒"搭配构成"饱饭/醉酒"，为什么不是在前面添加"吃/喝"得到的？其实无论何种做法，基本思路都是还原式的，即试图通过前动词和后动词的句法、语义属性加总出整体的句法、语义属性，但却忽视了"吃饱"不等于"吃"，也不等于"饱"，而是涌现出了新的句法、语义属性。我们认为只有采取整体路径才能解决这个问题。

事实上，对于双动词结构的生成机制，文献中多取还原路径（reductionism），即尝试根据前后动词的语义结构，计算或预测出整体的语义结构（如袁毓林，2001）。很多学者意识到还原路径之不足，倡导以整体路径（holism）弥补之。如施春宏（2005）基于还原路径提出了

"界线原则",但也指出:"动结式的论元结构不是底层动词论元结构的简单加合,还需要通过某些整合规则来安排底层提升上来的论元。"(2005:7)在认知语言学尤其是构式语法方兴未艾的背景下,整体路径更得到凸显(石毓智,2018;文旭、姜灿中,2019),以至还原路径遭到一定冷落。我们认为两种路径各有贡献,只有采取综合路径(synthetism),才能更深入全面地认识双动词结构。

下面,首先以"老奶奶哭瞎了眼睛"为例回顾一下围绕双动词结构的还原、整体之争;其次取还原路径分析双动词结构的微观语义结构——微观语义结构指双动词中两个动词与语义成分的各种关系(相对宏观语义结构而言);最后取整体路径讨论"吃饱饭/喝醉酒"问题。

8.1 还原与整体之争

双动词结构是如何生成的?文献中众说纷纭,但基本可概括为还原、整体之争。下面,以"老奶奶哭瞎了眼睛"为例看一下这两派的争论。

8.1.1 还原路径

还原路径崇尚分析,试图从前动词和(或)后动词投射或预测出双动词的句法语义属性。由于对双动词结构中心认定的不同,具体又有两种做法,如下:

(3) 老奶奶哭了 + 瞎了眼睛 = 老奶奶哭瞎了眼睛

(4) 老奶奶瞎了眼睛 + 哭 = 老奶奶哭瞎了眼睛

在例3看来,"老奶奶哭瞎了眼睛"由"老奶奶哭了"和"瞎了眼睛"拼接而成,前者是非作格句("老奶奶哭了"无法替换为"哭了老奶奶"),后者是非宾格句(可以说"眼睛瞎了",也可以说"瞎了眼睛")。该做法默认了两个动词都是中心,把"瞎了眼睛"整个视为"补语",即"动结式的补语成分本身又是一个述宾短语"(吴为善,2010:7)。在例4

看来,"老奶奶瞎了眼睛"具有使动意义(使动句),在此基础上添加表示致使方式的动词"哭"生成整句。该做法把后动词视为句法中心,类似结构属于和自动格局对立的使动格局(任鹰,2001)。

8.1.2 整体路径

整体路径把双动词(结构)视为构式,含有无法从前后动词推导出的句法语义属性(如论元结构、使动意义等)。也有两种做法:

(5) 老奶奶哭了→老奶奶哭瞎了→老奶奶哭瞎了眼睛
(6) 哭+瞎→哭瞎→老奶奶哭瞎了眼睛

在例5看来,致使者"老奶奶"由前动词"哭"单独提供,添加表示结果的后动词"瞎"之后,被致使者"眼睛"由整个句式(构式)单独提供(赵琪,2008)。该做法把双动词结构视为论元结构构式,把前动词视为结构中心,进而探讨该动词与整个句式的互动关系。在例6看来,双动词"哭瞎"是一个"使动及物动词",具有复合词性质,而整个结构的论元表达则源于及物构式和复合动词的融合。从语义上来看,"哭瞎"编码了方式"哭"和结果"瞎"两个简单事件,而"老奶奶哭瞎了眼睛"则编码了从"老奶奶"到"眼睛"的力量传递及因此产生的状态变化,因为严重的哭泣累及眼睛可能导致其受损(文旭、姜灿中,2019)。该做法试图解决例5违反语义一致原则和构式压制泛化等问题,把双动词视为复合动词(前后动词只是分别提供了方式和结果的线索),把双动词结构视为复杂述谓构式,从而消解了寻找句法中心的问题。

上述观点可概括为表8-1,它们在有无结构中心(若有则孰为中心)和双动词(结构)是否属于构式上形成分立。

表8-1　　围绕"老奶奶哭瞎了眼睛"的四种观点

四种观点	第一种	第二种	第三种	第四种
结构中心	有中心			无中心
	双中心	后动词	前动词	

续表

四种观点	第一种	第二种	第三种	第四种
是否构式	非构式		整体是论元结构构式	双动词是复合动词 整体是复杂述谓构式
			构式	

8.2 双动词结构的还原分析

8.2.1 双动词结构的微观语义结构

吕叔湘（1986）系统探讨了双动词结构的语义结构多样性，说这是"汉语句法的灵活与节约的一种表现"。对于不含"把/被"字句的双动词结构，吕文总结有八类语义结构，概述如下（例句及说明全部引自原文）：

(7) 小刘爬上车身，拉紧帆布篷，拴牢绳子。（第一类）
(8) a. 踢球，踢球，一个月踢坏了三双鞋。
    b. 小姑娘睡花了眼出去，风摇的树枝儿，错认了人。（第二类）
(9) 你真是吃糨糊吃迷了心了。（第三类）
(10) 别理他，他是喝醉了酒发酒疯。（第四类）
(11) 我的伤已经好了，再闲就闲疯了。（第五类）
(12) 地已经下饱和了，雨不再渗进去。（第六类）
(13) 这个字写错了。（第七类）
(14) 这种酒喝不醉的。（第八类）

前四个例句是双论元，后四个例句是单论元。例 7 可以描述为"小刘拉帆布篷，帆布篷紧了"，"小刘"和"帆布篷"是"拉"的施事和受事，"帆布篷"和"紧"存在主谓关系；例 8a 可以描述为"（某人）踢（球），鞋子坏了"，例 8b 可以描述为"小姑娘睡觉，眼睛花了"，前动词要不宾语没出现要不就是不及物动词，而双动词结构的宾语则与后动词存在主谓关系；例9可以描述为"你吃（糨糊），迷了心了"，与例8a相比，"迷"和"心"是动宾关系；例10可以描述为"他喝酒，他醉了"；例11可以描述为"我闲，我疯了"，"我"是"闲"的施事，"我"和"疯"存在主谓关系；例12可以描述为"地因下（雨）而饱和了"，"地"不是"下"的施事或受事；例13可以描述为"写字，字错了"，"字"是"写"的受事，"字"和"错"主谓关系；例14可以描述为"（人）喝酒，（人）醉不了"，"酒"虽也是"喝"的受事，但和"醉"没有主谓关系。①

例8和例9其实可合并为一类，因为"坏了三双鞋"也可视为动宾，或者"心迷了"也可视为主谓。另外，还可以补充一些语义结构类型，如下：

(15) 人参吃死人无罪，黄连治好病无功。
(16) 红菱湖冻死了两头耕牛。
(17) 枕头都哭湿了。
(18) 爱情故事哭晕了我。

例(15)是文献中所称的"倒置动结式"，前动词的施事"人"出现在了宾语位置，受事"人参"出现在了主语位置，故称"倒置"。这一类和上述第八类有关，因为可以给例14补出"喝"的施事"人"（这种酒喝不醉人的），这样也就成了"倒置动结式"。例16的"红菱湖"可以省去不说，"冻死了两头耕牛"和第六类有关，只不过把"死"的施事置于了宾语位置。例17和第二类或第三类有关，只不过省略了致使者，并把被致使者提到主语位置。例18中的"爱情故事"和"哭""晕"均没有施事或受事关系，整个表达可以表述为"爱情故事使我哭了，进而使我晕了"。

上述十类或十一类之间存在交替关系，如果把这种交替关系考虑进去，那么整个分类系统将变得更为简洁。如表8-2所示，可以归为5大

---

① 可以看出，吕文的描述以前动词为句法中心，因此只关注前动词和两个名词的语义关系（使用了"施事""受事"等术语），而对后动词则只关注和两个名词的句法关系（使用了"主谓关系""动宾关系"等术语）。

类 12 小类（仍然不考虑"把/被"字句），分叙如下：

表 8-2　双动词结构的微观语义结构类型及其交替关系

	常规句式	替换句式₁	替换句式₂
A	a. 牛冻死了	b. 冻死了两头牛	c. 红菱湖冻死了两头牛
B	a. 我哭晕了	b. 爱情故事哭晕了我	
C	a. 太阳晒疼了他的头	b. 他的头（被）晒疼了	
D	a. 我哭湿了枕头	b. 枕头都哭湿了	
E	a. 人喝醉了酒	b. 酒喝醉了人	c. 这种酒喝不醉的

A 类："牛"只和"死"存在语义关系（牛死了），"冻"是"死"的具体方式（正因"冻"包含了低温的致因，所以致使者可以不出现）。从 a 到 b 使用了汉语中常用的事件存现结构，类似于"死人了、下雨了"这类例句；c 则为 b 添加了一个话题。

B 类："我"和"哭""晕"均存在语义关系（"我哭了""我晕了"）。从 a 到 b 使用了汉语中常见的使动结构，即"爱情故事"使我"哭"了，进而使我"晕"了。

C 类："晒"和"太阳""头"均存在语义关系（"太阳晒他的头"），"疼"和"头"存在语义关系（"头疼"），和"太阳"勉强有使动关系（"太阳使他的头疼"）。从 a 到 b 省略了致使者，其中"被"字可有可无。

D 类："哭"和"我"存在语义关系（"我哭了"），和"枕头"勉强存在处所关系（"在枕头上哭"）；"湿"和"枕头"存在语义关系（"枕头湿了"）。从 a 到 b 省略了致使者。

E 类："喝"和"人""酒"存在语义关系（"人喝酒"），"醉"和"人"存在语义关系（"人醉了"），和"酒"存在使动关系（"酒醉了人"）。从 a 到 b 使用了使动结构，但与 B 类的（a→b）不同的是，只有"醉"体现使动意义（"酒醉了人"或"酒使人醉了"）；从 b 到 c 则省略了被致使者"人"。

8.2.2 双动词结构和使动意义

双动词结构和使动意义密切相关，需要明确的是，哪些结构具有使动意义，以及使动意义体现在哪个动词上（只考虑两个语义成分的情况，省略一个语义成分的可由此推出）。

表8-3　　　　　　　　双动词结构使动意义的还原分析

	例句	使动	体现字词	双动词结构	及物性高低
A（c）	红菱湖冻死了两头耕牛	×	无	不及物+不及物	2
B（b）	爱情故事哭晕了我	√	哭+晕	不及物（使动）+不及物（使动）	4
C（a）	太阳晒疼了他的头	√	疼	及物+不及物（使动）	6
D（a）	我哭湿了枕头	√	湿	不及物+不及物（使动）	3
E（a）	人喝醉了酒	×	无	及物+不及物	5
E（b）	酒喝醉了人	√	醉	及物（倒置）+不及物（使动）	5

如表8-3所示，除A（c）、E（a），其余句式皆有使动意义。在体现成分上，B（b）体现在两个动词上，这两个动词单独无法造出合法句子（如"*爱情故事哭了我""*爱情故事晕了我"）；C（a）、D（a）和E（b）体现在后动词上（不及物且使动），但C（a）的"太阳"和"头"可通过"晒"发生直接联系（及物），D（a）中的"我"则无法通过"哭"与"枕头"发生直接联系（不及物），E（b）中"酒"与"人"可以发生直接联系（及物），但却发生了倒置。这些异同导致它们的及物性相异，如果按照及物性从高到低的"及物＞及物（倒置）＞不及物（使动）＞不及物"序列为之打分的话（分别为4分到1分），那么C（a）的及物性最高（6分），这也是最为典型的双动词结构；E（a）、E（b）次之（5分）；接下来是B（b）、D（a）和A（c），分别是4分、3分和2分。

最后，可以把双动词结构的层级总结如图8-1所示：双动词结构可以区分为单论元和双论元，双论元又可以区分为非使动和使动两类，A（a）—E（c）之间存在交替关系。

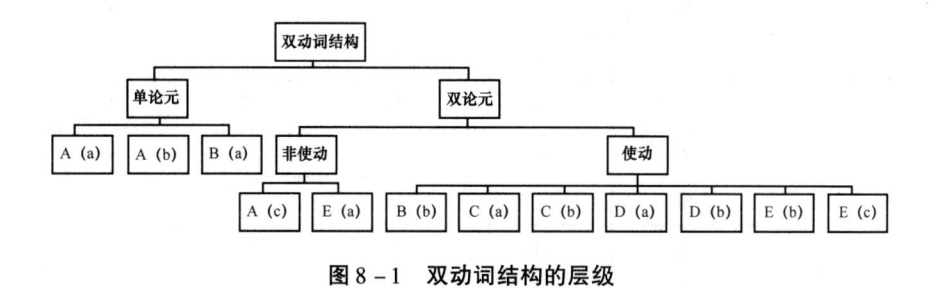

图 8-1 双动词结构的层级

8.3 双动词结构的整体分析："吃饱饭/喝醉酒"

下面，我们以整体路径讨论"吃饱饭/喝醉酒"问题，分两部分：首先调查"V 饱/醉 N"（特指"饱/醉"语义指向施事的结构）的分布情况，然后基于认知图景理论描述"吃饱饭/喝醉酒"的生成过程，并结合更多例子对相关结构做出定性。

8.3.1 "V 饱/醉 N"的分布情况

8.3.1.1 V 的情况

我们基于 BCC 多领域子库做了穷尽检索，得到了表 8-4 和表 8-5 的结果："V 饱 N"中的 V 共有 28 个（类型频率），总共有 1741 条索引行（个例频率），频率最高的是"吃"，较高的还有"食、吸、喝、睡、充、蘸、看、赚、浸"等；"V 醉 N"中的 V 共有 6 个，共有 2082 条索引行，频率最高的是"喝"，其余 5 个为"饮、吃、听、看、抽"。可以看出，这些动词的分布非常不均衡，如图 8-2 所示，它们都是从第一个词（"吃/喝"）之后就急剧下降，有一半的动词只有 1—2 条索引行，这种分布模式符合二八分布或幂律分布。

143

表8-4　　　　　　　　"V饱N"中V的分布

序号	V	频率	序号	V	频率
1	吃	1367	15	唱	1
2	食	111	16	吞	1
3	吸	82	17	听	1
4	喝	63	18	蹭	1
5	睡	23	19	读	1
6	充	18	20	晒	1
7	蘸	18	21	开	1
8	看	14	22	刮	1
9	赚	10	23	加	1
10	浸	10	24	做	1
11	捞	4	25	吮	1
12	受	3	26	踢	1
13	饮	2	27	尝	1
14	沾	2	28	嗑	1
			合计	28	1741

表8-5　　　　　　　　"V醉N"中V的分布

序号	V	频率
1	喝	1934
2	饮	110
3	吃	32
4	听	3
5	看	2
6	抽	1
合计	6	2082

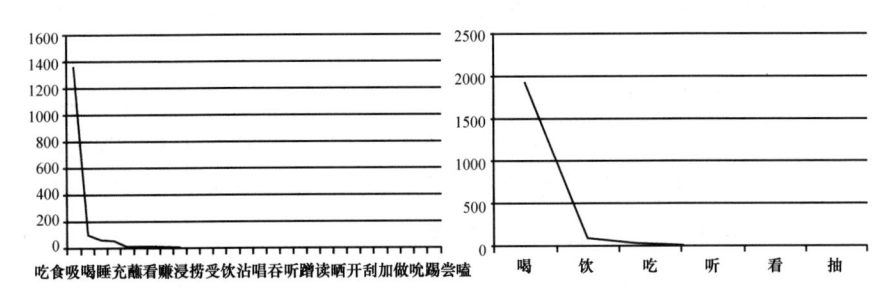

图 8-2 "V 饱/醉 N"中 V 的频率分布

这些用例可以分为两类：一类是搭配"饱/醉"本义的，V 有"食、喝、吸、饮、吞、吮、蹭"等，或具体或一般都表示吃喝动作，宾语加的是食品（食物或饮料），包括（为方便读者理解，暂时括注了宾语，后面会专门讨论宾语的情况）：

吃饱（饭）、食饱（宵夜）、喝饱（老酒）、吸饱（血）、饮饱（水）、吞饱（血液）、吮饱（奶汁）、蹭饱（饭）；

喝醉（酒）、吃醉（酒）、饮醉（酒）。①

一类搭配"饱/醉"隐喻义的，表示精神上的满足，这一类动词很难抽象出一个语义类，但以身体动词较为凸显，如"睡、看、唱、听、尝、谈、骂、抽"等，包括：

睡饱（觉）、看饱（风景）、唱饱（歌）、晒饱（太阳）、嗑饱（药）、踢饱（球）、尝饱（滋味）、听饱（各家的飞短流长）、做饱（运动）、刮饱（民脂民膏/油水）、赚饱（钱）、捞饱（钱/钞票/油水）、开饱（会）、受饱（气/恶气/闲气）、充饱（电、气）、加饱（油）、沾饱（墨）、浸饱（墨汁/血泪）、蘸饱（墨/粉浆/靛青）、读饱（书）；

看醉（风景）、听醉（音乐）、抽醉（香烟）。

可以看一下具体例子。例 19 和 20 属于本义用法，"饱/醉"的语义指向主语"他/我"，宾语"池水/葡萄酒"是"饱/喝"的受事，是导致"饱/醉"的原因；例 21 和 22 属于隐喻用法，"看饱/看醉"并非生理上的饱醉，而是精神上的满足。

---

① "食饱、饮醉"多见于方言，如粤语。

(19) 有庆那时正在池塘旁躺着，他刚喝饱了池水，……（余华《活着》）

(20) 假如有一天，我倒在葡萄园里，就当我喝醉了葡萄酒长眠不醒，我将感到无上荣幸和欣慰。（《福建日报》2008-09-19）

(21) 铁门后面，那藏宝的石穴中，四位"贵宾"，该已看饱了那满室珍玉了吧？（柳残阳《断肠花》）

(22) 我恋着莎士比亚的情歌，或看醉古代希腊的雕刻，在梦里，我游着雅典与伦敦，却象红莲绿柳的那片江浙。（老舍《慈母》）

8.3.1.2 N的情况

N的情况必须结合V来看。一般来说，单个V的个例频率高，N的类型/个例频率也高；反之亦然。极端的例子，像V个例频率只有1例的，N也只有1类1例，如"V饱N"中自"唱"之后、"V醉N"中的"抽"，都只搭配了1类1例宾语（见前面的括注）。"V饱N"频率较高的动词如"吃、食、吸、喝"之后的N类型/个例频率都比较高，如"食饱"后有"饭"（75例）"屎"（17例）"宵夜"（7例）"早餐"（3例）"饭食、午饭、下午茶、饺子"（均1例）等，"喝饱"后有"水"（27例）"老酒"（9例）"酒"（3例）"奶、牛奶、血"（均2例）"果汁、凉水、红茶、酸奶"（均1例）等，"吸饱"后有"水"（26例）"血"（25例）"水分、蜜"（均4例）"鲜血、露水"（均2例）"食物、春雨"（均1例）等。"V醉N"中频率较高的动词如"喝、吃"之后的N类型/个例频率也比较高，如"吃醉"后有"酒"（27例）"胭脂、老酒"（均1例）等。

我们着重看一下"吃饱/喝醉"后N的情况。如表8-6所示（限于篇幅，仅列10个），"吃饱"后的宾语特别丰富，有泛泛的"饭/东西"，也有较为具体的"早餐、午饭、晚餐、晚饭、宵夜"等，还有特别具体的"奶、草、老酒、火锅"等，共计有78种宾语。"喝醉"后的宾语则比较受限，除了泛泛的"酒"，其余均为具体酒名，共计只有7种宾语。两者的共同点是："吃饱饭/喝醉酒"是使用频率最高的组合，而且要远远高于其他组合；其他宾语虽然类型比较丰富，但是使用频率极低,"吃饱"中排名第二的"吃饱早餐"才11例,还不及"吃饱饭"的零头,"喝醉"除"酒"之外的其他宾语都仅有1—2例。

表8-6　　　　　　"吃饱/喝醉"的宾语分布情况

"吃饱"的宾语	频率	"喝醉"的宾语	频率
饭	1111	酒	1923
早餐	22	啤酒	2
奶	19	葡萄酒	2
东西	18	烧酒	2
午饭	16	威士忌	2
晚餐	15	白兰地	2
晚饭	14	香槟酒	1
屎	11		
老酒	10		
草	10		
宵夜	9		
火锅	6		

8.3.2 "吃饱饭/喝醉酒"的生成

认知图景理论在对待双动词结构时,也基本采用了还原路径,比如卢英顺(2017:65)说:"在探讨V和C认知图景的相互作用时,有必要深入考察哪些认知要素在映射时受到压制以及受到压制的原因。"但在我们看来,双动词结构同时牵涉词法和句法,故在还原路径之外还需要结合整体路径,即一方面,把双动词视为在线生成的复合词,整体会被解读为"方式+结果"(太田辰夫,1958/2003:32、192;高名凯,1948/1986:242);①,另一方面,在双动词复合的基础

---

① 太田辰夫(1958/2003:32+192)把双动词视为"复合词"或"复合动词"。高名凯(1948/1986:242)也说,双动词"是两个合用的成分,然而实际上只能看作一个词,一个具有动词功能的词"。方光焘(1962/1986:241)则特别指出,可以把"吃饱、喝醉"视为词。

上来看双动词整体与其他语义成分的互动关系，不排斥它会产生与前动词和后动词不同的语义结构。这样，双动词结构的生成可以分为两个层面，分述如下。

8.3.2.1 "吃饱/喝醉"的生成

词汇学对复合词的研究多从结构关系出发，认知图景理论转而主张从语义关系出发（卢英顺，2017：144）。我们秉持形式与意义相结合的精神，认为双动词已经规约化为"方式+结果"构式，只要是语义与之兼容或一致的词，都有进入该构式相应槽位的潜势（Goldberg，1995：50）。对于"吃、饱、喝、醉"四个词，有12种组合关系：

吃饱、吃喝、吃醉、饱吃、饱喝、饱醉、喝吃、喝饱、喝醉、醉吃、醉饱、醉喝

其中只有"吃饱、吃醉、喝饱、喝醉"的组合与双动词语义兼容，可以得出"吃/喝"方式造成"饱/醉"结果的解读。其余组合要不显得奇怪（如"饱醉、喝吃、醉吃、醉喝"），要不就只能得出其他解读（如"吃喝、饱吃、饱喝、醉饱"）。这样，它们进入双动词之后，两个词临时合成一个复合词，把两个简单事件整合为一个复杂事件。

这种创新的复合词如果使用广泛，也可能词汇化，如"改善、扩大、提高"等都已被语文词典收录为词。那么"吃饱/喝醉"的词汇化程度如何呢？这个可以通过基于平衡语料库的搭配强度（collocation strength）计算来界定。我们从"'中研院'现代汉语平衡语料库"提取了"词$_{12}$频"（A）"词$_1$频"（B）"词$_2$频"（C）和语料库总词频（D = 11245330），按照公式 LOG$\{(A/D)/[(B/D)*(C/D)], 2\}$ 计算了"吃饱/喝醉"的互信息值（Mutual Information，简称MI），此外为方便比较，还测量了其他"X饱""吃X""X醉""喝X"的MI，结果如表8-7所示（限于篇幅只列了前15个搭配）："吃饱/喝醉"的MI分别为10.33和10.42，相近且都排在第6位。鉴于它们的MI比某些已被语文词典收录的词还要高（以底纹表示），可见它们的词汇化程度较高（尤其是"吃饱"）。

第8章 "吃饱饭/喝醉酒"句

表8-7　　　"吃饱/喝醉"与相关词语的搭配强度①

搭配	词₁	词₂	词₁₂频	词₁频	词₂频	MI	搭配	词₁	词₂	词₁₂频	词₁频	词₂频	MI
温饱	温	饱	37	79	105	16.61	麻醉	麻	醉	113	60	108	17.58
充饱	充	饱	6	33	105	14.25	陶醉	陶	醉	74	49	108	17.26
吃亏	吃	亏	97	4660	71	11.69	沈醉	沈	醉	29	79	108	16.22
吃饭	吃	饭	498	4660	450	11.38	沉醉	沉	醉	26	91	108	14.86
吃素	吃	素	41	4660	66	10.55	烂醉	烂	醉	6	159	108	11.94
吃饱	吃	饱	56	4660	105	10.33	喝醉	喝	醉	24	1823	108	10.42
吃惊	吃	惊	80	4660	181	10.06	喝茫	喝	茫	1	1823	8	9.59
吃完	吃	完	180	4660	445	9.93	喝完	喝	完	50	1823	445	9.44
吃力	吃	力	95	4660	443	9.02	吸醉	吸	醉	1	212	108	8.94
吃紧	吃	紧	50	4660	257	8.87	心醉	心	醉	10	4955	108	7.72
吃醋	吃	醋	10	4660	55	8.78	喝掉	喝	掉	9	1823	316	7.46
吃斋	吃	斋	1	4660	9	8.07	喝干	喝	干	7	1823	320	7.08
吃食	吃	食	29	4660	325	7.75	喝水	喝	水	37	1823	2708	6.40
吃苦	吃	苦	45	4660	756	7.17	自醉	自	醉	2	3367	108	5.95
吃香	吃	香	16	4660	333	6.86	喝光	喝	光	8	1823	1142	5.43

8.3.2.2　"吃饱饭/喝醉酒"的生成

双动词生成之后，整体可以激活相关认知图景及其要素，其类型可能与前动词和后动词各自激活的认知要素相似，其数量一般不出前动词和后动词激活的认知要素之和（卢英顺2017：62）。如"吃饱"可以激活"吃饱者（64%）＞食物（20%）＞肚子（10%）"等认知要素（括号内为凸显度），"喝醉"可以激活"喝醉者（86%）＞酒（35%）"等认知要素。与前动词和后动词各自激活的认知要素相比，"吃饱者/喝醉者"不同于"吃/喝""饱/醉"激活的"吃者/喝者""饱者/醉者"，而是两者的整合；"食物/酒"的语义角色则变为了"原因"。② 由此可见，

---

① "中研院现代汉语平衡语料库"来自台湾地区，其中有些说法或写法大陆不太常见，其中"沈醉"即"沉醉"，如"香醇的烟台葡萄酒使我不禁沉醉其中"；"喝茫"表"喝醉"，如"第一次喝茫是在大学迎新的时候"。

② "食物/酒"做"吃/喝"的宾语没什么问题，需要补充的是，它们还可以做"饱/醉"的宾语表示原因，如"饱饭后，他们换上了粗布衣，围着炉火祛寒。"（阿蛮《卿本佳人》）"醉过酒的人都有这样的同感"（《中国青年报》1989年8月15日）。如此来看，"吃饱/喝醉"激活的"食物/酒"语义角色只是相对"吃/喝"发生了变化。

双动词所在句式涌现出了新的语义结构，属于原因做宾语的非常规动宾结构，尤其是"食物/酒"语义角色的变化，造成"吃饱者+吃饱+食物""喝醉者+喝醉+酒"可以"倒置"（任鹰，2001）。

这些认知要素经过两次凸显生成具体句子。如例23和例24所示，"吃饱/喝醉"各自出现最多的句式是"吃饱者+吃饱"（例23a）和"喝醉者+喝醉"（例24a），分别占到了47%和59%，属于最典型句式；次之为"吃饱者+吃饱+食物"（例23b）和"喝醉者+喝醉+酒"（例24b），分别占到了15%和30%，属于较典型句式；"吃饱"还构成了"吃饱者+吃饱+肚子"，占到8%，属于次典型句式。此外便是扩展句式，都不太常见。由此可见，"吃饱饭/喝醉酒"在"吃饱/喝醉"构成的句式中较为常见。

(23) 典型句式

a. 月容站了起来："我吃饱了!"（张恨水《夜深沉》）——吃饱者+吃饱（47%）：

b. ……偏就是我百吃不厌，每天都是吃饱了水梨，才去上工。（林清玄《雪梨的滋味》）——吃饱者+吃饱+食物（15%）

c. 近两年来，她吃饱了肚子，穿暖了衫，别的不懂，也懂得了丈夫本事不小。（高晓生《陈奂生转业》）——吃饱者+吃饱+肚子（8%）

扩展句式

d. 打个比方，一个人吃饭，总不能以为是最后一口馒头吃饱的吧。（《人民日报》1995-01-02）——食物+吃饱+吃饱者（省略）

e. 如今是活干好了，饭吃饱了，场也赶了，亲戚走了，人有精神了。（《人民日报》1982-06-05）——食物+吃饱

f. 虽说煎蛋嫩得让人吸溜不及，各式生冷色拉令我腻歪打怵，但起码面包牛奶吃饱肚子不成问题。（《作家文摘》1995）——食物+吃饱+肚子

g. 肚子吃饱了，人们就开始注重"穿"。（《人民日报》1994-04-23）——肚子+吃饱

h. 我在死亡的边缘时极力要活、要活、要活下去,我肚子吃饱了却想死。(张贤亮《绿化树》)——吃饱者+肚子+吃饱

(24) 典型句式

a. 隔很久,她说:"我喝醉了。"(亦舒《香雪海》)——喝醉者+喝醉(59%)

b. 宝宝,这个叔叔喝醉酒了。(施亮《无影人》)——喝醉者+喝醉+酒(30%)

扩展句式

c. 他说:"别把那香槟当冷开水喝,它一样会喝醉人的。"(琼瑶《一帘幽梦》)——酒+喝醉+喝醉者

8.4 小结

事实上,类似结构并不限于"V饱/醉N"。吕叔湘(1986)和任鹰(2001)在文中便举了其他例子(见下面例25—例30)。鉴于例句未给出来源,我们通过BCC语料库进行了验证:除了"写累"找不到后加宾语的用例(但可以找到拷贝结构"她写东西写累了"),其他均能找到真实用例(例31—例36)。对于"答对了三道题"和"记错了门牌号码",吕叔湘指出补语的语义指向有两解,既可以说"我答对了",也可以说"三道题对了"。

(25) 大家吃腻了剩菜/吃腻了大鱼大肉。

(26) 写累了论文。

(27) 唱够了卡拉OK。[以上来自(任鹰,2001)]

(28) 这个时候我已经睡醒了一觉。

(29) 我答对了三道题。

(30) 他记错了门牌号码。[以上来自(吕叔湘,1986)]

(31) 我要尝尝生命的另一方面,可以说是生命的素淡方面吧,我已吃腻了山珍海味。(老舍《樱海集》)

(32) 凡生,听烦了昆虫学家们的演讲,且不觉得捷克学者奇

怪的表现如何有趣（米兰·昆德拉《缓慢》）

(33) 但等下露斯姑娘在春光里唱够了曲，抱够了囡囡跑进房里时（萧乾《昙》）

(34) 人们睡醒一觉睁眼看见王琦瑶的窗口……（王安忆《长恨歌》）

(35) 你只需要答对十四道题就算通过。（伍绮诗《无声告白》）

(36) 但是那个号码没有人听，我几乎以为记错了号码。（亦舒《星之碎片》）

尽管类似结构的普遍性仍有待调查，但如此多的"例外"明显不能再笼统地用"词汇化"或"惯用语"来解释。我们以整体路径看待此类结构，发现它们不过是非常规动宾结构的特例，特殊就特殊在其中的"动词"是在线生成的双动词；双动词的词汇化规约度不一，搭配非常规宾语的能产性也不一。对于"吃饱/喝醉"而言，调查表明其词汇化程度已经很高，完全可以视为动词；在它们构成的句式中，不及物用法仍然占主导地位（分别为47%和59%），但后加原因宾语的及物用法也不少（分别为15%和30%），其中"吃饱者+吃饱+食物"的个例频率较低（15%），但类型频率很高（78种宾语）；"喝醉者+喝醉+酒"的个例频率较高（30%），但类型频率不高（7种宾语）。由于类型频率促进抽象句式的能产性及规约化（Bybee，2010：95），所以"吃饱者+吃饱+食物"相对更偏向语法。如若把它们处理为语法，宾语"食物"就不是羡余成分，而是作为焦点提供了有用的信息，如例7b若删掉"水梨"，那么提供的信息就是不足的。当然我们也不能忽视，在这两类句式的内部，"吃饱饭/喝醉酒"的组合频率最高，且要远远高于其他组合，这也难怪有学者会把它们视为"惯用语"。

这一章的启示为：在语言研究中，还原和整体路径并非水火不容，而是可以综合在一起。正如沈家煊（1999a：6）所言："分析和综合结合起来才能对语法现象作出完整的解释。"这一章在回顾双动词结构还原、整合之争的基础上，兼采两种路径：通过还原路径详细分析前后动词与语义成分的关系，总结出了双动词结构的微观语义结构类型及其交替关系，并分析了双动词结构的使动意义来源；通过整体路径把双动词视为复合词，把使动意义的产生归结为使动句，同时不排斥双动词可能词汇化，使动意义可能规约化到词项之中。两相比较，还原路径有利于我们发现双动词结构内部的异质性，而整体路径则便于我们对其句式生成过程做出更合乎实际的描写和解释。

第三部分　从认知图景看名词的句法、语义特点

第 9 章

"（心灵）鸡汤"的句法、语义特点[①]

鸡是一种常见的家禽（六畜之一），围绕其身体部位衍生出一系列隐喻用法，如"鸡肋、鸡血、鸡毛（蒜皮）、鸡皮（疙瘩）"等。在最近几十年，"鸡汤"也步入这个行列，其使用频率一直在稳步上升。试看如下例子（除特别标明，都来自百度贴吧）：

（1）如果于丹是鸡汤的话，我就是方便面。（出自马未都2008年于北京观复博物馆接受的采访）

（2）每日几句养心鸡汤，让自己修身养心，提高自身的修养水平。（2012-03-16）

（3）所以，我说你这种鸡汤喝多的人从来不会自己查资料看一手的材料。只会喝着公知熬的鸡汤大骂TG。（2014-6-15）

（4）干了这碗毒鸡汤！（2018-04-30）

1981年[②]的人不一定看得懂这些例句，因为当时"鸡汤"还没有隐喻用法，像"这么多""一条""一句"等修饰语会给他带来困惑。2003年的吧友（百度贴吧2003年上线，活跃其上的人被称为"吧友"）能理解例1和例2，但不一定理解例3和例4，他会想："（心灵）鸡汤"

[①] 参见杨旭《"鸡汤"的语义演变及其对辞书编纂的启示》，《中国语情》2021年第1期。

[②] 之所以选择1981年，是因为根据Google Ngram Viewer，那一年是人们最喜欢使用"鸡汤"的一年。

是好东西，怎么可以用来骂人？再有，怎么可以用"毒"来修饰"鸡汤"，并且还要"干了"？至于2020年的人，他会对例1做出不一样的解读，会误以为马未都在嘲笑于丹；或者看到以"鸡汤"为名的书如《我是鸡汤》（连岳，2003年版）也会觉得奇怪。这只是设想，但现实中确实存在类似问题。一个网友于2004年网上冲浪，不小心进入一个叫"心灵鸡汤"的贴吧。他对这个名称大感困惑，因为他从来没见过这种搭配，为此他发帖求助了：

（5）我想知道这个吧（指"心灵鸡汤"吧）有什么含义？我真的不懂呀。（1楼 2004-09-24 17：12）

吧友的回答如下：

（6）意思1：心里边有鸡汤，可能是胃穿孔，那么这个人一定挂了，说的是一个被鸡汤烫死的人的故事……提醒人们，喝汤时一定要小心。

意思2：提醒人们：在吃动物心脏时，应该放上些鸡汤，可以调节味道。

意思3：在心情不好的时候，喝点鸡汤，可能对心情有些帮助吧。

意思4：可能是某些养鸡专业户，产品滞销，借这个吧来宣传一下鸡，这也是有可能的。（4楼 2004-09-28 10：55）

由于"心灵"≠"心脏"，这些看似幽默的回答都有点儿牵强附会，但是我们可以看出，"心灵"搭配"鸡汤"在语义上有多种可能性，只有一种固定在这个组合里。可是固定不等于静止，"（心灵）鸡汤"仍然在变化之中，我们感兴趣的就是它经历了以及正在经历哪些变化。

除了对"（心灵）鸡汤"本身感兴趣，我们也对一些理论问题感兴趣。"（心灵）鸡汤"涉及名词语义偏移现象，这方面已经积累了一些文献（如邹韶华，1986、2007；周春林，2008；陶红印，2019），主要涉及以下问题：词义是什么又来自哪里？如何研究名词的意义？（交互）主观意义是否可以规约化到名词之中？名词语义更容易偏向积极还是消极？除了这些理论问题，我们还想说明，对于"（心灵）鸡汤"这类新兴词汇，基于传统语料库的方法表现出了不足，需要基于实时更新的网络语料库进行调查描写。为此我们将首先对传统语料库和网络语料库的调查结果做出比较，其次基于这些调查结果勾勒出"（心灵）鸡汤"的语义发展脉络，最后对所涉理论和方法论问题提出自己的看法。

9.1　传统语料库的调查结果

我们先尝试使用传统语料库进行调查，包括 CCL 现代汉语语料库和 BCC 历时检索系统。

9.1.1　CCL 语料库的调查结果

以"鸡汤"为关键词进行检索，得到 1300 条索引，"鸡汤"1275 条但全部是本义，"心灵鸡汤"25 条。在这 25 条当中有 8 条表示杰克·坎菲尔德（Jack Canfield）的系列丛书（例 7），其余 17 条大部分出现在积极或中性的语境里（例 8 和例 9），只有偶尔几条略有消极意义，是来自正统文学作家（非网络文学写手）的"蔑视"（例 10 和例 11）。在他们看来，这类文字与流行挂钩，中规中矩，技术含量低，所用词语"看不起""窠臼"表达了他们的消极态度，这为"（心灵）鸡汤"的消极化埋下了伏笔。

（7）我们满怀欣悦地将这本《心灵鸡汤珍藏本》奉献在读者面前。(当代/翻译作品/文学/心灵鸡汤)

（8）然而，监狱方面并没有放弃"挽救与改造"的责任，通过制作"心灵鸡汤"去感化失落的灵魂，让囚犯们重新燃起对生活的希望。(当代/报刊/新华社/新华社 2004 年 1 月份新闻报道)

（9）一本新出版的书名叫《钢铁是怎样炼成的》，正在成为滋养一个时代的心灵鸡汤。(当代/网络语料/博客/中国经营报博客)

（10）刘心武认为，相对于时下一些颇为流行的类似"心灵鸡汤"的文字，他的这些随笔超越了"心灵鸡汤"的窠臼，在滋补的

同时提升、净化了心灵。(当代/网络语料/网页①)

（11）我是不是该写点人生的感悟啊，可我人生最近也没感悟什么啊，操，混了这么多年了，编点不会错的心灵鸡汤总是没问题的，虽然我总看不起那些精神导师。(CCL 当代/网络语料/博客/韩寒博客.txt；纸质版出自：韩寒《我所理解的生活》)

9.1.2 BCC 历时检索系统的调查结果

在 BCC 历时检索系统中输入"鸡汤"，得到 268 条索引，分布如图 9-1 所示（横坐标为时间，纵坐标为频率）。在这 268 条之中，"鸡汤"的隐喻用法共 38 条，第一次出现于 2002 年，分布如图 9-2 所示。下面我们从 2002 年开始，关注这 38 条随时间的分布情况。

首先，看一下"鸡汤"和"心灵鸡汤"的分布情况。在这 38 条当中，"鸡汤"单独出现有 17 条，以"心灵鸡汤"完整形式出现有 21 条。在 2015 年之前，都是以"心灵鸡汤"形式出现的，只有在 2008 年两者被拆开了，但"心灵"和"鸡汤"在语境中仍然是同现的（例 12）。值

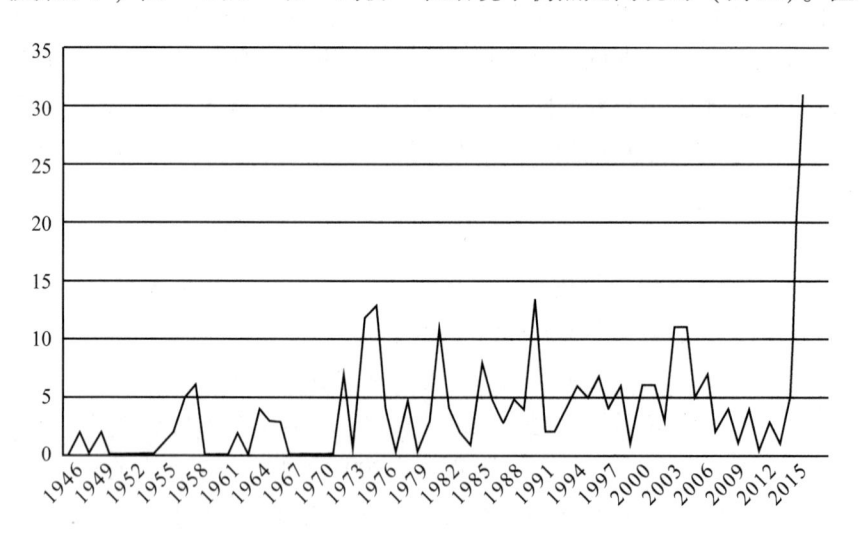

图 9-1 "鸡汤"的历时分布

---

① 网上确认之后，发现来自《京华时报》（2005 年 3 月 31 日第 A32 版），http://news.163.com/05/0401/13/1G8NL8NL00011246.html。

第9章 "（心灵）鸡汤"的句法、语义特点

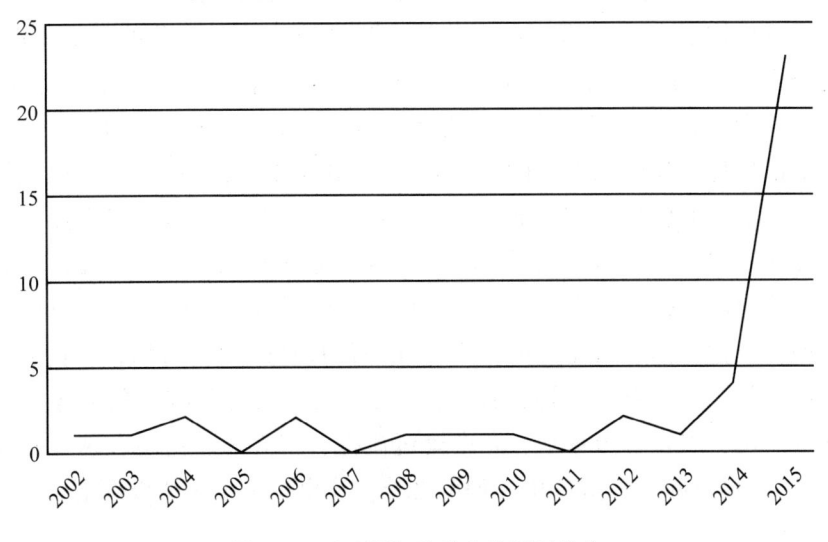

图9-2　"鸡汤"隐喻义的历时分布

得注意的是，这种缩略与频率同步或相关，因为"（心灵）鸡汤"的使用频率在2015年达到了最高（23条）。

（12）一场残奥，将坚强的精神意义直观外现，或可成为健全人<u>心灵的鸡汤</u>甚至于心理不甚健全者一剂心灵补剂与良药。（《贵州日报》2008）

其次，如图9-2所示，在2015年之前，"（心灵）鸡汤"的频率并不高，只有0—2例，最多4例，但是从2015年忽然急速上升，有23例。这源于《人民日报》那一年刊出两篇文章：《了不起的挑战：新时代的"鸡汤"让人心服口服喝下》（曹玲娟），以《了不起的挑战》节目为例讨论了"鸡汤"现象；①《谁在冒名"煲鸡汤"（新评弹）》（余荣华），批评了互联网上冒名文章泛滥的现象。②《人民日报》作为大众生活的一面镜子，反映了与"鸡汤"相关的社会现象之热烈。

---

① http://views.ce.cn/view/ent/201512/23/t20151223_7759101.shtml.
② http://opinion.people.com.cn/n1/2015/1231/c1003-27998180.html.

最后，从搭配来看"（心灵）鸡汤"的语义韵情况。在2015年之前，其修饰语有"盛满爱的、独门、浅显的、最有营养的、励志的、健全人心灵的、一份、一碗"，前面动词有"转发、贴、是、熬制、多了几分、是、成了、当作、成为、为、送上、被称为、提供"，出现的语境都是积极或中性的。只有例13和例14有消极意义，但也指出了"心灵鸡汤"相对严肃作品有"肤浅"的特点，其消极态度并没有那么激烈。2015年，修饰词有"这碗、新时代的、有些、许多、人们更迫切需要的、最香的、有的、如此、经过真实锤炼、理性思辨熬出的、一盆、伪、以此为卖点的"，前面动词有"喝、冒名、是、煲、熬制、熬、煲、喝"，后面动词有"成了很多人挖苦嘲笑的对象、太廉价、说、内容清汤寡水、态度遮遮掩掩、招人烦、泛滥、越发不受待见"，可见除了积极或中性词汇之外，还出现了很多消极词汇。

（13）然而正如西哲培根所言，"读史使人明智"，如果读历史，仅仅看到帝王将相的钩心斗角，看到才子佳人的恩怨情仇，或者仅仅是把历史当作职场的"厚黑教程"，当作励志的"心灵鸡汤"，那也未免有点儿明珠投暗。（《人民日报》2010）

（14）显然，相比这些电影，《泰囧》多了几分轻松的狂欢气氛、浅显的心灵鸡汤和肆无忌惮的滑稽搞笑。（《人民日报》2013）

这两大语料库尽管反映了一些现象，但也暴露出了很多不足。首先，语料不足。它们加起来没超过100条，这么少的样本很难总结出"（心灵）鸡汤"的典型搭配模式。其次，时间滞后。"（心灵）鸡汤"在BCC历时检索系统中从2015年开始出现在消极语境中，但它真的是从那一年开始的吗？最后，语料多出自官方媒体，把"鸡汤"作为一种现象讨论，其作者尽量站在客观立场讨论问题，不能反映大众是如何使用这些词的（我们尤其关注无意识的使用）。这些不足是可以理解的，因为"（心灵）鸡汤"毕竟是个新兴词语，传统的语料库尽管大型和平衡，但也很难全面反映流动不居的语言事实。

9.2 网络语料库的调查结果

为了弥补以上不足,我们采用了基于网络语料库的方法,把百度贴吧作为调查平台。之所以选择百度贴吧,有以下几个考虑:百度贴吧2003年年底上线,截至2018年年底已有15年的历史,在这15年中已成为全球最大的中文社区(其语料一直保存至今),所以从时间跨度和语料容量上有很多优势;百度贴吧不是官方媒体,网友可以在这里相对自由地表达,所以能够反映语言使用者是如何无意识地使用语言的;百度贴吧是一个线上平台,能实时和动态地反映最新的语言舆情或语言现象,尽管后来又出现了微博(2009年)和微信(2011年)等新的平台,但是前者更偏向于媒体,后者更偏向于即时通信,和贴吧的论坛属性形成了鲜明对比,而且贴吧也可以在一定程度上反映微博和微信的即时内容。

我们利用百度搜索引擎,对百度贴吧中含有"鸡汤"的帖子(限制"网页的任何地方")进行了搜索,然后做了整理(包括时间信息),最后随机抽样获得500条语料,时间跨度为2004—2018年。下面我们分"共时分析"和"历时分析"两部分为大家呈现调查结果,共时分析不关注时间,把所有语料视为共时整体来分析;历时分析关注"(心灵)鸡汤"在这14年的发展情况,关注其消极化过程。

9.2.1 共时分析

"(心灵)鸡汤"有时以"鸡汤"出现,有时以整体出现,二者比例接近2/1。"(心灵)鸡汤"表现出多功能用法,包括指称、陈述、修饰、构词和元语言等(见表9-1)。下面我们以分析指称用法为主,穿插或补充其他用法,元语言功能则放在"历时分析"一节。

表9-1 "(心灵)鸡汤"的功能分布

命题功能	指称	陈述	修饰	构词	元语言	合计
频率	368	22	16	80	14	500
比例(%)	73.6	4.4	3.2	16	2.8	100

如表9-2所示,"(心灵)鸡汤"前的动词非常丰富。这些原本和"鸡汤"本义搭配的动词也发展出了隐喻用法,如"熬、炖、煲、煮、撒、灌、打、喝、干"等。其中最为凸显的是"喝"和"灌"(频率最高),两者正好分别激活了鸡汤的消费者和供应者。除了直接借用原有搭配词,还有很多基于"鸡汤"隐喻指涉("鸡汤文",或具有鸡汤属性的载体)的搭配,如"看、发、听、分享、卖、写、转"等,其中"发、分享、转"等都是网络时代的新生事物。除此之外,就是一批较为抽象的词汇。值得注意的是,在表中所列的30个动词中,有10个明显含有消极意义,如"反、不要、迷信、讨厌、摧毁、抵御、毁掉、戒、误信、远离"等;其他动词结合更大语境也能见出消极性,如"干"所在的"干了这碗毒鸡汤!",含有调侃和讽刺性质。

表9-2　　　　　　　　"(心灵)鸡汤"前的动词分布

动词	频率	动词	频率	动词	频率
喝	30	干	3	撒	2
灌	13	煲	3	戒	2
看	13	听	3	卖	2
熬	10	迷信	3	迷恋	2
需要	6	讨厌	3	毁掉	2
发	5	送上	3	误信	2
反	5	打	2	分享	2
给	5	转	2	远离	2
求	3	煮	2	抵御	2
炖	3	写	2	摧毁	2

如表9-3所示,"(心灵)鸡汤"的饰词也有从"鸡汤"本义直接借过来的,如"碗、壶、锅"("针"借自"打鸡血",也和鸡有关);与之形成对比的是"条、句、段、篇、些、很多",则是因"鸡汤"隐喻指涉而新生的一批搭配量词,因为其指称物是具有可数性的文章。值得注意是,"鸡汤"前出现最多的饰词是"毒"(两者结合之紧密,完全可以视为一个整体,我们在下面再进一步分析),这种明显的消极语

义也表现在"反、伪、黑、垃圾、他妈的、煽情式、所谓的、图样图森破的"等修饰语里；其余饰词虽然看不出消极义，但放在更大语境下也能见出消极性，如"什么"所在的"我喜欢周国平，我可以自己顿悟疗伤，不需要什么心灵鸡汤"。

表9-3   "（心灵）鸡汤"的饰词分布

饰词	频率	饰词	频率	饰词	频率
毒	18	一/几句	3	正能量	2
一/这碗	13	纯	2	不错的	2
一/有些	10	黑	2	他妈的	2
反	5	好	2	真正的	2
真	5	号	2	煽情式	2
很多	5	一针	2	所谓的	2
伪	3	一壶	2	何老师的	2
什么	3	一锅	2	苦中带甜的	2
垃圾	3	几段	2	图样图森破的	2
一/几条	3	一篇	2	非常有深度的	2

"（心灵）鸡汤"也可以出现在句首位置，成为人们讨论的话题。其后动词非常多样，除了"泛滥"和"喝多"重复之外，其他都只出现了一例。但它们有一个共同的特点，那就是几乎都是消极义，我们列举3例：

(15) <u>心灵鸡汤</u>看多了会恶心犯吐。所以，来点猛烈的现实吧。（2013-09-25）

(16) 这些所谓的<u>心灵鸡汤</u>都特么说的是些大白话，空话，一味的煽情。（2014-04-16）

(17) 最近朋友圈<u>鸡汤</u>盛行，尤其是情感类与成功类颇受欢迎，而两者兼具的励志文章更颇有"爆款"潜质。（2016-09-03）

除了以上指称用法，"（心灵）鸡汤"甚至出现了陈述和修饰用法。在例18—例21里，"（心灵）鸡汤"出现在了谓语位置，前有谓饰成分

"比较""都",尤其是例 21 甚至出现在了主谓宾结构里。在例 22 和 23 里,"鸡汤"修饰"台词""思维",表示"具有鸡汤属性的"。

(18) 中文词典里怎么解释这个词语?另外,还要注意:说别人心灵鸡汤,自己也可能是某种鸡汤……(2015-01-05)

(19) 今天跟别人聊天,她说我说话比较鸡汤,然后有点不耐烦(2015-08-16)

(20) 大家都鸡汤,还用得着反么?你那么唾弃鸡汤,为什么依然没有过好这一生。(2017-07-25)

(21) 我被人说我鸡汤她,感觉好伤心(2015-08-17)

(22) 看了这么多的鸡汤台词,大家感觉如何?是不是心灵得到了净化?(2016-06-12)

(23) 实际上,中国看上去有很多毒鸡汤的,其实内心都是鸡汤思维,毒鸡汤只不过是将自己想出的鸡汤语句加以相反表述而已。(2018-08-03)

围绕"鸡汤"也出现了一批三字格和四字格构词,如"毒鸡汤、鸡汤文、毒鸡汤、鸡汤婊、反鸡汤、伪鸡汤、鸡汤主义、鸡汤思维"等。其中尤属"毒鸡汤"一词使用频率最高,百度百科已经收录了这个词条,创建时间为 2016 年 5 月 20 日,其释义为"表面看上去像是心灵鸡汤文,其实暗藏着营销和诈骗信息的文字内容"。[1] 但是在语言使用中并没有这么简单,除了这个意思之外(例 24),还出现了在积极语境中(例 25)。这是容易理解的,因为"毒鸡汤"是作为"鸡汤"的对立面出现的,既然"鸡汤"已经消极化,那么"毒鸡汤"似乎应该是否定的否定,即肯定。所以在这个语境下,"毒鸡汤"表示能使人从精神麻醉中走出来、认清现实的语句或文章。"毒鸡汤"的这种用法与"反鸡汤"类似,如例 26。

---

[1] https://baike.baidu.com/item/%E6%AF%92%E9%B8%A1%E6%B1%A4/19679493#reference-[1]-20324261-wrap.

第 9 章 "（心灵）鸡汤"的句法、语义特点

（24）所以，我们要反的是那些伪"鸡汤"、毒"鸡汤"。这就需要我们要有辨别真"鸡汤"和毒"鸡汤"的能力。毒"鸡汤"有几大特征。（2017-07-25）

（25）我们都看过鸡汤文，但是也有这样的毒鸡汤，让你从绝望中绝处逢生，振作起来……（2018-08-29）

（26）看完这些承载着负能量"反鸡汤"段子，整个人都豁然开朗，似乎这才是人生硬道理。（2014-04-18）

我们已经可以从"（心灵）鸡汤"的搭配看出，它经常出现在消极语境中。我们对语料进行了统计，发现消极语境340条，积极语境126条，中性语境34条。所以总体来讲，"（心灵）鸡汤"的语义已经偏向消极一端了，即它在很多情况下不表示好的东西，而是坏的东西。人们在使用它指称文章时，大多数情况下是表示这类文章具有麻木精神的负面效果。

9.2.2 历时分析

如图9-3所示，2012年是"（心灵）鸡汤"的转折年，这一年，使用频率猝然上升，且更多出现在了消极语境中，为此我们以这一年为界，划分为2004—2011年和2011—2018年两个阶段来分析。

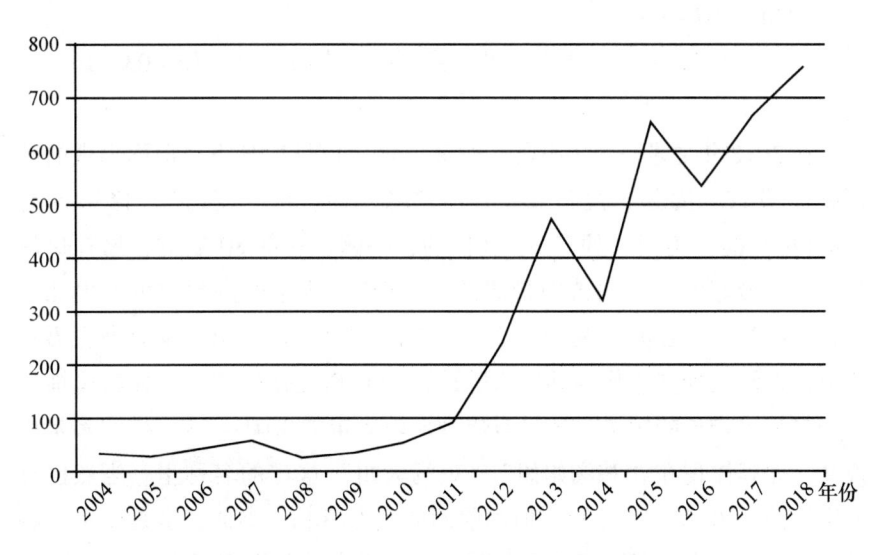

图9-3 "（心灵）鸡汤"的历时分布

基于认知图景理论的句式研究

"(心灵)鸡汤"开始在贴吧出现时,多以完整形式出现。因为当时《心灵鸡汤》系列还比较流行,所以有时专指这套丛书(例27)。除此之外便是泛化用法,指类似于《心灵鸡汤》系列的故事,多出现在题目中(例28),有时以各种括号括起来(例29)。随着"心灵鸡汤"使用频率提高,"鸡汤"开始单独出现:2007年是贴吧中第一次出现单独形式,其中例30仍然和"心灵"共现,例31出现在了四字格中,例32则完全单独出现。但是在这个时间段内,仍然是整体形式居多。

(27)我们满怀欣悦地将这本《心灵鸡汤珍藏本》奉献在读者面前。(2006-10-15)

(28)美国"原产"心灵鸡汤:True Love(真爱)(2005-07-23)

(29)【心灵鸡汤】只有唯一的灵魂最适合我们(2006-12-06)

(30)娶一个妻子是为了怕别人说闲话,找一个情人是为了给单调的生活加点味精,交一个红颜知己是想给空虚的心灵浇点鸡汤。(2007-04-10)

(31)婚姻鸡汤:女人要学会,其实男人也要学会(转)(2007-07-03)

(32)〔鸡汤〕让你受用一辈子的长寿秘诀(2010-03-16)

在2012年之前,"(心灵)鸡汤"的搭配情况如下:前面出现的动词有"吸收、渴望、浇、喝、是、熬煮、煲、求、变身",修饰词有"原汁原味的、美国'原产'、这样的、一碗、一部80后的、滋补保健我们心灵最好的、一锅苦中带甜的、一份"。从这些搭配中可见出几点信息:(1)"(心灵)鸡汤"多出现在动词之后做宾语,少有做主语的情况,人们很少把它作为话题来陈述;(2)搭配比较单一,尤其是饰词部分多是比较长的短语,还没有出现比较固定的搭配;(3)搭配多是积极义,尤其体现在"鸡汤姐姐""鸡汤大姐"这样的名称里。当然也有零星的消极语境,如例33,但和前面的例10和11类似,也是暗示了心灵鸡汤相对严肃作品不可避免的特点,消极态度并没有那么激烈。

第9章 "（心灵）鸡汤"的句法、语义特点

(33) 深切同意黑格尔的评价，《论语》不过是类似心灵鸡汤的东西，很常见。(2010-03-18)

从2012年开始，使用频率上升，且更多地出现在消极语境当中。在这个时段，伴随着使用频率增高出现了多种效应：首先，"（心灵）鸡汤"多以单独形式出现，单独和整体的比例大概为2/1，和2004—2011年形成了鲜明对比。其次，"（心灵）鸡汤"出现了多功能用法，如"共时分析"一节所述，除了仍然居多的指称用法，还有陈述、修饰、元语言、构词等用法。我们来看一下"元语言"功能。

元语言功能反映了语言使用者对语言的自觉意识，说明语言使用者在一定程度上也算个语言学家。新兴词汇或创新用法尤其能体现出这一点，因为它们对听话者来说比较陌生，而且由于尚处于博弈过程中，导致它们的形式和意义流动不居，尤其是在（交互）主观维度上的摆动较大（如上述"毒鸡汤"即体现了这一点）。以"（心灵）鸡汤"为例，从2012年开始更多地出现在消极语境中，导致了褒义、贬义共存的局面，使得人们出现困惑。人们针对该词本身展开了讨论，如例34—例36所示，"鸡汤"的元语言功能体现在，有的语言使用者在发问（例34），有的在为新兴词汇释义（例35），有的试图对抗"鸡汤"消极化的潮流（例36）。

(34) 弱弱地问一句"心灵鸡汤"是什么意思？是褒义何意？贬义何意？(2013-09-09)

(35) 鸡汤婊：就是那些喜欢在自拍照下面配一段与配图无关的心灵鸡吧汤的女生，非常之臭美，分享破十次就把自己当作网络红人。(2014-05-31)

(36) 另外，我真的不知道现在的人为什么听不得鸡汤，以前心灵鸡汤方面的书是最畅销的，自从有人开始提出反鸡汤之后，好像一夜之间鸡汤就成了一个贬义词，其实不喜欢鸡汤可以理解，但真的没必要那么深恶痛绝。(2015-08-29)

9.3 "(心灵)鸡汤"的认知图景及历时演变

基于以上调查,我们构建出了"(心灵)鸡汤"的认知图景(表9-4)。《现代汉语词典》从第7版收录了"心灵鸡汤",释义为"比喻给人精神方面提供教益和抚慰作用的话语或读物等。也说鸡汤。"(第1455页)但是目前"鸡汤"的使用频率已经大大超过"心灵鸡汤",因此或许释义应该放到"鸡汤"词条下,以反映这种不对称性。[①] 更需要注意的是,"(心灵)鸡汤"已越来越多地表示消极意义,可以从(交互)主观维度上表示说话者对这类读物具有精神麻醉而不具现实效用的抵制情绪。根据历史经验,一个词汇一旦消极化,就很难再恢复到原本的积极义或(和)中性义,因此我们认为这个消极化过程很难逆转,那么"(心灵)鸡汤"是如何发展到这一步的呢?

表9-4 "(心灵)鸡汤"的认知图景

	认知图景
偏好搭配	可以说"心灵鸡汤",但现在多说"鸡汤"; 人们可以"喝、灌、熬、炖、干、煲、浇、撒、煮"鸡汤; 可以"写、看、听、发、转、求、卖、分享"鸡汤; 可以"反、迷信、讨厌、摧毁、抵御、戒掉"鸡汤; 鸡汤有"真、纯、好、正能量"的鸡汤; 也有"毒、反、伪、垃圾、黑"的鸡汤; 可以说"一(这)碗、壶、锅,"鸡汤; 也可以说"一(几)句、条、段、篇"或"一些、很多"鸡汤。 如今的鸡汤"泛滥、喝多、喝多了……" 鸡汤可以构成"鸡汤文、(心灵)鸡汤婊、鸡汤党、鸡汤粉、鸡汤王"等
客观维度	每天一碗心灵鸡汤,帮你忘掉烦恼忧伤。(2007-07-15) 比喻给人精神方面提供教益和抚慰作用的话语或读物等
主观维度	珍爱生活,远离鸡汤……(2013-12-03) 表达了说话者对这类读物具有精神麻醉而不具现实效用的抵制情绪

---

① 不过《现代汉语词典》似乎并无意于反映频率信息(见"凡例")。

第9章 "（心灵）鸡汤"的句法、语义特点

鸡汤作为一道传统经典美食，距今已有近万年的历史。它不仅美味可口，而且可以缓解感冒症状，① 为此受到许多国家人民的喜爱。"鸡汤"多出现在操作语篇（procedural discourse）和叙事语篇（narrative discourse）中，前者说明如何做鸡汤（例37），后者则叙述和鸡汤有关的事件（例38）。在叙事语篇中，经常关联于关心、爱护等积极语境。

（37）锅再置炉上，倒入一大碗清鸡汤烧开，将余烫好的鸡丝与金针菇一同下入锅中，加入姜丝、料酒、白胡……（CCL当代/应用文/健康养生/大话养生）

（38）有的医护人员煲来了鸡汤，送来了水果，问寒问暖。（当代/报刊/《人民日报》/1998年《人民日报》）

20世纪90年代，励志演说家杰克·坎菲尔德出版了《心灵鸡汤》（*Chicken Soup for the Soul*），后成为系列丛书。作者基于"鸡汤"治百病的民间经验，使用隐喻法以"鸡汤"指代励志故事，但由于属于创新用法，故加修饰语"for the Soul"予以具体化。这套丛书被引进中国之后也成为畅销书，由于对"鸡汤"共同的认知或文化经验，故直译为"心灵鸡汤"。一开始"心灵鸡汤"专指这套原版丛书（例39），后来与此类似的书籍也被称为"心灵鸡汤"（例40），以至于经典著作《钢铁是怎样炼成的》也被归入这个类别（例9）。进一步泛化的结果便是，只要是能给人精神带来慰藉的产品都可称为"心灵鸡汤"，如例41中的春节联欢会和例42中的电影。但由于精神慰藉多以书籍文章为载体，所以"心灵鸡汤"在没有语境的情况下多默认为书籍或文章。

（39）要知道，《心灵鸡汤Ⅰ》、《心灵鸡汤Ⅱ》和《心灵鸡汤Ⅲ》已深深地打动了世界上6600多万名读者。（当代/翻译作品/文学/心灵鸡汤）

（40）我差不多编了四五套大型的图书，就是现在励志心灵鸡汤类的。（当代/口语/对话/创业者对话创业者）

---

① 民间疗法，后虽得到科学证据，但仍存在争论。

基于认知图景理论的句式研究

(41) 然而，监狱方面并没有放弃"挽救与改造"的责任，通过制作"心灵鸡汤"去感化失落的灵魂，让囚犯们重新燃起对生活的希望。1月14日，2004年澳门监狱春节联欢会在灿烂的阳光下举行。(当代/报刊/新华社/新华社2004年1月份新闻报道)

(42) 一些著名评论人指其是一部"80后的心灵鸡汤"(指电影《PK. COM. CN》)(百度贴吧2008-03-19)

随着使用频率上升，出现了"鸡汤"的简略形式。尤其在网络上，人们看见"鸡汤"首先会想起隐喻用法，而非其本义。一个有趣的案例是：有一个贴吧叫"鸡汤吧"，建于2014年10月，本来确实是讨论鸡汤的，但从2016年3月开始，心灵鸡汤与真鸡汤混杂，发真鸡汤的帖子越来越零星，很快这块阵地就被心灵鸡汤霸占了(最后一篇讨论真鸡汤的出现于2016年10月24日)。正是考虑到"鸡汤"的隐喻义已规约化，《现代汉语词典》系列在第7版(2016年)收录了"(心灵)鸡汤"。①

发展到这一步，"(心灵)鸡汤"还是以积极义为主，偶有消极用法也并没有那么严重。这个状态从2006年开始逐渐被打破了。2006年"十一"黄金假期期间，央视"百家讲坛"栏目播出"于丹《论语》心得"；2007年春节期间，又播出了"于丹《庄子》心得"。在受到欢迎和好评的同时，网上也出现了很多批评的声音(并成为之后批评鸡汤的经典案例)，从此"鸡汤"和"于丹"频频共现(例43—例44)。于丹的走红让很多利益追逐者认识到了"煲鸡汤"的好处，尤其随着微博和微信的普及，鸡汤风格的文字或多媒体产品无处不在，也证明了鸡汤的

---

① 与"鸡汤"命运迥然是"心灵书"一词。邹嘉彦、游汝杰编著的《全球华语新词语词典》(2010)收录了该词，释义为"能使人内心、精神和思想等得到宁静或疏解的书籍"，还特别指出该词多用于中国大陆和香港，但是我们通过BCC、CCL和语料库在线检索之后竟发现无一用例，最多在BCC微博子库里出现了"心灵书籍""心灵书摘"等少数用例。该词和"心灵鸡汤"的客观义具有异曲同工之妙，而且也是来自一本著名的同名书籍《心灵书》(托马斯·摩尔著)，但它似乎渐渐退出了语言使用。原因可能出在：(1)"鸡汤"使用了隐喻，更为形象生动。(2)受益于《心灵鸡汤》丛书的畅销，人们接触该词的频率更高；而《心灵书》则相对比较严肃，受众没有那么广泛。(3)受益于网络尤其是各种通信平台(如QQ、贴吧、微博、微信等)的传播。

172

第9章 "(心灵)鸡汤"的句法、语义特点

市场之广泛和坚挺。物极必反。2014 年，出现了反鸡汤的高潮，网络刮起一阵"反心灵鸡汤"旋风，网友编造出各种和传统心灵鸡汤风格迥异的段子，例如"是金子总会发光，但如果是石头，到哪里都不会发光的"，相关话题成为微博上的热门话题。这也反映到了贴吧中，也是在 2014 年左右，出现了一批"反鸡汤"的贴吧，如毒鸡汤神教吧、毒鸡汤吧、反鸡汤吧、心灵毒鸡汤吧。这些事件都进一步导致了"鸡汤"使用频率的上升，以及更多地出现在了消极语境中。

(43) 有人说《于丹论语心得》是教授为我们做的心灵鸡汤，不错，还是罂粟果熬的。(2007-02-15)

(44) 于丹延续了此前"心灵鸡汤"的套数，把几千年前的道家经典《庄子》讲得很有启示意义，网上一片叫好，但是情况却在前天发生了变化。(2007-03-19)

一个词如果频繁出现在消极语境中，便可能吸收这种语义氛围，导致这个词本身也消极化，进而规约化到该词的义项之中。我们虽然不急于建议《现汉》立马对"鸡汤"词条进行修改，可以继续观察一段时间再定夺，但不能否认的是，"(心灵)鸡汤"在目前阶段确实自带一种消极性。

那么 Chicken soup 在英语中发展如何呢?《心灵鸡汤》系列丛书一时风靡，导致 Chicken soup 与 for the soul 频繁搭配（根据美国当代英语语料库，与 Chicken soup 搭配最多词汇就是 soul），但是并没有出现以 Chicken soup 转指 Chicken soup for the soul 的用法。此外，也有人对这类读物持抗拒态度，把它们视为"为傻瓜和无脑儿写的……肉麻的露骨的故事"，[1] 但是也没有出现词义的消极化。Chicken soup 倒是有其他修辞用法，[2] 如例 45 表示"可以治愈各种疾病或解决各种问题的方法"，例 46 表示"杂乱的糊状物"，当然这些都是临时修辞用法，未见于传统语文词典中。

---

[1] 参见"市井词典"(Urban Dictionary) chicken soup 词条：https://www.yourdictionary.com/chicken-soup。

[2] https://www.yourdictionary.com/chicken-soup

(45) Duct tape is the chicken soup of plumbing.

(强力胶带是水管的"鸡汤"。)

(46) His hand got caught in a meat grinder and turned into chicken soup.

(他的手被勾到绞肉机了被搅成了肉泥。)

总之，我们可以把"（心灵）鸡汤"的语义发展过程勾勒如下：一开始只有表示客观物的"鸡汤$_1$"；后受英语翻译作品的影响，出现了"心灵鸡汤"一词（使用了隐喻法），刚开始只用于《心灵鸡汤》系列丛书，后宽泛地指代类似书籍，但都只出现在积极和中性语境中；之后"心灵鸡汤"简化为"鸡汤$_2$"（使用了转喻法），刚开始和"心灵鸡汤"用法大同小异，但后来出现在了消极语境中，处于规约化过程中。需要补充的是，"鸡汤$_1$"和"鸡汤$_2$"一直是并存使用的，并没有替代关系。

9.4 理论和方法论启示

我们通过基于网络语料库的方法，重现了"（心灵）鸡汤"的语义发展过程（尤其是其消极化过程），并从社会文化的角度做出了解释。本章有以下理论和方法论意义。

理论方面：

（1）词义是什么又从哪里来？过去已经认识到词义不限于概念意义或理性意义，如 Leech（1981）区分了7种词义（理性意义、内涵意义、社会意义、情感意义、反映意义、搭配意义、主题意义），周春林（2008）区分了三种词义（词汇义、语法义和附加义），但是由于对意义抱有一种先验观或理性观，绝对地认为理性意义是词汇自带的属性，而其他意义则是从理性意义中引申出来或"附着"其上的。其实无论什么意义，都是从语言使用中涌现出来的，来自语言使用中的关系模式（Fries, 1961；Chater, 2018：107）。既然如此，语义就不是死的，而是变动不居的，是语言使用者在使用过程中协商或建构而成的，会与其已有的规约意义发生龃龉——这便是词汇语义学的涌现视角（Tao, 2003）。

（2）如何研究名词的意义？当前的研究过多关注动词意义（尤其是论元结构），忽视了对名词意义的研究，只有生成词库理论比较重视名词意义（体现为物性角色）。名词除了动名词之外不涉及论元结构，因此对名词意义的研究应该放到（交互）主观意义或语义韵上（当然要以客观意义为前提），要通过基于语料库的偏好搭配集调查进行挖掘。正如陶红印（2019）所言，语义韵应该是词汇语义描写的有机构成部分。

（3）这种（交互）主观意义可能规约化到名词之中吗？我们的答案是肯定的。邹韶华（1986）提出一个很有价值的问题：名词中的偏移意义究竟是必得在一定的格式中才能实现呢，还是词本身就有带这种意义的义项？这其实就一个规约化的问题。要回答这个问题需要我们从只关注词义从词库具体化为句法过程的静态研究中摆脱出来，更多地关注词义从句法规约到词库的动态过程。因为非理性意义并非只是"附着"在核心意义上，而是有可能随着语言使用规约化到词义本身，有时通过语境也很难取消这种意义。正如周春林（2006：205—206）在讨论"零度搭配与偏离搭配的辩证关系"时所言："词语的偏离搭配是语言系统中部分词语偶然的、个别的偏离现象，有的可能被使用该语言的社会成员所接受并进入到语言系统中去。……正如保罗所说：'经常的重复使用这些不合常规的意义就会使这些个别意义和瞬间意义逐渐转化为一般的和习惯的意义。'"对于这种规约化的动因，可以从语用频率效应寻求解释（邹韶华，1988），也可以从文本之外的社会文化等寻求解释。

方法论方面：

新兴词汇正处于动态演变中，传统语料库由于滞后性在反映这一点上显示出不足，因此需要我们基于实时更新的网络语料库进行调查描写。笔者在本章做出了一些尝试，但检索还是凭借了现成的搜索引擎（百度搜索引擎），在语料的呈现和筛选上时有不如意处，因此我们可以开发一些更好用的专门工具，以服务于语言研究的需要。

第 10 章

"内卷"的句法、语义特点[1]

自 2020 年初起,"内卷"一词逐渐在各网络媒体及社交平台出现,热度不断攀升。2020 年 12 月 4 日,《咬文嚼字》编辑部发布 2020 年度十大流行语,"内卷"一词榜上有名,成为时下新晋流行语,并逐渐被主流媒体接受和使用。原本作为人类学术语的"内卷"在大众的日常生活中频频出现并流传开来。请看例句:

(1) 内卷无处不在。(微博 2020 - 06 - 24)
(2) 国内加班很严重也很内卷。(微博 2020 - 07 - 12)
(3) 但凡今年不内卷,也不至于这么多意难平。(微博 2020 - 12 - 29)
(4) 希望作业不要再内卷了!(微博 2021 - 04 - 06)

从人类学领域走向大众日常生活,这是行业语跨域使用的表现。行业语跨域使用在现代汉语中俯拾即是,原本用于某一行业的专业术语突破了原有领域的限制,被应用于其他领域,如"洗礼""下海""升华"等。"内卷"在跨域使用过程中表现出何种句法、语义特点?这是本章力图回答的问题。语料主要处自腾讯新闻、微博、百度、知乎、中国知网等网络平台以及 CCL 语料库。

---

[1] 该章与吴双合作完成。

第 10 章 "内卷"的句法、语义特点

10.1 "内卷"的句式分布情况

从句法功能的角度观察"卷化"随跨域使用产生的变化,可以看到其词形从"内卷化"到"内卷"再到"卷"不断缩略,在句法功能上变得愈加灵活复杂。

10.1.1 "内卷化"的句法特征

学术概念"内卷化"在构词上由词根"内卷"加词缀"化"构成,其句法功能分布如例 5—7 所示:以指称用法为主,主要做主宾语;可以与名词组合,构成定中结构,如"农业内卷化""制度内卷化""政权内卷化"等表述;有少数陈述用法,如例(7)中的"导致乡村治理内卷化"。

(5) 防止"内卷化",就是要让人才流动起来,引得进、留得住、用得好。(《人民日报》2015)

(6) 人口的压力和农业内卷化,已使家庭式农场难以为继。(《读书》1987)

(7) 这两种形态形成了分利秩序,使得国家与地方的公共资源遭受侵蚀,进而导致乡村治理内卷化。(陈锋《分利秩序与基层治理内卷化》)

10.1.2 "内卷"的句法特征

通过转喻机制,由"内卷"代替"内卷化",在构词形式上缩略了词缀"化",词长变短;同时"内卷"一词的句法功能分布也发生变化,指称用法和陈述用法都很多。一方面,"内卷"承继了"内卷化"的指称用法,在句法分布上可以做主语、宾语;另一方面,在与词的组合能力上可以组成主谓短语、述宾短语,试看如下例句:

(8) 内卷已经渗透到这个行业了吗?(微博 2021 – 04 – 10)

(9) 我有理由怀疑，领导在人为制造内卷。（微博 2020 - 08 - 06）

(10) 自然界通过优胜劣汰维持种族延续并不断进化，理论上，动物的进化是无止境的，也可以称为动物的内卷。（FT 中文网，2023 - 05 - 25）

(11) 杭州的内卷才刚刚开始。（微博 2020 - 11 - 23）

另外，陈述用法增多，主要体现在"主语 + 谓语"的主谓结构中，如例 12—16 所示，"内卷"多为不及物动词，后不带真宾语，但偶尔构成"被"字句；基本不以光杆形式独立使用，前加能愿动词、受否定副词修饰或后加"了"。

(12) 美食圈也内卷了。（微博 2021 - 04 - 08）

(13) 要怪就怪利他主义，我是被内卷了！（微博 2021 - 03 - 05）

(14) 但凡今年不内卷，也不至于这么多意难平。（微博 2020 - 12 - 29）

(15) 希望作业不要再内卷了！（微博 2021 - 04 - 06）

(16) 这条路子其实内卷得不得了。（微博 2021 - 04 - 10）

除上述用例外，我们还发现"内卷"一词有大量"程度副词 + 内卷"的表述，请看例句：

(17) 国内加班很严重也很内卷。（微博 2020 - 07 - 12）

(18) 同专业同学真的是太内卷了！本来三万多字就能毕业，有人写八万，有人写十万，甚至有人写十二万。（微博 2021 - 04 - 12）

有文章以"很内卷"这种表述为依据，将"内卷"定义为兼有形容词的兼类词（杨子巍，2021），但是这种过早的判断尚待商榷。由于"内卷"的语义已固化为"内部高度耗能的白热化竞争"，是对社会或组织的特征描述，具有强描述性语义特征，因此容易进入与副词的搭配结构中。虽然把"内卷"认定为形容词尚有争议，但不可否认的是，"内卷"确实在语言使用中表现出了形容词的功能。

10.1.3 "卷"的句法特征

通过转喻机制，"内卷"形式上进一步缩略，由单音节"卷"代替双音节词"内卷"。语义上并未有大的变化，但句法功能上变化明显。"内卷"的陈述功能和出现雏形的修饰功能被"卷"承继，且形容词的修饰功能完全成熟。"卷"兼具陈述用法和修饰用法，但已不再显现指称用法，并慢慢作为独立语素进行构词。

"卷"以修饰用法出现时，意为"竞争白热化的"，可以受程度副词"很""太"等修饰，受否定副词"不"修饰，不带宾语，符合形容词的基本特征，且可构成 AA 式重叠。请看如下例句：

（19）现在的大学生活已经很卷了。（微博 2021-04-08）

（20）这年头，连选秀都这么卷，还有什么是不卷的？（微博 2021-04-08）

（21）卷卷的世界，身不由己。（微博 2021-04-06）

"卷"还承继了"内卷"陈述用法的句法功能：做谓语，受否定副词修饰，后带"了"，后带补语，在此不再赘述。同时，与"内卷"相比，"卷"还衍生出了新的句法表现。首先，出现了"v 不 v"的用法。请看例句：

（22）当学弟问我课题组 push 不 push，卷不卷，我脑子里第一反应竟然是老北京鸡肉卷还是墨西哥鸡肉卷。（微博 2021-01-11）

其次，出现带真宾语的情况。请看例句：

（23）只要自己不卷，就没有人可以卷我！（微博 2021-04-08）

这使得动词"卷"不仅可以处于被动句中，还可应用于"把"字句中。但"卷"的宾语多是自指，且用例不多，请看例句：

（24）人生就是你被卷，你不想被卷，你抵抗被卷，然后被卷了好几圈，最后成为花卷的故事。（微博 2021-03-30）

（25）做梦梦见听这英语单词和写社会学论文，我弟真是把我卷到了。（微博 2021-02-12）

由上可知，相较于"内卷"，动词"卷"增值了带真宾语的功能，但目前这种用例较为稀少。

最后，"卷"还出现语素化的现象，形成一系列"卷 x"新词，常出现在定中式构词中，来指代恶性竞争的人或组织。请看例句：

（26）每天任务安排得满满荡荡的，还要受到周围卷王们的精神压迫。（微博 2021-04-11）

（27）毕竟全北京只有一所卷校，全帝都卷王之光，值得珍惜。（微博 2021-04-07）

（28）我们政法卷院里，没有一个人可以活得体面。每个人都斜眼觑人，每个人都满身尘土。（微博 2021-03-08）

（29）上完这节卷课，下午又上文学课，还要当堂测验。（微博 2021-04-08）

10.2 "内卷"的认知图景及其历时演变

"内卷"的前身是人类学、社会学术语"内卷化"，即 involution，源于拉丁语"involutum"，意为"转或卷起来"。"Involution"一词滥觞于康德，他最早以"involution"一词描述人类社会演化过程中的问题，后美国人类学家戈登威泽（Alexander Goldenweise）用来描述一种外部无突破、内部不断精细化的文化模型。1963 年美国人类学家格尔茨（Clifford Geertz）在研究印度尼西亚生态变迁的《农业内卷化》（*Agricultural*

Involution）中正式提出"involution"这一概念，用以形容和概括爪哇岛的农业经济模式：在土地面积有限的情况下，增长的劳动力不断进入农业生产，"内部细节过分精细又使形态本身获得了刚性"（郭继强，2007：195）。至此，"involution"一词真正成为人类学、社会学通行术语，后杜赞奇又将这一概念应用至行政和政治上。

"Involution"这一概念出现在中国学界，始于1986年黄宗智教授出版《华北的小农经济与社会变迁》一书。黄宗智教授从格尔茨的著作中吸取思想养分，使用"involution"这一概念，并将其翻译为"内卷化"（又名"内卷"，或"过密化"）。"内卷化"一词在中国学界一经问世，就引发了广泛关注，被认为是和中国社会特色联系密切的概念，使用频率较高、影响范围较广（刘世定、邱泽奇，2004：96）。

"内卷化"一词的跨域使用，最初表现为各学科之间的内部借用。从20世纪50年代至21世纪初，从戈登威泽用其概括文化模型，到格尔茨将其用于社会学经济分析中描述"农业内卷化"，再到杜赞奇将其运用于政治分析形成"国家政权内卷化"，表现出了"跨域"使用的趋势。黄宗智、杜赞奇对"内卷化"的使用基本上是对格尔茨理论的进一步发展，并且有一整套的经验材料和逻辑推演，所以严格来说，上述概念挪用并非"跨域"，却为其跨域提供了一种延伸至其他领域的使用趋势的雏形。

"内卷化"概念引入中国以来，展现了旺盛的学术生命力，从2010年开始，与"内卷化"相关的研究在近十年间呈现了爆发式的增长。在国内学术研究中，"内卷化"一词主要在社会学、农业经济、国家政治研究领域使用。随着使用频次越来越高，"内卷化"一词逐渐延伸到教育、地方治理、企业管理、戏剧文学等诸多领域，在多个学术领域研究中出现，出现了"基层社会治理'内卷化'""司法改革'内卷化'""人情'内卷化'""研究生教育'内卷化'现象"等表述，试看以下例句：

（30）如同诸多社会现象一样，教育领域中的学校发展亦呈现出某种程度的"内卷化"特征。（杨晓奇《学校发展的"内卷化"表征与破解》）

(31) 当代中国乡村伦理所呈现出的"内卷化"图景，展示了乡村社会道德生活世界的丰富性、复杂性和精细性，连接着中国人道德生活世界的过去、现在和未来，承载着中华民族的道德文化记忆。(孙春晨《中国当代乡村伦理的"内卷化"图景》)

　　(32) 地缘村落通婚半径的扩大并没有在真正意义上扩展婚姻双方家庭的社会资源，随着通婚圈的扩展，姻亲人情会越来越呈现出一种"内卷化"的趋势。(李宏伟、王晓峰《地缘村落的人情"内卷化"》)

　　有学者指出，这是概念被误用和滥用的乱象（章舜粤，2020：63），学术界尚未对"内卷化"的定义形成清晰的共识，但它却像一个不言自明的概念，在各领域的研究中广泛出现。但从语言学角度讲，这可以视为行业语泛化过程中的过渡阶段，主要呈现出三个特点：（1）在使用范围上，仍主要应用于学术研究领域，但已从社会经济和政治延伸至各学科研究；（2）在表达形式上，常加引号表示出引用和特殊含义，未见明确的辞格模式，但仍然有消极修辞的效果；（3）在语义上，尚未形成新的固定语义，但已经基本脱离了格尔茨等人在社会经济领域对"内卷化"原本的定义，各学者根据学科特点和论述需要对它有了不同的阐释和发展。

　　2017年年末，在知乎等网络问答社区，"内卷化"一词出现，开始进入大众视野，"内卷化"一词从学术领域跨域至日常生活领域，且逐渐脱落了词缀"化"，"内卷"一词持续在生活领域传播。2020年，一名清华学生一边骑车一边端着电脑学习的图片短时间内引发了广泛关注。从2020年9月起，"内卷"一词在网民的日常网络语言生活中已被普遍使用。"内卷"一词随着高频的跨域使用，其词义逐渐固定下来，试看以下例句：

　　(33) 这两天听到同学说内卷严重，大家都争来争去不互帮互助。(微博 2020-06-11)

　　(34) 整个社会越来越内卷，身心越来越疲惫。(微博 2021-04-09)

可以把上述两个例句的语义分别概括为"形容个体间竞争过大"和"形容社会内部因竞争而导致的高度耗能",正是由于日常生活领域和学术领域所指现象之间存在相似性或共通性,即所处组织或社会长期的向外无突破、向内不断投入,从而形成了这种词义。与过去对比,"内卷"保留了在原语域的语义要素"向外无质的突破""内部持续投入",排斥了语义要素"保持内部人均收益"和"内在稳定性",将语义要素"内部恶性竞争"注入新语域,始源域中"劳动力的不断投入"映射至目标域体现为"时间或精力的不断投入"。通过对"内卷"引申式派生跨语域的分析,再结合人类学家项飙对现在日常生活领域所使用的"内卷"一词的解释,可将"内卷"一词所形成的固定跨域义归纳为"内部高度耗能的白热化竞争"。这样,"内卷"一词最终完成了词义的引申过程,我们把其认知图景归纳到表 10-1 中。

表 10-1 "内卷"的认知图景

维度	认知图景
形式	(1) 从"内卷化"到"内卷"再到"卷"不断缩略,但语义几乎没有变化,是基于已经固化的跨域义进行的形式上的缩略。在这个缩略的过程中,句法功能发生了很大变化。(2) 使用时一般不会再冠以引号进行提示。需要说明的是,即便"内卷"在这一阶段已经有了明确的固定义项,在学术研究等一些严谨的表述中,叙述者仍然会使用引号
语义	"内卷"在目标域的语义已经形成固定义项,完成了词义的引申——跨域义"内部高度耗能的白热化竞争"形成。"内卷"的跨域义简化了作为行业语"内卷化"的复杂含义,这也利于"内卷"一词作为流行语在大众日常生活的理解和传播。值得一提的是,"内卷"在构词上是状中式的偏正结构,字面义"向内卷起"可以非常生动地表现"外部无扩张空间""向内不断挤压空间"的语义。通过隐喻机制,语言使用者可以更加形象地理解跨域义"内部高度耗能的白热化竞争"
色彩	从学术领域的不带有主观评价,属于中性词,转变为表明说话人的抱怨、不满、焦虑等主观情绪,从原本的中性色彩转变为带有负面情绪的贬义词
语体	过去主要用于学术研究中,场合庄重,带有书面语色彩;而跨域使用后的流行语"内卷"主要用于一般的网络日常交际,带有强烈的口语色彩

第 11 章

事件名词的句法、语义特点

试看如下例句:

(1) 它的停刊令许多文化人感到惋惜。(《文汇报》2013 年 7 月 12 日第 8 版)

(2) 这本书的出版,确实是语言学界的一件大事。

(3) 他接受了我的批评。

(4) 影片拍摄中根据发嫂陈荟莲的策划,一直处于封闭状态,拍摄动态秘而不宣,避开新闻界耳目,意在给发哥的影迷一个意外惊喜,造成"爆炸式"新闻效应。(《周润发的"最后的探戈"》)

(5) 内地杂居,多通行汉语,民家语已受了很深的汉化。(李志纯《开展西南兄弟民族的文化教育事业》)

其中的"停刊""出版""批评""策划""汉化"(以及类似的"X化")到底是名词还是动词? 学界并未有一致的看法。文献中对于词类转化,多局限于名词转类为动词,而对于动词转类为名词,虽然承认动词做主宾语时具有指称性,但并未明确指出或完全否定了这种指称用法会规约化为名词。如任鹰(2008)指出,名物化主要同语义模式(动作→事物)和表述功能(述谓→指称)的转化有关,不一定非要有形式标志,"与其相对稳定的词类功能相比,词语的功能转化只是获得一种临时功能,应为词语的非常规用法"。张韧(2009)在"词类多功能性的动态分析"一节中涉及了动词转指用法、名词动用和名词做谓语问题，唯独对动词自指用法举了例子却未作任何分析。

认知图景理论对此也并没有特别明确的看法，在讨论到"认知图景的种类与词类之间的关系"时，只涉及名词可以激活事件范畴，并没有提及动词也可以激活物体范畴（动词的自指、转指用法）；而对于处于主语或宾语位置上的表示动作的词语是动词还是名词的问题，只是指出"学术界的看法并不一致"，并没有给出明确的答案（卢英顺，2017：8—10）。有鉴于此，我们将对"研究""出版""怀疑/信任""X 化"进行基于词典和语料库的调查，以对其句式和认知图景有更深入的了解。

11.1 "研究"的句式和认知图景[①]

"研究"在言语中以动词用法为主，但在其基础上又拓展出了如下用法：

（6）……比如，某些学者的研究表明，在一些智力超常者中间…（荣开明、赖传祥《论矛盾转化》）

（7）……涌现出了许多新情况、新问题，需要我们进行认真的研究和积极的探索…（《解放日报》1987）

"研究"做主宾语，前有修饰语，在刚开始出现的时候可以认为是动词活用为名词的修辞手法，理据是利用"NP 的 VP"的框架实现篇章回指功能，"VP"发挥了引述性元语的作用（方绪军、李翠，2016）。由于刚开始出现所具有的修辞效应，听话者必须借助"研究"所在的语境，包括"NP 的 VP"及其句法位置（主宾语）来实时计算"研究"的语义。如图 11-1 所示，它的焦点不在研究的时间这一认知要素（研究前、中、后），而是以动作转指实体，聚焦于研究的整个过程或结果（被识解为事体，时间性消失），因此本身显示不出所指事件是否已经发生。

---

① 参见杨旭《从词类的修辞构式到语法构式——以"研究"名词用法的规约化为例》，《语言教学与研究》2019 年第 3 期。

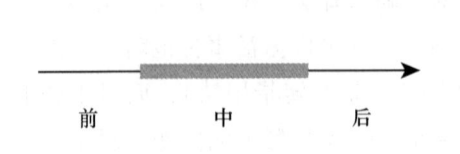

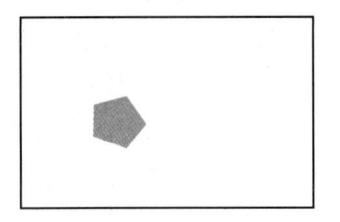

前　中　后	
我现在正在研究另一个窍门呢！	某些学者的研究表明……

图 11-1 "研究/v"与"研究/n"的识解对比

"研究"的名词用法初现时符合了当时的交际需要，由此被一小部分关系紧密的群体所采用并不断模仿，最后可能有两种结果：或者昙花一现，只起临时的修辞作用；或者被广泛使用，逐渐规约化为新的语法构式。从目前来看，对外汉语教材和语文词典都尚未收录其名词用法，理由是为了照顾到"简约原则"（陆俭明，1994；2013：57）。但是基于大型平衡语料库的使用模式调查表明，从共时频率和历时分布两方面来看"研究"的名词用法已经规约化。

11.1.1　共时频率

共时频率包括个体频率和类型频率。个体频率方面，"语料库在线"中共有 8657 条"研究"的关键词索引（2017 年 6 月 20 日检索），我们利用"Concordance Randomizer 1.2"① 抽样分析了 500 条，发现陈述用法居首，共有 220 条，占样本的 44.0%；其次是指称用法，共有 209 条，占样本的 41.8%；还有一些构词用法（如"研究生、研究所"等），共有 71 条，占样本的 14.2%。"研究/N"的比例如此之高，足见其在语言社群中使用得非常频繁。

类型频率方面，"研究/N"出现在多种结构中，与之搭配的词汇多种多样，最关键的是"研究/N"可以单独做主宾语，如：

（8）研究表明，这种关系是十分复杂的。（陈宝林、穆夏华

---

① http://iresearch.unipus.cn/info/method/keyangongju_2.html.

《现代法学》)

(9) 均须加强研究，力求较快地达到先进水平。(河北农业大校《果树栽培学各论》)

动词名词用法的规约性和标记性成反比：标记性强的规约性弱，如"来"做主宾语必须受定语修饰或出现于"N 的 V"结构（如"她的来"），说明"来"的名词性很弱；标记性弱的规约性强，一般可以单独做主宾语的动词其名词性就很强。

"研究/N"还出现在了很多唯名词享有的格式中，如：

(10) 这些研究对育种实践起了很大的指导作用。(刘祖洞《遗传学》)

(11) 我希望这项研究能继续进行下去。(胡起望、范宏贵《盘村瑶族》)

(12) 这一定律在科学史上的意义还在于破除了 18 世纪科学研究上的机械论（人民教育出版社历史室《世界历史》)

(13) 现代修正主义者已经把他们的理论渗入到党史、工人运动史、国际关系史的研究里面（尹达《必须把史学革命进行到底》)

(14) ……的改变与其生物活力之间的定量关系；开创了活性不可逆变动力学的理论和研究。(《人民日报》1995 年)

例 10—13 中的"研究"以动作转指实体，其实体性通过指示代词和方位词得到彰显：例 10—11 中以"这些、这项"修饰，说明它具有可计数性，我们很少在单纯的动词之前看到这类修饰语；例 12—13 中"研究"后的"上、里面"等方位词表明实体性很强。在例 14 中，我们可以利用"并列类推法"来鉴别"研究"的词性，即"根据处于同一句法槽中具有并列关系的两个或两个以上的词语的同现信息，由一个或两个已知词的类别推知出现在这个并列关系中某一词的类别。"（温锁林、刘开瑛，1998）它和名词"理论"并列恰恰说明了它的名词性。借吕叔湘、朱德熙（1951/2002）的话来说"这不是一般动词

187

和形容词所能有的格式",就应该承认它们已经变成了名词。①

11.1.2 历时分布

"研究/N"的用法历时久远,根据语料库,远在魏晋六朝即已出现:

(15) 督邮贱吏,非能异于官长,有案验之名,而无研究之实。(梁·沈约《宋书》)

但这种名词用法不太典型。从明朝开始,"研究/N"用法才逐渐增多;到清末民初始,这种用法就更多了,如:

(16) 曾任法兰克福大学讲师,并参加法兰克福社会研究,或奉对诏策,事犹近古。(明·宋濂、王祎《元史》)

(17) 自比岁变法已还,裂冠毁冕,旧制荡然无存,二三十年后,或欲从事研究而苦无凭藉。(清·况周颐《餐樱庑随笔》)

(18) 科举止凭一日之短长,学堂必尽累年之研究。(民国·赵尔巽《清史稿》)

最能体现"研究"名词性的是和"有"的搭配,这种用法最早见于明朝:

(19) 博闻强记,对天文、数学、历史、水利、地理均有研究。(明·宋濂、王祎《元史》)

"有研究"最初不过是"研究过"的意思,"有"是完成体标记,"研究"是动词(石毓智 2004)。但在频繁使用的过程中,语言使用者存在"既然研究过肯定精通"的语境推理,因而随着使用频率的进一步提升,该语境意义被吸收进去(absorption of context),成为整体的一部分。自此,"有研究"表示"精通",整个结构被重新分析为述宾关系,"有"是动词,"研究"名物化为名词。以此为中心扩散,就有了以下说法:

---

① 这是吕叔湘、朱德熙(1951/2002)分析"打击"和"方便"具有规约化名词属性的原话:"在'给他一个重大打击'和'给他种种方便'里,一方面'给'字寻常不用动词或形容词做动词宾语的,一方面'打击'前面的'一个','方便'前面有'种种'。这不是一般动词和形容词所能有的格式,就应该承认'打击'和'方便'已经变成了名词。"可惜《现代汉语词典》到第 7 版仍未给予"方便"一个名词义项。

（20）吊膀子的学问，周正勋本来有些研究，这日更是聚精会神的巴结。（民国·向恺然《留东外史》）

（21）蔡谐连忙摇头说道："这却不能，一来我们是五荤杂乱惯的人，二来对于经忏一门，毫无研究，只好请收回成命罢。"（民国·徐哲身《汉代宫廷艳史》）

（22）口里则除家常应用几句话以外，辩论法理的言词，谁有多少研究？所以交涉总是失败。（民国·不肖生《留东外史续集》）

例20中"有"后加补语"些"，表示精通的程度；例21中"有"被替换为反义词"无"，表示不精通；例22甚至可以用"多少"来提问，表明"研究"具有可计数性。这些都说明至少从清朝起，"研究/N"的实体性即很强了。

总之，"研究/N"既具有较高的个体频率，又具有很高的类型频率，再加上其久远的时间跨度，可以认定其名词用法已经规约化。

11.2 "出版"的句式和认知图景[①]

"这本书的出版"在汉语学界可谓经典例证，由它引发的词类和向心结构是非之争此起彼伏。主流的观点认为做主宾语是汉语动词的主要功能之一，因而该例中的"出版"仍然是动词。然而，这就导致汉语词类研究陷入两大困境：困境一，做到"词有定类"就"类无定职"，做到"类有定职"就"词无定类"；困境二，满足"简约原则"就违背"扩展规约"，满足"扩展规约"就违背"简约原则"（胡明扬，1996；沈家煊，2009a）。为了解决这两个困境，众学者提出了各种方案，争论的焦点在于向心结构理论的是与非，因为"扩展规约"就是向心结构理论，主张"所成短语与其成分之一属于相同的形式类"（Bloomfield，1933：104－105）。

[①] 参见杨旭、王仁强《"出版"的词类问题与向心结构之争——一项基于双层词类范畴化理论的研究》，《汉语学报》2017年第4期。

"这本书的出版"中的"出版"具有名词性,似乎已经没有什么争议了,这能从构式压制理论和概念整合理论得到解释(李云靖,2008;沈家煊,2009a;高航,2013)。但是,对于"出版"名词性的规约化程度却有不同意见。任鹰(2008)指出,名物化主要同语义模式(动作→事物)、表述功能(述谓→指称)转化有关,不一定非要有形式标志,"与其相对稳定的词类功能相比,词语的功能转化只是获得一种临时功能,应为词语的非常规用法"。黄和斌(2014)则从英汉对比的角度提出了不同意见:一方面,英语中也有很多词没有形态变化(兼类词),我们不能放大两者之间的差异;另一方面,可以借鉴英语的做法,尝试把那些频率很低的名词用法也收入词典。王仁强(2010)则指出,只有把高频词"出版"在语言层面处理为动词兼名词才能同时满足"简约原则"和"扩展规约"。遗憾的是,他们都未对"出版"名词用法的规约化程度做出具体调查。

上述理论上的纷争在现代汉语词典词类标注和现代汉语语料库词性标注中也有反映。《现代汉语词典》(第5/6/7版)和《现代汉语规范词典》(第1/2/3版)都把"出版"都只标注为动词,这无疑是"简约原则"的直接反映。然而,在国家语委现代汉语语料库中,"出版"的词性标注却存在以下困惑:

1. 同样是做主宾语用法的"出版",有的标注为动词(如例23和例25),如有的标注为名词(如例24和例26):

(23)《/w 邓小平/nh 文选/n》/w 的/u 出版/v,/w 是/vl 全/a 党/n 和/c 全国/n 人民/n 政治/n 生活/n 中/nd 的/u 一/m 件/q 大事/n。

(24)林奈/nh 的/u《/w 自然/n 系统/n》/w 一/m 书/n 的/u 出版/n,/w 结束/v 了/u 过去/nt 对于/p 生物/n 种类/n 所/u 存在/v 的/u 混乱/a 现象/n。

(25)列宁/nh 所/u 说/v 的/u "/w 写作/v 事业/n"/w 包括/v 理论/n、/w 宣传/v、/w 新闻/n、/w 出版/v 等/u 各方面/n 的/u 事业/n,/w 当然/d 也/d 包括/v 文学/n 事业/n。

(26)其/r 主要/a 手段/n 有/v:/w 扩大/v 军费/n,/w 增加/v

赋税/n,/w 举/v 借/v 内外/nd 债/n,/w 充当/v 军火/n 买办/n,/w 垄断/v 全国/n 金融/n 及/c 工业/n、/w 商业/n、/w 农业/n 交通/n 运输/n 乃至/c 电影/n、/w 广播/n、/w 新闻/n 出版/n 等/u 文化事业/n。

2. "出版"与其同位语所标注的词性不同。比如，在例27中，处于同位语位置的"言论"和"集会"均标注为名词，而"出版"却标注为动词。同理，在例25中，处于同位语位置的"理论"和"新闻"均标注为名词，而"出版"却标注为动词。

（27）资本主义/n 法律/n 虽然/c 规定/v 了/u 公民/n 享有/v 言论/n、/w 出版/v、/w 集会/n 等/u 自由/a 权利/n,/w 但是/c,/w 这些/r 自由/n,/w 只/d 限于/v 在/p 有利于/v 资产阶级/n 统治/v 的/u 范围/n 内/nd。

3、同样是语素组用法，有的未标注词性（如例28），有的却标注词性（如例29中标注为动词）：

（28）/w 原/a 中央人民政府出版总署/ni 的/u 工作/n 移交/v 给/p 文化部/ni。

（29）/w 国务院/ni 不/d 设立/v 人事部/ni、/w 法制/n 委员会/n、/w 扫除/v 文盲/n 工作/n 委员会/n、/w 出版/v 总署/n。

有鉴于此，我们选取国家语委现代汉语语料库对"出版"的用法进行检索和分析，根据王仁强、陈和敏（2014）所提出的规约化标准，主要从个例频率和类型频率两方面对其用法的规约化程度进行分析。在数据处理过程中，首先区分开"出版"的词用法和构词用法（语素组用法），其次分析作为词的"出版"在句法中的命题言语行为功能，分别标注为陈述、指称、修饰，最后针对"出版"词用法中的指称用法，统计出其个例频率和类型频率，以期对其指称用法的规约化程度做出判断。

11.2.1 个例频率

经过检索,"出版"在"语委语料库"中共有1573条索引,有1条不合格索引(一方面体现出版画在黑白转换上……),有效率为99.94%。鉴于其总数不多,我们进行全样本分析。如表11-1所示,其中"出版"的词用法共有1319例,占83.91%;语素组用法的有253例,占16.09%。

表11-1　　　　"出版"在语委语料库中的用法分布

出版	词用法	语素组用法	总计
数量	1319	253	1572
比例(%)	83.91	16.09	100

如表11-2所示,在"出版"为词的命题言语行为模式中,陈述用法居首,共有1170例,占总数的88.70%。其次是指称用法,共有149例,占总数的11.39%。

表11-2　　　　"出版"为词的命题言语行为功能分布

用法模式	陈述	指称	合计
数量	1170	149	1319
比例(%)	88.70	11.39	100

11.2.2 类型频率

如表11-3所示,"出版"的指称用法不仅出现在"NP+的+出版"的结构中,还出现在"Adj+出版""出版+的+NP"、并列等结构中。其中"NP+的+出版"居首,占81例,占总数的54.36%;其次是"Adj+出版""出版+的+NP""并列",分别是22例、17例和15例,占总数的14.77%、11.41%、10.08%。进一步调查与"出版"的搭配,发现在各个结构中搭配的词汇类型多样。

表11-3　"出版"的指称用法在各类结构中的分布情况

	数量	比例（%）	搭配
NP+的+出版	81	54.36	［图书］
Adj+出版	22	14.77	电子（21）、迅速（1）
出版+的+NP	17	11.41	技术现代化、可能性、立法、事、自由；方面、管理条理、管理、活动、管理规定、成就展
并列	15	10.08	整理、研究、制作、发行、复制、编辑、印刷、校对、编写
VP+出版	5	3.36	等于、搞、从事
出版+VP	4	2.68	发达、困难、有利于……、电子化
其他	3	2.01	以……为例；在……之外；在……前
合计	149	100	

注：［图书］表示属于图书一类的词。

以上调查表明，做主宾语表达指称命题言语行为功能的"出版"既具有较高的个例频率又具有很高的类型频率（出现在7类句法环境中，每种结构搭配的词语都很多样），说明"出版"表达指称的名词用法已经具有很高的规约化程度，概括词"出版"在汉语社群语言层面词库中兼属动词和名词，大中型现代汉语词典应该把"出版"处理为动名兼类词。根据国家语委于2008年发布的《现代汉语常用词表》（草案），概括词"出版"是一个1000以内的超高频词（频序：825）。鉴于现代汉语兼类与词频呈正相关（王仁强、周瑜，2015），超高频的概括词"出版"在汉语社群语言层面词库中具有兼类属性不足为怪。

11.3　"怀疑/信任"的句式和认知图景①

对于"怀疑"和"信任"［它们在《现代汉语常用词表》（草案）中的频序分别是2306和2079］，我们对《现代汉语规范用法大词典》

---

① 参见杨旭、牛瑶、王仁强《"怀疑/信任"的词类标注研究——兼论兼类词自指义项的释义模式》，《广东外语外贸大学学报》2017年第2期。

(2000)、《商务馆学汉语词典》(2006)、《应用汉语词典》(2006)、《当代汉语词典》(2009)、《现代汉语规范词典》(2014)、《现代汉语词典》(2016)等6部汉语词典，以及《简明汉英词典》(2002)、《ABC汉英大词典》(2003)、《新世纪汉英大词典》(2003)、《新汉英词典》(2007)、《汉英词典》(2010)、《汉英翻译大词典》(2015)等6部汉英词典进行了调查分析，发现这些词典在义项设立、词类标注和配例上都存在一些问题，具体如下：

第一，义项数量不对称。主要表现在动词义项的分合方面："信任"在12部词典都只有一个义项，即"相信而敢于托付或敢于任用"或"trust; have confidence in"；而"怀疑"在6部词典中有两个义项，分别为"疑惑"和"猜想"或"doubt; distrust"和"suspect"，在其余6部词典中被合并为一个义项，如《商务馆学汉语词典》(2006)合并为"心里带着疑惑，不相信"。

第二，词类标注不一致。如表11-4所示，虽然有8部词典坚持了词类标注对称原则，但只有《简明汉英词典》(2002)为"怀疑/信任"同时标注了动词和名词。为"怀疑"标注名词的有5部，为"信任"标注名词的有3部，都是汉英词典；6部汉语词典都没有为它们标注名词。罕见的是，《新汉英词典》(2007)和《汉英翻译大词典》(2015)还为"怀疑"标注了形容词和副词，为"信任"标注了形容词。总之，动词标注没有争议，主要的争议在于名词，也就是说是否应该收录两词的名词用法。

表11-4　八部汉语词典中"怀疑/信任"的词类标注情况

		怀疑				信任				对称
		动	名	形	副	动	名	形	副	
汉语词典	《现代汉语规范用法大词典》(2000)	+	−	−	−	+	−	−	−	+
	《商务馆学汉语词典》(2006)	+	−	−	−	+	−	−	−	+
	《应用汉语词典》(2006)	+	−	−	−	+	−	−	−	+
	《当代汉语词典》(2009)	+	−	−	−	+	−	−	−	+
	《现代汉语规范词典》(2014)	+	−	−	−	+	−	−	−	+
	《现代汉语词典》(2016)	+	−	−	−	+	−	−	−	+

续表

		怀疑				信任				对称
		动	名	形	副	动	名	形	副	
汉英词典	《简明汉英词典》（2002）	+	+	-	-	+	+	-	-	+
	《ABC汉英大词典》（2003）	+	+	-	-	+	+	-	-	-
	《新世纪汉英大词典》（2003）	+	+	-	-	+	-	-	-	-
	《新汉英词典》（2007）	+	+	+	+	+	+	+	-	+
	《汉英词典》（2010）	+	-	-	-	+	-	-	-	+
	《汉英翻译大词典》（2015）	+	+	+	+	+	-	-	-	-
+统计		12	5	2	2	12	3	2	0	8

第三，词类标注与配例不一致。目前，学界普遍认同现代汉语词类的多功能性，即朱德熙（1985：4）所主张的"汉语词类与句法成分之间不存在简单的——对应关系"，比如动词可以做主宾语也可以做谓语（陆俭明，2013：6；沈家煊，2009a）。而在词类标注中，汉语词典和汉英词典态度不一，前者普遍贯彻该原则，后者则无所适从（倾向于把做主宾语的用法标为名词）。鉴于词类多功能的主张存在逻辑悖论（王仁强，2009），我们认可"把做主宾语的用法标为名词"的做法，这样看来，前者普遍存在词类标注与配例不一致的情况。比如《现代汉语规范用法大词典》（2000）中的配例"他的话引起了干警的怀疑"。这里的"怀疑"应为名词，却被标在了动词下。词类与配例不一致的实例详见表11-5。

表11-5　"怀疑/信任"的词类与配例不一致实例

	怀疑	信任
《商务馆学汉语词典》（2006）	（动）心里带着疑惑，不相信：产生怀疑｜消除怀疑｜不必怀疑｜怀疑别人｜怀疑科学｜他一直怀疑这个消息的可靠性｜事实证明，你怀疑错了	（动）相信，愿意把事情交给某人做：相互信任｜得到信任｜我们的班长（zhǎng）工作积极，为人热情，大家都很信任他｜他好像从不信任任何人，生活非常孤傲｜我很信任他，有事总喜欢找他商量｜朋友们的信任和鼓励，使他恢复了信心

		怀疑	信任
《汉英词典》(2010)		动 doubt; suspect; 受到—come under suspicion/消除—dispel doubts; clear up suspicion/引起—raise doubts; arouse suspicion/持—态度 take a sceptical attitude/你—谁作的案？Whom do you suspect of the crime? /我—他今天来不了。I doubt if hell come today. /他这话很叫人—。What he said is extremely doubtful.	动 trust; have confidence in; 得到人民的—enjoy the trust (or confidence) of the people ◇—投票 vote of confidence

考虑到上述问题，我们从个例频率和类型频率两方面对其用法的规约化程度进行了分析；在统计其个例频率时，辅之以 CCL 现代汉语语料库和 Sketch Engine 汉语语料库以得到更多汇合证据。步骤为：首先统计分析"怀疑/信任"在句中的命题言语行为功能，分别标注为指称、陈述、修饰，非命题言语行为功能则标为构词或无效；其次针对"怀疑/信任"的各种用法（包括指称、陈述、修饰），统计其在句法环境中的搭配类型频率，以期对其各用法尤其是指称用法的规约化程度做出判断。

经过检索，"怀疑/信任"在语委语料库中各有 549 条和 278 条索引，鉴于其总数不多，我们进行全样本分析。其他两大语料库的索引都在一万条以上，因语料库本身属于随机排列，故各抽取前 1000 条统计其个例频率。如表 11-6 所示，"怀疑/信任"在三大语料库中都出现了指称、陈述、修饰三种用法。在"怀疑"的命题言语行为模式中，个例频率从高到低排列依次是陈述、指称、修饰。在"信任"的命题言语行为模式中，个例频率从高到低排列依次是指称、陈述、修饰。

表 11-6　　"怀疑/信任"语料库中的命题言语行为功能分布（+构词或无效）

词条	语料库	指称	陈述	修饰	构词	无效	总计
怀疑	语委语料库	186	278	44	41	0	549
		33.88%	50.64%	8.01%	7.47%	0.00%	100%
	CCL 现代汉语语料库	243	625	33	95	4	1000
		24.30%	62.50%	3.30%	8.50%	0.40%	100%
	Sketch Engine 汉语语料库	239	671	22	68	0	1000
		23.90%	67.10%	2.20%	6.80%	0.00%	100%

续表

词条	语料库	指称	陈述	修饰	构词	无效	总计
信任	语委语料库	140	107	10	21	0	278
		50.36%	38.49%	3.60%	7.55%	0.00%	100%
	CCL现代汉语语料库	542	232	20	191	11	1000
		54.20%	23.20%	2%	19.10%	1.10%	100%
	Sketch Engine 汉语语料库	598	313	5	84	0	1000
		59.80%	31.30%	0.50%	8.40%	0.00%	100%

如表11-7所示，在"怀疑"的命题言语行为功能分布中，指称用法可出现于主宾语位置，但更多地出现在宾语位置，可构成动宾结构和介宾结构，搭配的词汇十分多样；陈述用法一般出现在谓语位置；修饰包括体饰和谓饰，即加"的"做定语和加"地"做状语，搭配词多和人的表情、动作有关。"信任"的用法与"怀疑"类似，说明两者的类型频率对称性较高。总之，"怀疑/信任"的指称和陈述用法所出现的句法结构比较多样，在结构中搭配的具体词汇也很多样，而修饰用法所搭配的词汇就比较单一。

表11-7　　"怀疑/信任"各命题言语行为功能在语委语料库中的类型频率

	命题言语行为功能	句法位置	频率	内部比例（%）	搭配
怀疑	指称（186）	宾语	170	91.40	动词：有、表示、产生、引起、发生 介词：把、使、由、到、在……之外
		主语	16	8.60	修饰语：这（个）、你的、第二个、对……的、有条件的
	陈述（278）	谓语	278	100	
	修饰（44）	定语	26	59.09	的态度、的目光、的眼光
		状语	18	40.91	地说、地望着、地问
信任	指称（140）	宾语	127	90.71	动词：得到、辜负、骗取、取得、失去
		主语	13	9.29	修饰语：那种、他们的、党的、对……的
	陈述（107）	谓语	107	100	

续表

	命题言语行为功能	句法位置	频率	内部比例（%）	搭配
信任	修饰（10）	定语	6	60	的目光、的气氛、的桥梁、的微笑、的帷幕、的眼光
		状语	4	40	地点点头、地讲出、地托付、地问

上述调查表明，做主宾语表达指称命题言语行为功能的"怀疑/信任"具有很高的个例频率和类型频率，尤其是"信任"的名词用法个例频率已经超过了动词用法，"怀疑/信任"表达指称的名词用法已经具有很高的规约化程度，概括词"怀疑/信任"在汉语社群语言层面词库中兼属动词和名词，大中型汉语、汉英词典应该把"怀疑/信任"处理为动名兼类。鉴于现代汉语兼类与词频呈正相关（郭锐，2002；俞士汶等，2003；安华林，2005；王仁强、周瑜，2015），此类高频词在历时发展过程中因去范畴化及再范畴化而衍生功能多义性的现象不足为怪。有些词典确实也注意到了这一现象，即"怀疑"和"信任"都有做主宾语的名词用法，而且给出了相应的配例，但因受传统的内省法和"简约原则"束缚，没有选择将其名词用法单独标注。此外，做定状语表达修饰命题言语行为功能的"怀疑/信任"的个例频率很低，而且都属于有标记用法（加"的"和"地"），所以大中型汉语、汉英词典没必要像《新汉英词典》（2007）和《汉英翻译大词典》（2015）那样收录它们的形容词和副词用法。

对于"怀疑"和"信任"的释义方式，我们建议坚持对称性原则，采用杨旭（2018）提到的类型Ⅱ（包括类型Ⅲ）进行释义，样条如下：

【怀疑】❶动心存疑惑，不相信：我—这条消息的真实性。❷动猜测：他高烧几天不退，大夫—他是出疹子。❸名怀疑的态度：他对这个药品的疗效产生了—。❹名猜测的心理：医生的—得到了证实。

【信任】❶动相信而敢于托付：他—自己的秘书｜她不—周围的人。❷名信任的态度：大家的—使我鼓起了勇气｜得到信任。

11.4 "X化"的句式和认知图景[1]

"X化"指类似于"理想化"这样的词,文献中又称为"化"尾动词、"化"缀动词或"X化"结构。《现代汉语词典》(第7版)中的"化"词条如下:

【化】❶动变化;使变化:~脓丨~名丨~装丨顽固不~丨泥古不~丨~整为零丨~悲痛为力量。❷感化:教~丨潜移默~。❸动熔化;融化;溶化:~冻丨~铁炉丨太阳一出来,冰雪都~了丨糖放到水里就~了。❹动消化;消除:~食丨~痰止咳◇食古不~。❺烧化:焚~丨火~。❻(僧道)死:坐~丨羽~。❼指化学:理~丨工丨~肥。❽后缀。加在名词或形容词之后[2]构成动词,表示转变成某种性质或状态:绿~丨美~丨恶~丨电气~丨机械~丨水利~。❾(Huà)名姓。

《现代汉语词典》共收录117个"X化",[3] 可分为两类:一类中的"化"是非"后缀",对应"化"词条义项❶—❻,共有22个,全部被标为动词,如下:

义项❶ "变化;使变化":催化、点化、变化、演化、转化、衍化、进化、退化、蜕化、分化

义项❷ "感化":感化、劝化、教化

义项❸ "熔化;融化;溶化":溶化、融化、熔化

---

[1] 参见杨旭《"X化"是名词吗?》,载《名词研究论丛》(第二辑),武汉大学出版社2022年版。

[2] 关于"加在名词或形容词之后"的表述,有几点需要注意:(1)若只统计相关义项,《现代汉语词典》有4个"X化"的"X"只标注了动词("孵、合作、开、驯"),有4个处理为包括动词的兼类("活、风、净、规范"),有24个未标注词类或根本未收录;(2)《现代汉语八百词》明确"化"为后缀的"X化"中的"X"可以是名动形三类(吕叔湘主编,1980/1999:273),但是其中部分"X化"(如"转化""退化")在《现代汉语词典》中是处理为非后缀的;(3)语言使用中确实存在规约化动词加"化"的例子,如"扩大化、革命化、劳动化、战斗化"(吴为章,1984),但这属于少数派,类推性很弱;(4)"X"为动词毕竟是少数,而且加"化"之后还是以动词为主,因此《现代汉语词典》如此处理有其合理之处。

[3] 排除了"理化、石化、日化、风化1、四化、文化、造化①"这类名词,"动脉硬化、动脉粥样硬化、农业合作化、农业集体化"这类短语,以及"后工业化"这类"X化"加前缀的复合词。

义项❹ "消化；消除"：消化
义项❺ "烧化"：烧化、火化、焚化
义项❻ "（僧道）死"：坐化、羽化

一类中的"化"是"后缀"，对应义项❽，假设剩余的 95 个都属于此类。

在汉语本体研究领域，"X 化"的词类问题一直悬而未决。许多学者注意到，"X 化"除了可用作动词，还经常用作名词（丁声树等，1961；吕叔湘、朱德熙，1951/2002：33）和形容词（张志公，1985：16）。虽然主流观点认为"X 化"仍然是动词，其他词类是多功能性的体现（刘经建，1994；邓盾，2020），但也有学者认为"X 化"具备了名词性或（和）形容词性，甚至可以处理为兼类（周刚，1991；云汉、峻霞，1994；张云秋，2002）。我们将基于 CCL 语料库抽样封闭调查"X 化"的使用模式，① 进而指出《现代汉语词典》存在问题并给出初步建议。

《现代汉语词典》把除"多元化"和"开化₁"之外的所有"X 化"都标注为"动词"单类，意味着它们典型或无标记的句法词类应该是陈述。但是，基于语料库的调查并不支持这个推论：首先，如表 11-8 所示，很多"X 化"出现在具有较强指称性的构式槽位中。以"领属构式"为例，它由定语槽位—领属者和中心语槽位—领属物构成，尽管"X 化"的词汇词类存在争议，但只要进入这两个槽位都会因压制而表现出较强的指称性。

表 11-8　　　　　　　　　　"X 化"的指称用法

构式	例子
领属构式	定语槽位：X 化（的）水平、程度、速度、步伐 中心语槽位：农村的城镇化、生物的进化、少数民族之汉化
同位构式	X 化（的）问题、现象、过程、工作、政策
修饰构式	中心语槽位：不正常的城镇化、瞬间的情绪化、长期的进化、彻底的汉化
动/介—宾构式	宾语槽位：推进城镇化、研究城镇化、解释进化、实行汉化、心慕汉化
话题—述题构式	话题槽位：城镇化滞后、进化是稳定的、汉化较深

---

① 但是鉴于两类"X 化"之间的界限模糊（体现为词缀与类词缀的争论），我们在分析时一并处理，这也是石定栩（2020）的提议。

第 11 章　事件名词的句法、语义特点

其次，如表 11-9 所示，很多"X 化"的指称满足 $p>1/2k$ [这是判断指称用法规约化的标准，即 $p>1/2k$（$k≥2$），其中 k 表示实际出现的句法功能数量，这样功能数量为 4、3、2 的临界值分别是 12.5%、16.7% 和 25%]。其中有些"X 化"以指称为主（"氧化、进化、绿化、荒漠化、焦化、合理化、多极化、城镇化、合作化、一体化、煤化、歧化"），几乎没有陈述用法；有的还兼有陈述和（或）修饰用法。以"煤化""歧化"为例，没有出现 1 例陈述用法，像例 30—31 这样的说法都不太自然；① 甚至某些词因语用联想而发展出了专名用法，如"合作化"有时特指 1954—1956 年开展的"合作化运动"（例 32）。语言使用者很少把这些"X 化"的所指识解为过程，而是经常识解为事物或，目的是服务于指称某事物的语用需要。

（30）＊古代的植物煤化了。
（31）＊那种化学元素歧化了。
（32）解放以后，他娶妻生子；到了合作化，他喂上了牲口。
（刘震云《故乡天下黄花》）

表 11-9　　"X 化"满足 $p>1/2k$ 的指称用法

词类	例子
指称为主	氧化、进化、绿化、荒漠化、焦化、合理化、多极化、城镇化、合作化、一体化、煤化、歧化
指称兼修饰	磁化、乳化、机械化、标准化、大众化、液化、碎片化、工业化、现代化、数字化、公式化、硫化、一元化、电气化、沙漠化、情绪化、自动化、人性化、膨化

---

① 我们更关注概率性（probability），而非可能性（possibility），因此如实报告基于封闭语料库得出的结果，但一定要注意"没有"不意味着"不能"，事实上通过自省或扩大语料范围就可能找到其他用法。比如"僵化"这个词在我们的样本中未出现动宾用法，但是不代表不能说，如"这些清规戒律束缚了工作，束缚了思想，僵化了思想。"（《人民日报》1957-05）。再比如"钢化"，可以在网络中找到陈述用法，如"玻璃钢化后如何改小"（https://zixun.jia.com/jxwd/1009324.html）。传统的"是否合语法"（如星号表示不合语法）的判断与这种思路背道而驰，因此罗仁地（2022）主张放弃之，但我们认为可以给星号赋予新的意义，即表示在封闭语料样本中出现了 0 次——本文除了引用他文的情况，都按照这个定义使用星号。

续表

词类	例子
指称兼陈述、修饰	物化、儿化、矮化、脸谱化、人格化、洋化、欧化、沙化、开化1、泛化、企业化、理想化、规范化、多元化、概念化、僵化、表面化、优化、白热化

那么《现汉》应该如何对待这类"X化"呢？我们提供两个方案供词典编纂者参考：①（1）保持只标注动词的做法，为上述"X化"补充指称用法的配例，以方便读者无意识识别其名词类别；（2）对"X化"做出系统性修改，即把后缀"化"释义中的"构成动词"修改为"构成动词、名词"，以及为上述"X化"标注名词（其实还有形容词的问题，本书暂未涉及）。第1个方案比较保守，虽然保持了词典内部的一致性，但无法反映"X化"的真实使用模式。第2个方案比较激进，尤其是在词类理论与实践问题争执不下的背景下，因为如果对"X化"做出修改，那么就需要对其他存在类似问题的词条做出修改，这是一项牵一发而动全身的系统性工程。

11.5 小结

这一章讨论了事件名词的句式和认知图景，基于词典和语料库调查了"研究""出版""信任/怀疑""X化"的指称用法，发现这些事件名词的指称用法的规约化程度都很高。认知图景理论过去只涉及名词可以激活事件范畴，并没有提及动词也可以激活物体范畴（动词的自指、转指用法）；而对于处于主语或宾语位置上的表示动作的词语是动词还是名词的问题，只是指出"学术界的看法并不一致"，并没有

---

① 这里在判断"X化"的某种词类用法是否规约化时，只把个例频率作为判断依据，这是存在偏差的。比如英语中的 mother 和 father 的动词用法仅占 COCA 语料库的 0.11% 和 0.54%，但是这两个词的动词用法无疑已经规约化了（王仁强、陈和敏，2014）。因此，之后要对"X化"的用法做出更系统全面的调查，方能对《现汉》如何标注提出更精准恰当的建议。

给出明确的答案。我们的调查对认知图景理论的启示是：动词也可以激活物体范畴（动词的自指、转指用法），对于处于主语或宾语位置上的表示动作的词语，如果其指称用法规约化，那么可以认定为名词。

第 12 章

双名词结构的句法、语义特点[①]

双名词结构牵涉主语和话题的讨论，至今热度不减，相关文献汗牛充栋。它关系到很多关涉汉语语法体系的大问题，如汉语中的句子是什么；汉语中有没有语法化的句子；汉语有没有（语法化的）主语；如果没有，应该如何描写汉语语法；如果有，主语和话题的关系是什么；等等。在我们看来，与其争论各家得失，不如看各家看法反映了哪些汉语事实，并在这种追根问底中构建一种更为合适的理论。

12.1 各家看法述评

我们以双名词结构来看一下各家看法。

传统语法以语义角色来界定主语和宾语，即施事为主语，受事为宾语；如果遇到（受事位于动词之前的）双名词句则以"宾语前置"来解释（吕叔湘，1942/2014；王力，1943/2011）。"宾语前置"虽遭到后来者的批评，但从另一个角度来看也可以说：正是因为汉语中存在双名词结构这样的句子，所以排除句法（语序）只看语义的做法十分方便。这反映了汉语的第一个事实：语义成分的排序非常多样。

结构主义以语序来界定主语，即动词之前的名词为主语。如此一来，NP$_1$是大主语，NP$_2$是小主语，整个句子是主谓谓语句（王了一，

[①] 参见杨旭《不可让渡领属关系与双名词结构》，《语言研究》2023 年第 1 期。

1956；丁声树等，1961；邓守信，1984；朱德熙，1982、1985）。这种排除语义只看句法（语序）的做法更为方便，因为形式总是比语义更容易判断。但是要把语义完全剔除掉是不可能的，不然为何不把动词之后的视为主语？也就是说这种做法并非纯然句法的，它实际上还是反映了语义的一些东西，只不过主要是语用性质的，即动词之前之所以凸显是受了话题的潜在影响。这便反映了汉语的第二个事实：凸显句法位置是动词之前。

功能主义主张汉语不存在语法化了的主语，汉语中主语就是话题，话题就是主语。如此一来，两个名词都是主语（话题），NP_1为总主语（主话题），NP_2为分句主语（次话题）。赵元任（1968/1979）最早持此主张，后来得到了越来越多的回应（Li & Thompson，1981；LaPolla，1990、1993、2009；屈承熹，2005；王洪君、李榕，2014、2016；沈家煊，2012、2017；宋文辉，2018）。稍近的研究认为，汉语从类型学上讲是一种"话题—述题"语言，其基本语序可以概括为"话题 + VP + 自然焦点"；汉语研究不应把重心放在"语义角色配列模式"上，而应放在"语用角色配列模式"上，因为汉语不像印欧语的句法是基于论元关系构造的，而是语义和语用因素起着绝对的控制力（宋文辉，2018）。这反映了汉语的第三个事实：汉语的语用性比较凸显（或者叫语用敏感语言）。

结构主义和功能主义虽然对主语的认识不一致，但是分析的结果却是一样的：汉语的句子像中国套盒层层嵌套（图12-1），反映出了汉语句子的层次性或套叠性。我们可以统称为"中国套盒"观点。[①] 这种层次性可以通过插入副词看出，由于副词只能出现在动词（语）紧前面，所以既然例（1）和（2）中"又""还"可以出现在NP_2前和VP前，说明这些双名词结构都存在两个层次（邓守信，1984）。

（1）a. 他头痛。　b. 他又头痛了。c. 他还头痛吗？
（2）a. 他头痛。　b. 他头又痛了。c. 他头还痛吗？

我们可以把上述三派简单地称为纯语义派、纯句法派和纯语用派，

[①] 这个表述来自霍凯特，他说："汉语的说明部分有许多本身又由话题和说明两部分构成，所以汉语的句子可以像中国的套盒那样在主谓式里面包含主谓式。"（Hockett，1958：201-203；译文来自索振羽、叶蜚声译，第219页）

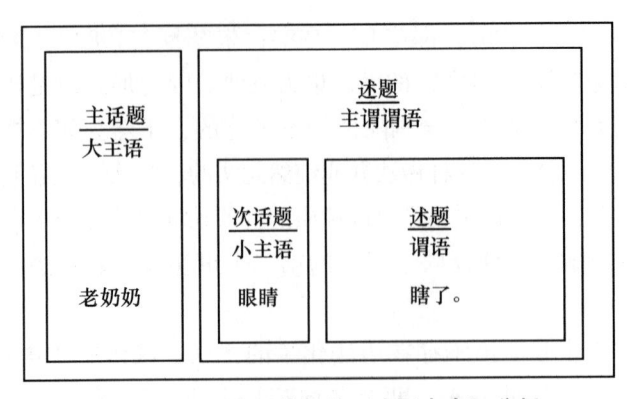

```
┌─────────────────────────────────────────────┐
│          │  述题                            │
│  主话题  │  主谓谓语                        │
│  大主语  │  ┌─────────────┬──────────────┐  │
│          │  │ 次话题      │  述题        │  │
│          │  │ 小主语      │  谓语        │  │
│  老奶奶  │  │ 眼睛        │  瞎了。      │  │
│          │  └─────────────┴──────────────┘  │
└─────────────────────────────────────────────┘

图 12-1　双名词结构的"中国套盒"分析

但除此之外还有第四派观点，即同时使用主语和话题概念的混合派：如"这些条件大家都知道"中的"这些条件"是话题，"大家"是主语（Li & Thompson，1976；胡裕树，1982；曹逢甫，1995、2005；徐烈炯、刘丹青，1998/2018）。这种做法遭到了混淆句法和语义层面的批评（如朱德熙，1985：41；袁毓林，2010：389、418；周士宏，2016：115）。为此有两种处理"话题"的办法，要不把话题也视为一个句法成分，称之为"句法话题"（Chen，1996；徐烈炯、刘丹青，1998/2018 的做法）；要不把"话题"作为非句法关系成分像剥花生一样剥离出去，然后对句法关系进行主谓宾分析（胡裕树，1982；高顺全，2004）。[①] 那么"剥离法"如何处理单名词句呢，即如果句子本来就是"大家都知道"？这时也有两种处理办法，要不就是采用"兼"的办法，即"大家"兼主语和话题，两者处在不同的平面（金立鑫，1991；常理，1992；高顺全，2004：207；徐烈炯、徐丹青，1998/2018：179）；要不就是"省略"的办法，即因与话题一致因而省略了主语（曹逢甫，1995；卢英顺，2000）。混合派的观点启示我们，"主语不一定就是话题，话题也不

---

[①] 胡裕树（1982）指出，双话题观点会导致主谓谓语句范围的扩大："如果说主题是和评论相对待的，主题表示交谈的双方共同的话题，那么，评论只有一个，而共同的话题却有许多个，这在理论上就难以说通。如果认为第一个名词性成分是主题，其余的呢？也让它们挨次充当主题吧，那岂不陷入了多主语的同样的困境？"为此，主语和话题不可以"交叉"或合一，只能对立，"正如花生的壳和花生的衣不能相兼一样"。这种对立的本质是句子内层结构和外层结构的对立，是句法关系和非句法关系的对立。所谓句法关系和非句法关系之区别就是要看 NP 与核心动词是否有语义或论元关系。
```

一定就是主语",区分出主语和话题还是有用的(陆俭明,1986;陈振宇,2016:108-111)。

从三个平面来看,传统语法偏重语义,结构主义偏重句法,功能主义偏重语用;混合派试图统摄三个平面,但如上所述,也存在诸种或大或小的问题。总之,这些做法都从各个侧面反映了很多语言事实,但也都存在盲人摸象的危险。

在谈我们的看法之前,仍然先要强调一下形式与意义相结合的重要性。真实使用的句子都是形式—意义配对体,句法属于形式一端,语义、语用属于意义一端,它们犹如硬币之两面紧密结合在一起。语义和语用若失去句法,将只能停留在认知范畴,因此并不算语言学;句法若失去语义和语用,将只是随机和抽象的形式。由此来看,语法研究要把重心放在三个平面是如何互动创造出真实使用的句子的。以主语为例,它是一个为方便描写语法而构建的中介性概念,可以把复杂的意义和形态、句法特征联系起来(宋文辉,2018:17)。如果纯以形态、句法特征界定主语,而不顾及与核心动词的语义关系,也不顾及语用层面的功能,那么主语便成了一个"毫无意义的名称"(吕叔湘,1979:61)。如果纯以语义角色或语用角色来界定主语,而不顾及它的形态、句法特征,那么这便不是一个语言学范畴,而变成了一个认知范畴。如果走从意义到形式的路子,那么我们应该关心意义是如何被编码为真实的句子的。在这方面,我们认为认知图景理论可以提供一个视角。

12.2 认知图景理论的分析

首先需要明确的是,语义选择关系并没有那么容易判断。试看如下例子:

(3) 王冕七岁上死了父亲。(吴敬梓《儒林外史》)
(4) 酒喝醉了老张。
(5)？剩菜吃腻了大家。[以上来自(高顺全,2004:146)]
(6) 爱情故事哭晕了我。

在例3—5中,与动词或双动词语义更密切的语义成分却位于宾语位置；在例6中，"爱情故事"与"哭、晕"均没有语义关系。对于例3，很多学者认为"王冕"和"七岁上"与"死"没有语义关系，因此两者都是话题，但是如果我们把"死"解读为"因某人之死而失去"，那么也可以说"王冕"和"死"有语义关系。对于例4和例5，高顺全（2004：146）只好引入句式的因素，说施事和受事的力量传递发生了逆转，因此语义角色也发生了逆转，这时"酒/剩菜"可以分析为"使成"施事或致因者，因而也满足主语的条件。对于例6，似乎也只能引入句式的因素，说"爱情故事"与"我"有致使关系，因此在一定程度上也可以说"爱情故事"与"哭晕"有语义关系。①

那么我们该如何判断语义选择关系呢？首先，对于句中动词而言，语义关系是绝对的，即要不有要不没有（否则将违背"矛盾律"造成语句歧义）；但是对于概括动词或一类动词而言，语义选择关系呈现为一个连续统，只能基于凸显度武断地二分，其中原型语义成分和动词有语义选择关系，边缘语义成分和动词没有语义选择关系。其次，要把语义关系的判断定位到句法层面，即在这个实在的句子里，这个具体动词与语义成分是否有语义关系（可以结合句式交替来验证）——抽象度如果要上升，最高上升到一类动词（语义类），绝不能上升到几价动词，否则可靠度将大打折扣。最后，要考虑到两个因素的影响：一个是句中个体动词的语义（如对于例3，要明确的是句中"死"的含义，而非词库中"死"的含义）；另一个是动词所在句式的语义（如例4—例6必须结合句式的语义），两者是和谐一致的。此外，也可以参考语文词典对该词的解释，甚至汉字的偏旁部首也可以提供一些线索（如"聋""瞎"中的耳朵旁和目字旁），但这些都要服务于具体的句子。

我们再看看双名词结构内部有哪几种语义关系及排序。试看下面例子（其中b、c是双名词结构）：

(7) a. *我哭过昨天。　　b. 昨天我哭过。　　c. 我昨天哭过。

---

① 这里只分析了双名词结构，但还有三名词乃至四名词结构。如果主语只能有一个的话，那必然要面临N个话题的问题，似乎也会陷入类似于多主语的困境。为此，有学者主张另取名目［如（高顺全，2004）另立了一个"起点"的名目］。

第12章 双名词结构的句法、语义特点

(8) a. 我看过这本书。　　b. 这本书我看过。　　c. 我这本书看过。

(9) a. *眼睛瞎了王小明。　　b. 王小明眼睛瞎了。

c. *眼睛王小明瞎了。

(10) a. *东单换八路龙潭湖。　　b. 龙潭湖东单换八路。

c. *东单龙潭湖换八路。[a 来自（范继淹，1984）]

例（7）中"我"与"哭"有语义选择关系，"昨天"极弱甚至没有，a 不可说（或可说成"我哭的日子是昨天"），b、c 两种排序皆可。例 8 和 9 中的两个名词与动词（语）都有语义选择关系，不同之处在于例 8 中的两个名词语义成分是不同的（"我"是施事，"这本书"是受事），且三种语序皆可，例 9 中两个名词的语义成分不能说相同但也相似（其中"眼睛"和动词的语义关系又更近一些），b 可说，a、c 不可说（a 要说成"眼睛瞎了的是王小明"）。对于例（8b/c），在文献中多根据语义角色的优先序列来确定主语（范晓，1998a；陈平，2004；卢英顺，2005a：103；陈振宇，2016：117），这样就把 b 中的"这本书"视为话题（无论是句法话题占据一个句法位置，还是语用话题被剥离掉）；把 c 中的"这本书"视为宾语前置（范晓，1998a）。对于例（9b），有学者认为两个名词与动词（语）都有语义选择关系（金立鑫，1991）；有学者则认为只有"眼睛"与"瞎"有语义关系，"王小明"只是一个"伪动元"（高顺全，2004：149；卢英顺，2005a：108）。在我们看来，考虑到把"眼睛"去掉句子照样能说（王小明瞎了），且主体"瞎者"的凸显度极高，可以认为"主体"和"瞎"具有语义选择关系。例 10 中"龙潭湖"和"东单"与"换八路"都没有语义关系或极弱，且 a、c 不可说（a 要麻烦地说成"东单换八路可以去龙潭湖"且语义变化较大），只有 b 可说。①

---

① 这里只是分析了双名词与动词（语）之间的语义关系，还可以从双名词之间的语义关系来分析。赵元任（1968/2004：95）已有论及："一个句子的总主语跟主—谓式分句谓语里的主语关系可紧可松。要是彼此的关系是所有者跟所有物，或整体跟部分，或总类跟成员，关系就紧；要是总主语是时间，地方，条件，或别的外附主体，关系就松。"

基于认知图景理论的句式研究

对于双名词结构的分析，我们要结合"第二次凸显"。①"语义邻近原则"决定了语义关系亲近或最近的会形成一个最优组块，这就包括上述例子中的"我哭过""我看过""眼睛瞎了""东单换八路"；其他的"昨天哭过""这本书看过了""王小明瞎了""*龙潭湖换八路"则是次优甚至不合格组块。基于对客观世界的不同识解，可形成不同句式，说话者在交互主观因素的促动下选择其一。对于例7—10所示事件，说话者都可有两种识解，只不过其中有一个是强势识解，有一个是弱势识解。对例7所示事件来说，由于"昨天"和动词语义关系极弱，且"昨天"的时间范围要大于"我哭过"（戴浩一，2007），因此"昨天→我哭过"是强势识解，b完美对应该识解；a不合格，或者要说成"我哭的日子是昨天"；由于时间名词可以直接修饰动词做状语，因此可以并入动词之中或出现在"我"和"哭"之间，这导致c也比较常见且和b的使用频率旗鼓相当。② 例8中的事件可有两种识解：一种是"我看→这本书被我看了"；另一种是"这本书→被我看了"，a完美对应前者，b完美对应后者，c则不明，因此标记性高，体现在：使用频率很低，如范继淹（1984）发现"受事—施事"要比"施事—受事"更常见，陈平（2004）则把前者称为"汉语里的常态结构"；在脱离语境的情况下，当双名词具备被解读为"受事—施事"和"施事—受事"两种可能时（如"你我接管了"），会被优先解读为前者。例9所示事件的强势识解为"王小明→眼睛瞎了"，b与之完美对应，③ a如果要对应弱势识解"眼睛瞎了→王小明"，需要说成"眼睛瞎了的是王小明"，c绝对不能说。大家或许已经注意到，从"昨天"到"这本书"再到"王小明"，它们与动词的关系虽然越来越亲密，但是例7c—例9c所示例句的标记性却越来越高，这其实是受了"语义邻近原则"的影响，因为它们对最优组块的阻隔效应越来越强，因此会受到排斥。比如例8c，我们甚至可以强行做出"这本书看过我了"的解读（如在童话语境下）；例9c，

---

① 卢英顺（2000）在探讨话题的来源时说，话题不是添加而来的，也不是移动而来的，而是在动态运用中"选择"的。这个"选择"用认知图景理论的术语来表述就是"凸显"。

② 陈振宇（2016：117—125）对各种论元在双名词句中做话题的排列顺序进行了统计，发现时间与施事、致事、经事、感事相比倾向于出现在 NP1 位置，如"昨天（时间）他（施事）来过"，但是也可以"自由地"出现在 NP2 位置，如"他（施事）昨天（时间）来过。"

③ 还有"王小明瞎了眼睛"。

"王小明"与动词关系十分亲近,可以说"王小明瞎了",这使"眼睛"成为多余。例10的强势识解为"去龙潭湖→要在东单换八路",b完美对应,a若要对应弱势识解需要麻烦地说成"东单换八路可以到龙潭湖",c则绝对不能说(语义完全变反了)。

我们认为,认知图景理论在介入主语、话题之争有以下优势:(1)突破了主语、话题的术语之争,凸显过程旨在动态地解释句式生成;(2)不把语义关系视为一种绝对关系,而是呈现为一个亲疏远近的连续统;(3)句法、语义、语用兼顾,践行了形式与意义结合的研究观。

第四部分　从认知图景看虚词的句法、语义特点

第 13 章

"同"字句的句法、语义特点[①]

在"和"类虚词（如"跟、和、与、同"）中，"同"是使用频率相对较高和兼属词类最多的，[②] 但专题探讨的文章并不多，多是附在"跟"后面一笔带过（如刘月华等，2001；张谊生，1996、1997），甚至断言两者的语义和用法完全相同（《现代汉语虚词例释》1982 年版第 417 页）。但基于语料库的用法模式调查已经否定了这一点：一方面，"同"和其他"和"类虚词存在互补分布；另一方面，内部存在不同用法的转化趋势（李艳娇、杨尔弘，2014；龚君冉，2008）。有些著作倒是对"同"作了比较详细的描写，但各家的归纳并不一致，如在《现代汉语词典》（第 7 版）中单列出来的形容词和副词用法都被《现代汉语八百词》（1999）归到了动词标记下。此外，马贝加（1993、2014）和于江（1996）从历时角度对"同"的语法化作了描写，可是他们并未从认知视角对"同"的语义引申机制做出解释。

除了以上问题，"和"类虚词的介连区分问题仍然存在，试看下面的例子：

[①] 参见杨旭《从认知图景看"同"字句的句法、语义问题》，载《汉语学习》2018 年第 3 期。

[②] 根据《现代汉语常用词表》（草案），"同"的频序号是 99，比"和"（373）和"跟"（434）的频率都要高（《词表》遗漏了"与"，但考虑到"与"的书面语体风格，其频率应该不会高于"同"）。对于"同"的词类归属，各家概括不一，但动词、形容词、副词、介词、连词和名词都有涉及。据统计，它是《现代汉语词典》（第 6 版）中兼属词类最多（六类）的两个词之一，且与基于《牛津高阶英语词典》（第 7 版）统计的唯一个兼六类词 like（王仁强，2014）具有语义相似性。

(1) 他发觉自己已经同女儿一起沉沦到最为人不齿的末流，于是他的举止近来变得自卑、谦恭（普鲁斯特《追忆似水年华》）

张谊生（1996）认为，如果V（"沉沦"）是个"零涉短语"（即N_1和N_2都不充当该短语的关涉对象，但都是该短语的陈述对象），那么"同"必然是个连词。但是该句中"同"之前出现了状语，又说明它是个介词。这样的矛盾该如何解决？

有鉴于此，这一章拟在已有研究成果的基础上，详细描写"同"的句法、语义特点，利用认知图景理论对相关问题作出解释，最后就认知图景理论应用到虚词做出初步探讨。

13.1 "同"及所在结构的句法特点

"同"作为虚词经常出现在"（NP_1+）同+NP_2+VP"和"NP_1+同+NP_2"结构中，作为述词①经常出现在"同+NP"结构中，作为副词经常出现在"同+V"结构中。下面按照使用频率由高到低依次描写。

13.1.1 "（NP_1+）同+NP_2+VP"
在这个结构中，"同"发挥介引功能，引进动作涉及的其他参与客体。"同+NP_2"作VP的状语，起着修饰VP的功能。例如：

(2) 孙庆平主动同他促膝谈心，耐心做疏导工作，按照政策合理地解决了这个"老大难"案件。（《河北日报》1985-08-07）

(3) 《辞海》认为，西皮系"明末清初秦腔经湖北襄阳传到武昌、汉口一带，同当地民间曲调结合演变而成。"（《北京晚报》1990-07-12）

(4) 这种气阀门同蝶阀相比，一是体积大、分量重，一个通径

---

① "同+NP"中的"同"既可能是动词，也可能是形容词（见第13.1.3节），我们暂以述词统称之。

为 1000 毫米的电动闸阀约 2.5 吨（《河北日报》1984 - 01 - 28）

在"（NP₁ +）同 + NP₂ + VP"的基础上拓展出两种用法，分别是"的"字句"同 + NP₂ + 的 + NP"和"把"字句"（NP₀ +）把 + NP₁ + 同 + NP₂ + VP"。"的"字句如：

（5）天津队在同解放军队的比赛中，开场打得沉闷，快攻不够顺手（《天津日报》1987 - 11 - 27）

（6）从此，开始了同宋庆龄的友谊。（《北京日报》1983 - 06 - 03）

出现在 NP 位置的词多是事件名词，如"比赛、合作、往来、会见、会谈、协作、交谈、沟通、联系"，亦可出现在原结构的 VP 位置，因此是动名兼类词。当然也有纯粹的名词，如"友谊、关系、条件"等。"把"字句如：

（7）你姚文元把海瑞的平冤狱、退田同现实类比，请问你是什么存心？（《人民日报》1979 - 01 - 06）

（8）这篇黑文极其阴险地把吴晗写《海瑞罢官》同我国一九六一年遭受自然灾害遇到经济困难的境况无端地联系起来（《人民日报》1979 - 01 - 06）

（9）所以，不能把上级负责人个人同上级划等号，不能把个人的东西都当作必须坚决奉行的东西。（《解放军报》1980 - 12 - 17）

在"把"字句中，两个参与客体都必须出现，"把"使得两个客体之间主从分明，加强了动作的不对称性；同时由于"把"字句"配价增殖"现象（卢英顺，2003），凸显出一个动作发出主体 NP₀，如例 7 中的"姚文元"和例 8 中的"这篇黑文"，这是非把字句不存在的现象。当然这个主体的出现不是强制的，如例 9 带有祈使语气，主语"你（们）"没有出现。

13.1.2 "NP₁ + 同 + NP₂"

在这个结构中,"同"起连接功能,表示两个参与客体之间的并列关系。出现在 NP 位置上的一般是名词(或短语),也有少量动词(或短语)。① 该结构在句法功能上可以做主语、宾语和定语,做谓语的极为少见。举例说明:

(10) <u>坚持改革开放同坚持四项基本原则</u>,构成了党的基本路线的两个基本点,它们相互贯通、相互依存。(江泽民《在毛泽东诞辰一百周年纪念大会上的讲话》)

(11) 最后人人都走了,只剩下<u>我同你</u>。(亦舒《我们不是天使》)

(12) 熬到春青读出头,<u>阿昌同他老婆</u>的日子就该好过了。(微博)

(13) 使刊物暂时化为战场,热闹一通,是办报人的一种极普通办法,近来我更加"世故",天气又这么热,当然不会去<u>流汗同翻筋斗</u>的。(鲁迅《伪自由书·后记》)。

在例 10 中,尽管"同"两边是述宾结构,但它们却是整个句子的主语,具有指称性。另外,"构成"暗示了两者之间的对等关系,因此可以互换而不影响整个句子的语义。在例 11 中,并列结构("我同你")出现在 VP("剩下")之后,构成"VP + NP₁ + 同 + NP₂"结构,因此不可能存在介连区分问题。在例 12 中,借助"的"标记作"日子"的定语,由于"日子"同属于夫妻二人,因此"同"属于连词无疑。例 13 勉强算是作谓语的例子,但也不是十分典型,因为前面已经出现了动词"去"。

13.1.3 "同 + NP"

NP 位置多是光杆名词,也有"一个 + N"的"数量—名"短语,如"同一个梦想"。当"一个"省略为"一"时,即和"同"合为一词

---

① 赵元任(1979:352)认为,"跟、和、同"从来不连接动词性词语或小句。

"同一",表示"共同的一个或一种"(《现代汉语词典》第1314页)。"同+NP"多作定语,如"同时代人";作谓语次之,如"他和我同组";有少量做主宾语的情况,如:

(14) 同姓名,是一个正在悄然形成的公害,它威胁着命名者本人的利益(《北京晚报》1990-12-30)

也有少量的"(与/和+)NP+同"结构,例如:

(15) 他特别强调我之良知与圣人同,人人都有为圣贤的先天条件,勉励人们树立自信心。(BCC语料库"科技文献")

那么该结构中的"同"是动词还是形容词呢?《现代汉语词典》和《现代汉语八百词》的观点并不一致。这要结合NP的语义特点来作出判断:如果NP表示客体之一,那么"同"就是动词,如"款式同前";如果NP表示比较基点,那么"同"就是形容词,如"同款衬衣"。

13.1.4 "同+V"

"同"修饰V一起作谓语或定语。例如:

(16) 他们终于同挖一条渠,同修一眼井,受到群众好评。(《河北日报》1986-07-03)

(17) 年迈的父母双双离世,老伴在香港和岳母同住,唯一的独生女儿遥居美国。(《文汇报》1981-02-05)

(18) "老庄,你同晨曦同是天秤座来客吧。"老庄沉默,双手可是没停止过操作,照样调酒半晌(亦舒《天秤座事故》)

(19) 对这位……,而且曾经长期与我同忧患、共奋斗的老战友,我愿用这篇短文(《解放军报》1980-01-09)

作谓语时,主语必然涉及至少两个(组)客体,可以是集合形式(如例16中的"他们"),也可以是分列形式。分列形式可以是一主一次(如例17中的"老伴"和"岳母"),也可以是并列关系(如例18中的"你同晨曦")。例19做定语的例子,其中"忧患"是名词,容易把

"同"理解为动词或形容词,但有两点可以确定这里的"同"是副词:"忧患"在这里表陈述功能,是"经历忧患"的意思;它与"共奋斗"形成对举,"共"是副词,"同"也就是副词。

13.2 "同"及所在结构的语义特点

有关"同"的语义特点可以从两方面进行探讨:一是它本身的语义特点;二是所在结构的语义特点。由于"同"大多作虚词,所以我们只讨论"(NP$_1$+)同+NP$_2$+VP"和"NP$_1$+同+NP$_2$"的情况。

13.2.1 "同"本身的语义特点

过去把虚词"同"的语义归纳为"伴随"(介词)和"表示并列关系"(连词)。按照这种区分,如果"同"是介词,那么NP$_1$为主NP$_2$为从;如果是连词,二者的关系对等,互换位置而不影响语义。但是有时候两者很难区分,为此有学者提出了各种分化方法,但总能找到反例,如"前言"中的例1。再看一则例子:

(20) 献策赶快同客人互相施礼,寒暄几句,陪着他们一起向大殿走去。(姚雪垠《李自成》)

张谊生(1996)说,凡句中出现相互标记的,该句所表示一般都是对等义,其中的"和"类虚词应是连词。但是在这个例子中,尽管出现了"互相"标记,但"同"和NP$_1$之间有其他成分("赶快"),又说明"同"是介词。"和"类虚词都存在这个难题,如"你跟他一块儿走"中的"跟"可以是连词,也可以是介词(赵元任,1979:351)。事实上,介连区分的语义基础是参与客体之间的主从(介词)和对等关系(连词),形式上必须结合更多的因素(如语用层面的重音、信息焦点等)来确定;而在词汇层面上,我们只要把"同"的语法意义概括为"表示引进其他参与客体"就足够了(具体有哪些参与行为见下一节)。

13.2.2 "同"所在结构的语义特点

"同"所在结构涉及的动词包括交互动词、融合动词和比较动词三类，它们都有至少两个（组）客体参与的特点，可统称为"多主体参与动词"，简称"参与动词"。

13.2.2.1 交互动词

交互动词表示"语义上要由两个方面的人或物同时参与才能实现或实施"（张谊生，1997），动词如"比赛、交锋、交涉、交火、会谈、握手、协定、干杯、合作、配合"等，动词性短语如"交换意见、签订合同、举行婚礼"等。如果动词缺乏交互特征，可以借助"相互、互相、彼此"等相互标记来实现。举例说明：

（21）华主席今天在飞机舷梯旁同西亚德总统紧紧握手，对他再次访问我国表示热烈欢迎。（《天津日报》1978-04-15）

（22）你知道吗，我的孩子，我有点儿爱上你了？不过不会长久的。因为狼同狗同居是不会长久太平的。（梅里美《卡门》）

（23）自此乡勇同官兵互相推诿，索性由教徒自由来往。（蔡东藩《清史演义》）

在例21和例22中，"握手"和"同居"都具有交互特征，但例21在"华主席"和"同……"之间插入了其他成分，因此"同"是介词；而在例22中，一方面"狼"和"同狗"之间并没有其他成分，另一方面两者之间并未强调主从，去掉"同"字语义未变，所以"同"是连词。在例23中，"推诿"不具有交互性，借助"互相"实现为一个具有交互性的动词短语。

13.2.2.2 融合动词

融合动词表示在空间或抽象层面上合为一体，典型的融合动词是"融合、结合、汇合、交叉、构成"等，由于实体隐喻的作用（Lakoff & Johnson，1980），可以进一步拓展到抽象领域。举例说明：

（24）这种细胞同癌细胞融合就会产生有抗体的细胞，这种抗

体仅附着在最初取自某个人的特定的癌（《天津日报》1984-07-21）

(25) <u>李小龙</u>在截拳道里就<u>把他的哲学思想同武术融合为一</u>（《文汇报》2003-07-25）

例24表示两种细胞的空间融合，是客观可见的（当然要通过显微镜）；例25表示思想和武术的抽象融合，是"只可意会不可言传"的融合。这两个例子中的融合都有主从之分：例24表达的是"这种细胞"产生了"有抗体的细胞"，例25表达的是把哲学思想融入了武术，因此两例中的"同"都是介词。

13.2.2.3 比较动词

比较动词是与比较相关的动词，可以是比较动作本身，如"比、相比、比较、类比、相比美"；也可以是比较的结果，可以从"相关度"和"相似度"两个维度进行比较。当动词不具有比较的语义特征时，要加"一样、一般、同等"等比较标记。举例说明：

(26) 而有人说醉白池是李太白醉酒于此，故名，其实醉白池筑于清代顺治年间，<u>同李太白毫不相干</u>（《新民晚报》1986-12-30）

(27) <u>墨西哥</u>在经济发展水平和工资收入等方面<u>同美国和加拿大存在巨大差异</u>（《解放日报》1992-07-16）

(28) 曾有张紫岘诗讽明嘉宗嗜好鸡纵菌，<u>驿骑送菌同唐玄宗驿骑送荔枝一样荒唐</u>。（《新民晚报》1991-06-27）

例26比较的是"醉太白池"和"李太白"的相关度；除了"毫不相干"外，类似词/语还有"无关、有关、有牵连、分不开、关系密切、有密切联系"等。例27比较的是两个国家在经济发展水平等方面的相似度；除了"存在巨大差异"，类似词/语还有"相符、一样、一致、不同、相仿、对立、吻合、有差距、存在差异、很不相称、如出一辙、有相通之处"等。例28中的"荒唐"不具有比较特征，加比较标记"一样"来表达涉及客体之间的关系。

13.3　从认知图景看"同"的词义演变

在解释"同"的句法、语义特点之前，必须理顺"同"的词义演变，因为虚词"同"是从实词语法化而来，这个过程孕育了"同"字句的形式、意义特点。《古代汉语词典》的"同"字词条列有14个义项，其中较为常用的有以下6个：

(29) 聚集，会合：嗟我农夫，我稼既同，上入执宫功。(《诗经·豳风·七月》)

(30) 偕同：同我妇子，馌彼南亩。(《诗经·豳风·七月》)

(31) 一齐，一起：同行十二年，不知木兰是女郎。(佚名《木兰辞》)

(32) 相同，一样：布帛长短同，则贾相若。(贾，即"价")(孟子《孟子·滕文公上》)

(33) 和谐：是谓大同。(《礼记·礼运》)

(34) 参与：不知三军之事而同三军之政者，则军士惑矣。(《孙子·谋攻篇》)

如果要厘清这些意义之间的联系，必须要回到"同"的原初认知图景。"同"的甲骨文字形为 ，上部为覆盖之形，下部为"口"，以一口代众口，表示众口汇聚。可见"同"的原初认知图景可以描述为至少两个（组）参与客体汇聚一堂（CS_0）。这正是"同"的本意："合会也。"(《说文解字》)（如例29）基于 CS_0，如果客体之间的伴随关系得到凸显（CS_1），就引申出了"偕同"的意思（例30）。当"同"从空间领域映射到时间领域表示时间一致（CS_2），就引申出了"一齐，一起"的意思（例31），其中涉及隐喻的认知手段。此外，多个客体"聚集"因有"相同"之处（CS_3，例32），空间距离近也说明其间的关系"和谐"（CS_4，例33），而部分相对整体又是"参与"的关系（CS_5，例34），其中都涉及转喻的认知手段。

虚词"同"是从表示"偕同"的"同"引申而出的,如下:

(35) 每候山樱发,时同海燕归。(王维《送钱少府还蓝田》)
(36) 朝与城阙别,暮同麋鹿归。(马戴《山中寄姚合员外》)
(37) 顾云,大顺中制同羊昭业等十人修史。(王定保《唐摭言》卷12)
(38) 便当质之朋友,同其商量。(黎靖德编《朱子语类》)
(39) 待看椿同桂,洗馥迈燕山。(佚名《水调歌》)
(40) 知县叫取长枷,且把武松同这婆子枷了,收在监内。(施耐庵《水浒全传》第27回)

例35和例36的句式相同,VP也相同(都是"归"),可以表示为"客体$_1$+同(偕同)+客体$_2$+[位移]"。"同"的性质需结合更大的语境来判断,在例35中和实词"候"对举说明是实词,在例36中和虚词"与"对举说明是虚词。在例37和例38中,VP不再局限于位移义,扩展到其他多人参与的动作("修史"和"商量"),说明"同"的介词用法已趋成熟。在例39和例40中,"同"进一步虚化,表现在后面没有VP成分,"同"前后的两个成分可以互换顺序而不影响语义,说明"同"已经引申出典型的连词用法。此时的"同"已不再具有上述种种实义,它基于CS$_1$能够激活至少两个(组)参与客体的语义属性,发展出了引进其他参与客体的语法意义,能够激活"客体$_1$+同+客体$_2$"这一构式。至此,我们可以将"同"不同意义的引申关系图示如下(见图13-1):

其中"CS$_0$→CS$_1$→CS$_6$"是"同"的语法化路径,它渐从CS$_0$的具体动作"聚集"虚化为CS$_1$的伴随关系"偕同",进而虚化为CS$_6$的较为抽象的语法意义。由于"同"频繁出现在"客体$_1$+同(偕同)+客体$_2$+[位移]"这一句式中,导致受话者一听到"同"即含有一种"客体$_2$"随之出现的句法期待,同时随着[位移]位置的动词趋于多样,"同"由实词虚化为介词,而"客体$_1$+同+客体$_2$"这一构式也逐渐固化。在"同"的语法化进程当中,"至少两个(组)客体参与"的特点一以贯之,但虚化之后不再具有"聚集"或"偕同"义,而是单纯

第 13 章 "同"字句的句法、语义特点

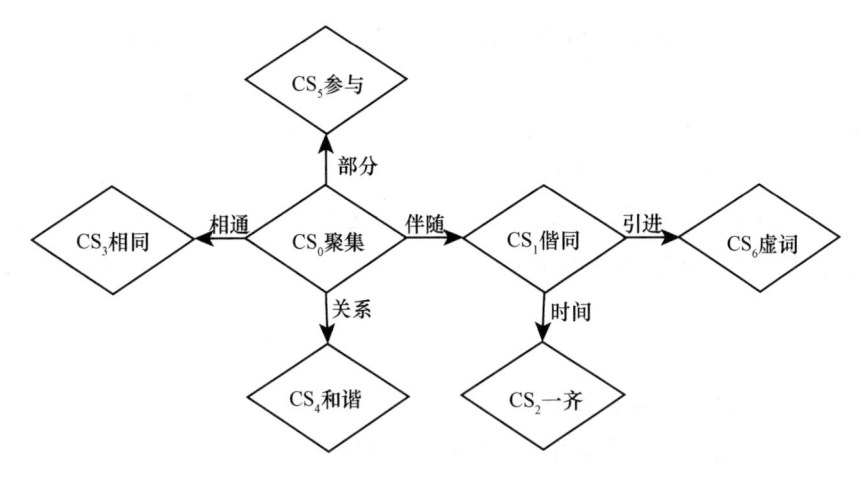

图 13 - 1 "同"不同意义的引申关系

表示多个客体之间的参与关系。这种参与关系是一种拓扑性质，其中的任一零件都不可或缺，打个比方来说就是："同"好比杆秤上的提纽，起着连接"客体$_1$"（实物）和"客体$_2$"（秤锤）的支点作用，左右虽有平衡和不平衡之分（介连区分），但失去了三个零件中的任意一个，这个基本的框架便不复存在。

总之，"同"可以激活"客体$_1$ + 同 + 客体$_2$"这一参与构式，其形式为三个零件"客体$_1$"、"同"和"客体$_2$"的序列组配，其意义是"至少两个（组）客体共同参与某种行为"。这种共时存在是历时使用的产物，是基于认知图景演化（"$CS_0 \rightarrow CS_1 \rightarrow CS_6$"）的结果。

13.4 "同"及所在结构的认知图景解释

在一个以动词为核心的句子中，动词框架决定着整个句子的句法和语义特点，因此必须结合动词的认知图景才能对"同"的句法、语义特点作出完整的解释。

出现在"同"字句中的动词包括交互、融合和比较三类，它们的认知图景可以概括为：至少两个（组）客体进行相应的动作。可见它们有一个共同点，即必须有至少两个（组）客体参与。以交互动词"握手"

为例，它的认知图景可以这样描述：在某种场合一方主动握另一方的手或两方同时握手。该认知图景涉及的认知要素有至少两个握手者、握手的方式、伴随握手的其他问候行为、实施握手行为的时间、场合等。在这些潜在的语义成分当中，至少两个握手者较为凸显（第一次凸显），可能映射为句子层面的主宾语，也可能由虚词引进映射为短语层面的宾语，进而整个短语映射为句子层面的状语（第二次凸显）。试看下面的例子：

(41) ＊＊我握手。（自拟）
(42) ＊我上去握手了多年不见的兄弟！（自拟）
(43) 在观众的欢笑声中，二人握手。（高炜宾《心脏停止跳动以后》）
(44) 两人走上舷梯，机械师同他俩握手致意。（候成路《手术延期进行》）

例41很难接受，因为握手必须涉及至少两个参与客体；例42的可接受度增加，因为它表达的内容和"握手"的认知图景所激活的认知要素相一致，尽管由于"握手"的不及物性显得很不自然。当然有些动词不受及物性的限制，如"配合、融合、结合、比、相比、类比"，其中一个（组）参与客体可以映射为宾语，如例24就可以转换为"这种细胞融合癌细胞就会产生有抗体的细胞……"。再看例43，"至少两个握手者"这一语义要素以集合名词"二人"的形式出现于主语位置；在例44中，"机械师"是主动握手者，被动握手者"他俩"由虚词"同"引进以"同他俩"做"握手"的状语。

此外，"同"所激活的非中心认知图景至少有一个方面和中心认知图景兼容。如前所述，虚词"同"可以激活"客体$_1$＋同＋客体$_2$"这一表示参与义的构式，在形式和语义上满足了第二次凸显，从而使得例44可以被接受。如果不满足上述两个条件，那么句子就很难接受，试看：

(45) ＊两人走上舷梯，机械师同他俩举起了手。
(46) ＊两人走上舷梯，机械师对他俩握手致意。

例45中的"举起了手"是机械师独自完成的动作,因此和"同"激活的参与构式发生了抵牾,删去"同他俩"即可成为合法句子。在例46中,"握手致意"具有交互性,但"对"激活的却是一个表示动作方向的"主体$_1$+对+主体$_2$/客体(+VP)"的构式,因此两者不兼容。

13.5 余论

卢英顺(2015)指出,介词也能在某种程度上激活相应的认知图景,例如,"通过"就可以激活"方法"或"手段"这一要素。但是在认知图景的理论构建及其应用中(卢英顺,2017),有关虚词的研究少之又少,是为缺憾。

对于虚词在意识中的存在方式,阿恩海姆(1998:321)提问道:

> 我们知道,那些再现"房屋""斗争",甚至再现事物对象之间的某种关系(如比××大一些,或包含其中)的意象,是比较容易进入意识的;但是,那些不具有实在的关系或不具有明确意象的连接词如"如果、因为、像、虽然、不是……就是"等,又怎么样呢?

他认为,思维意象不像弗洛伊德所谓"梦的艺术"是通过呈现各种事件(事实)暗示出因果关系的,因为在思维中,如果这种因果关系不具备某种形状的话,那么它就无法存在。那么这种抽象的意象是如何体现的呢?他说,"既然它们是一种理性的关系,就最好用高度抽象的和拓扑学①的形状去再现。"以 with 或 of 与 against 的区别为例,前者是一种稳定的依附,后者则是一种明显的对立(阿恩海姆,1998:321-323)。可是何谓依附?何谓对立?这种表述让人摸不着头脑。

这一章的研究表明,只有结合构式和语法化才能展示出虚词的拓扑

---

① 在拓扑学中,几何图形或空间可以连续改变形状,但一些性质仍能保持不变,它考虑的是物体间的位置关系而不是它们的形状和大小。以"欧拉定理"为例,不管一个凸多面体是何种样式,它的顶点数 v、棱数 e 和面数 f 总有这样的关系:$f+v-e=2$。

性质。首先，虚词的拓扑性蕴含于所在构式。认知图景是"人们对现实世界常规的、或者说比较恒定的认知经验"（卢英顺，2017：5），构式作为形式—意义配对体已被自动化为一种神经动觉程序（neuromotor routines），自然也能被某些词语所激活。而在虚词和实词之间，由于虚词一般不能单独成句，在句中起着枢纽的作用，所以相对实词更容易激活相应的构式。其次，构式不是先验的，是从使用中涌现出来的，因此必须结合语法化才能得到更完全的解释。一方面，虚词几乎都是从实词虚化而来的，其背后是认知图景的演化或更替；另一方面，在虚词内部，介词一般比连词的意义更为具体，而在介词内部，over（Lakoff，1987：419-440）、on（Goddard，2002）的认知图景相对于 of 又更为具体一些。把语法化看成一种渐进的演化史，我们就能从中找到构式的形式、意义来源。

总之，认知图景理论在应用到虚词时，要采用一种异时（heterochronic）[①]视角，既要从共时维度归纳出虚词所能激活的构式，也要结合语法化从历时维度找到构式的形式、意义来源。

[①] "异时"是在复杂理论背景下从生物学引入的一个概念，指的是"处于时间线之时点的语言事件同时也可能是更长时段的语言变化的一部分"[Lemke，2002：80，转引自（Larsen-Freeman，2008：53）]。这种观念把共时和历时有机地结合在了一起，和"泛时"（panchronique）概念（陈保亚，1991）有相通之处。

第 14 章

频率副词"老"的句法、语义特点[①]

频率副词"老"在词典中多被释为"经常"[如《现代汉语词典》(第7版)]或"一直;再三"(如《现代汉语八百词》),但有调查发现它们并没有自由的替换关系(关键 2002)。马真、陆俭明(2017:39)释为"永常",但是该词似乎是杜撰的,[②]从字面来看表示"永远"和"经常"。季安锋(2000)指出,"老"可以表示"在过去某一段时间或者是现在一段时间的经常性动作(惯常行为)或持续性状态"。"老"经常与"总(是)"放在一起比较,如邵勤(2005)指出,"总"相对于"老"具有"+全部"的语义特征,体现在"总"可以与逐指的周遍性成分出现,而"老"不可以。如下面例句所示:

(1) a. 奶奶每天下午总要打个盹儿。
　　b. *奶奶每天下午老要打个盹儿。

除客观语义之外,也有文献注意到"老"的主观性。[③]邵勤(2005)认为,相对"总"对某个行为或状态的客观陈述,"老"体现了说话者的主观感情倾向,含有"否定所述观点的倾向性"。试看如下例句:

[①] 参见杨旭《频数、相对频数、频率与概率——再论"常常/往往/总(是)/老(是)"》,载《长江学术》2022 年第 3 期。
[②]《现代汉语词典》系列未收录,CCL 语料库、语委语料库和 BCC 语料库均未找到"永常"的用例。
[③]《现代汉语词典》只意识到"老是"的主观性(括注为"多含不满或厌恶意"),对"老"则未加说明。

(2) a. 教堂的氛围，总使人感到心平气和。
　　b. *教堂的氛围，老使人感到心平气和。
(3) a. 王菲为什么总能吸引人们的眼球。
　　b. 王菲为什么老能吸引人们的眼球。[以上来自（邵勤，2005）]

在例2中，"总"不能替换为"老"，因为所述行为与"老"的否定倾向悖逆；例2虽然可以替换，但增添了不喜欢王菲的意思。张谊生等（2005）持类似观点，认为"总（是）"主要表示"客观判断"，"老（是）"主要表示"主观评价"；前者主要出现在书面语体中，后者主要出现在口语语体中。但是对于把"总（是）"的传信功能归为客观语义，邓川林（2010）不太认同，在他看来，"老"和"总"都有明显主观性，只不过类型不同："总"是"认识情态"，即"强调命题真实性"，如例4；"老"是"情感态度"，即"消极的情感态度"，如例5。

(4) 叫作"痞子文学"实际只是强调这类作品非常具有个人色彩，考虑到中国文学长期以来总板着道学面孔，这么称呼几乎算得上是一种恭维了。
(5) 牛大姐：您猜怎么着？
　　林一洲：死床上了？
　　于德利：死床下了。
　　牛大姐：哎，我说你这人怎么老插嘴？你讲我讲？[以上来自（邓川林，2010）]

对于"老"的主客观意义，过去观察已经十分敏锐细致，与其他副词比较的做法也值得我们借鉴，但是对客观语义的刻画还不够精密，如没有使用"体"的概念；对主观语义的刻画还不够全面，如没有注意到"总（是）"走上了另一条（交互）主观化道路。这些缺陷和理论工具有莫大关系，为此我们提倡从三个维度来挖掘语义：**客观维度**（或称描述维度），指语言的真值条件或命题，是把语言作为一种指称工具看待的；**主观维度**，指说话者/作者对所言客观事件的主观认识，如态度、立场、情感等；**交互主观维度**，同时承认说话者和听话者的角色，思考说话者向听话者传递关于现实的描述或识解的意图为何（参见本书第 7.5 节的讨论）。下面我们将首先基于语料库描写"老"的句式，接着从三个维度挖掘其语义，最后与相关频率副词［包括"经常""老是""总（是）"］作比较。语料主要出自"语料库在线"，其他语料库作为辅助（包括 CCL 语料库和 BCC 语料库）。

14.1　频率副词"老"的句式

细致描写"老"的句式是准确刻画其语义的前提，一些工具书和文献虽有涉及（如吕叔湘，1999；邵勤，2005），但由于已有句式理论存在局限（偏重句法范畴，忽视语义范畴），不太重视虚词的句式描写工作（受"动词中心论"的影响），没有基于大型平衡语料库甄别其常规用法，且"老"和"老是"混杂在一起描写，因此有必要重新做这个工作。我们发现"老"主要出现在三种句式中，分叙如下。

14.1.1　"人类 + 老 + 行为"

例句如下：

(6) 我妈妈老骂我，脚趾头上长了牙似的，三天吃一双！（魏雅华《小跳蚤贝贝与"鞋王"》）

(7) 你老破坏，制造混乱，趁早滚开吧！（齐日格《闪电我们的伙伴》）

(8) 她不爱说话，老闭着嘴，可是在内心，却很有主见。（卢璐《磨难出英才》）

(9) 无怪鸿渐老觉得班上的学生不把听讲当作一会事。（钱钟书《围城》）

(10) 咱们国家队老冲不出亚洲，真窝囊！（魏雅华《小跳蚤贝贝与"鞋王"》）

(11) 他耳畔老响着她的声音，……（王益山《潮汛》）

"人类"位置主要是人称代词,如例中的"我""你""她";也有人名、亲属称谓、头衔称谓等词汇名词。"行为"位置包括两类:一类惯常行为,单个行为持续时间不长,但一段时间内重复多次,如例6和例7中"骂我""破坏";另一类是连续行为,单个行为可以持续较长时间,如例8和例9中的"闭着嘴""觉得"。我们基于BCC"多领域"语料库作了统计,如表14-1所示,类似于"觉得"这样的心理动词比较凸显,包括"想、觉得、爱、喜欢、要、以为、忘、怕、认为"。当然,"人类"位置也有其他语义成分,如例10中的"咱们国家队",例11中的"他耳畔",都是与"人类"相关的语义成分。

表14-1　基于BCC"多领域"语料库的"老+行为"搭配信息

动词	频率	动词	频率	动词	频率
老想	781	老问	114	老盯	59
老觉得	722	老做	108	老提	57
老说	692	老以为	106	老看到	57
老爱	634	老吃	91	老穿	51
老有	514	老听	88	老逼	44
老喜欢	365	老欺负	71	老呆	43
老要	289	老打	70	老犯	40
老叫	222	老找	65	老看见	39
老看	170	老忘	63	老跑	39
老发	114	老怕	63	老认为	38

两类行为之间可以互相转化:首先,惯常行为可以转变为连续行为。季安锋(2000)认为,"老"在修饰"非过程时状的惯常行为"时,不能出现"在、正在"等过程性标记。但却忽视了惯常行为可以通过添加"在"转变为连续行为,如例12和例13所示。其次,连续行为也可以转变为惯常行为。前面把心理动词归为连续行为,但这里要添加一个"光杆动词"的限制,因为像例14和例15可以通过添加"到""起"等补语转变为惯常行为,即"想到""想起"这种瞬间行为的多次重复。

(12) 她听到<u>姐姐老在翻身</u>，她知道姐姐也没有睡着。（李宽定《墙那边》）

(13) 后来我听<u>河水老在叫呀叫的</u>，就像在召唤活人，我惊醒了。（张爱华《库尔滨河畔》）

(14) <u>我最近老想到自己</u>，……（若雨《智慧的痛苦》）

(15) 你枪法很好，<u>我老想起你开枪的那个场面</u>，真漂亮。(CCL\ 电视剧《天道》)

14.1.2 "否定词+老+行为/老+行为+否定词"

例句如下：

(16) <u>不能老跟着你们在圈栏里跑啦</u>。（武玉笑《远方青年》）

(17) 广英说："奶奶你放心，我去找她探探口气，或许能成，<u>她反正不能老守寡啊</u>！"（刘振华《女儿悲》）

(18) 孙觉得<u>老停在山上不是办法</u>，就向左右几个士兵示意，推着拉着把蒋架下了山。（李云峰《西安事变史实》）

(19) 可是<u>老待在茅厕里也不是个事儿</u>，……（袁静、孔厥《新儿女英雄传》）

出现在"老+行为"前的否定词有"不会、（可）不能、不要、别再、（你）别"，出现在之后的有"不是个事儿、可不行、没有什么意思"。

14.1.3 "疑问词+老+行为""老+行为+疑问词"

(20) 何守礼实在忍耐不住了，就向他提出质问道："炳哥，<u>你为什么老用那种眼光望着我</u>?"（欧阳山《柳暗花明》）

(21) 准又是雷蕾去告的"状"，<u>这个尖咀丫头干吗老揪着我不放</u>?（顾骏翘《丰丰在明天》）

(22) 我的小兄弟，<u>你老瞅着篷顶干吗</u>?（周竟《我骑着马儿过草原》）

(23) <u>孩子老睡不安稳怎么行呢</u>?（《北京晚报》1985-10-31）

出现在"老+行为"之前的疑问词有"为什么、为啥、干吗、干么、怎么",出现在之后的有"干吗、怎么行、有什么用、什么"。

14.2 从三个维度看"老"的认知图景

14.2.1 客观维度

如果用"体"概念来看的话,"老"关联于两种"体"——惯常体(habitual aspect)和连续体(continuous aspect),都属于非完整体(imperfective aspect)。但是"老"更倾向于和连续体关联:在我们抽样的100条语料里,有63条表示连续行为(63%),35条表示惯常行为(35%)。不论哪种体,"老"多暗含已然性,即所修饰行为都是在最近时间内(包括现在,但可能发生在说话者说话之时,也可能不是),除非利用特定时间词加以限制。例如,在下面例24中,通过"最初"把说话前后的时间排除掉了,例25则使用"一天夜晚"限制了该行为的时段始末。但是这种已然性并非像季安锋(2000)讲的是绝对的,如例26和例27所示,当然这种用法只是极少数。

(24)<u>最初,她老这么以为</u>,也就把幸福寄托在这"以为"上……(王蓬《桂芳婆婆》)

(25)<u>一天夜晚,她翻来覆去老睡不着觉</u>,……(李方立《第一犁》)

(26)要不是工人们劝导我呀,<u>我得一辈子老作他的狗腿子</u>!(老舍《春华秋实》)

(27)但是我可知道<u>咱们两个将来不能老这样相爱</u>,……(BCC/托马斯·哈代《还乡》)

14.2.2 主观维度

在主观维度上,"老"所饰行为常是说话者/作者排斥的行为,带有抱怨、质疑和强调的消极情感。这预示着,"老"所在句式经常含有情感否定性。试看如下例句:

(28) 他老偷眼看她,她只觉得十分害怕,十分厌恶。(牧笛《野猫山悲歌》)

(29) 妻是一年来老放不下这两个,常常独自暗中流泪;……(朱自清《儿女》)

(30) 孩子老睡不安稳怎么行呢?(《北京晚报》1985-10-31)

(31) 在这旧俗的大节日里,也不能老是谈军事,谈政治。(远千里《新春大喜》)

例 28 和例 29 中没有显性否定词,表面上看起来是个客观陈述,但其中蕴含着说话者对该事件的否定,或对相反事件的希望或期许:如例 28 中,作者表达了对偷看这种不礼貌行为的反感;在例 29 中,丈夫出于对妻子的关心,用"老"表达了希望其放下的期许。我们随机抽取了 100 条语料计,发现带有否定蕴含的句子有 18 条(18%)。例 30 和例 31 具有显性否定词,统计发现"老"和否定词频频共现:在我们随机抽取的 100 条语料中,带有否定标记的有 42 条,包括反问 13 条(13%)、否定 21 条(21%)、假设 6 条(6%)。

14.2.3 交互主观维度

交互主观性尤其体现在会话语境下,此时说话者和听话者都是在场的,具有很强的互动性和对话性。① 试看如下例句:

(32) 尤满子摇摇头,叹了一口气,反问她:"王翠花,你为啥老跟着我?"(张晓成《尤满子的婚事》)

(33) 苏东露出了他那双紧张的目光,把头凑近陈希的身边,小声地说:"咳,这两天司蒂烈、艾克森和伍学礼他们活动频繁,我想出来却老找不到机会,今天你派人去找我,我正好有十万火急的情报要向你报告……"(陈定兴《香港之滨》)

(34) 我摊摊手,"帮个忙。"

---

① 需要说明的是,交互主观性在口语对话中更为彰显,但在书面语篇中也能得到彰显,此时我们无法借助于不在场的读者的反应,而是要去分析作者针对读者的意图。

"大雄,那女人隐隐透出无限诡秘,我老觉得接近她便浑身不舒服,你收一收你那好奇心,不去也罢。"

"不,我一定要看清楚她的相貌。"我非常固执。

赵三说:"那么下星期三,我在这里等你,你权充我的私人秘书。"(CCL\亦舒《香雪海》)

(35) 一到中午写毛笔字时间儿子就开始叽歪。呵斥中,我责怪他的笔画中没有燕尾,小子眼一斜,叫道:"你老觉得我写得不好,你写一个给我看看!"(BCC 微博)

当"老"与第二人称搭配时,交互主观性是很明显的,如例32,说话者并非真的在寻求答案,而是在告知对方不要再跟着我了。当"老"与第一人称搭配时,指责语气虽然指向了自己,但目的却是寻求对方的原谅(好比犯错时自掌嘴巴一样)。如例33,说话者在邀请对方推论出:我尽力了,希望您原谅。对于"第一/二人称+认知动词"的语法化程度和(交互)主观化程度,文献多有述及,那么中间插入"老"会有什么影响呢?以"我/你+老+觉得"为例,Lim(2011)指出,"我觉得"的交互主观性体现在说话者意识到别人可能不同意自己的观点,因此借"我觉得"先发制人或未雨绸缪地予以缓和,给自己留下余地。基于此,添加"老"在改变客观语义的同时,也加强了其交互主观意义,其中的逻辑是:如果连说话者都对自己有所疑惑和不满的话,那听话者就更不会有所苛责了,如例34。相对"我觉得","你觉得"的(交互)主观性没那么凸显,所以类似例35体现出的指责和不耐烦肯定是由"老"贡献的。

综上所述,我们把频率副词"老"的认知图景归纳如表14-2所示:

表14-2　　　　　　　频率副词"老"的认知图景

三个维度	频率副词"老"的认知图景
客观维度	"人+老+行为" "你老开玩笑" "她不爱说话,老闭着嘴" 经常与两个认知要素"人"和"行为"搭配。 如果"人"在过去一段时间内多次重复(惯常行为)或持续进行(持续行为)此"行为",即在一段时间内"你"开了很多次玩笑,"她"闭着嘴的行为持续了很长一段时间,那么这个命题为真。

续表

三个维度	频率副词"老"的认知图景
主观维度	"你老开玩笑" 说话者对"你"所指代的人物经常开玩笑这种行为表达了消极态度。
交互主观维度	"你老开玩笑。只要我一提这事。""我累了,帕丽。换个时间再骂我吧。老虎凳想跑也跑不掉。"她很快就睡着了。(BCC卡勒德·胡赛尼/群山回唱) 说话者利用"你老开玩笑"向听话者传达了希望对方改正该行为的意图,是一种"抱怨"行为,听话者通过各种符号资源推理得出说话者的意图,这可由其反应"换个时间再骂我吧"得到彰显(也就是说在听话者看来,说话者实施了一个"骂"的行为)。

14.3 与其他频率副词的比较

《现代汉语词典》以"经常"来解释"老",《实用现代汉语语法》和《现代汉语八百词》认为"老"和"老是"是同义词,《现代汉语词典》以"总是"解释"老是",《实用现代汉语语法》和《现代汉语八百词》则认为"总"和"总是"是同义词。文献中也有类似看法,因此有必要比较一下它们的异同。

14.3.1 "经常"

在客观维度上,"经常"具有如下特点:首先,多修饰惯常行为。在随机抽样的100条语料中,有91条是修饰惯常行为的,另有9条表面上看是修饰连续行为,但是更倾向于解读为这种状态的多次出现。如例36中的"干旱",不是一次干旱持续很久,而是出现了多次干旱(中间有间隔,且间隔较短)。再如例37,虽然有连续标记"着",但也只能解读为记录行为多次出现(试与前面例8的"老闭着嘴"比较)。[①] 其次,不具已然性。"经常"之前可以出现情态动词,如"要/需要/必须/可以/得"(如例38),也可以与将来时间标记共现(例39),这一点与

---

① 在语文词典中,"经常"多与"常常""时常"互训,如《现代汉语词典》只为"常常"提供了释义,为"表示事情的发生不止一次,而且时间相隔不久"(第147页)。

其他几个动词形成鲜明对比。最后，与其他七个词比，频率较低。

（36）这儿海风大，经常干旱，别说护林、育林的苦况，……（杜埃《树仔队长》）

（37）验潮兵们经常顶风冒雨站在水尺旁边，忠实地记录着。（《解放军报》1983-10-20）

（38）我还差的远哩，还需要经常打扫思想上的灰尘。（费加《上海姑娘在北大荒》）

（39）梅先生所学的剧目并不见得以后都经常演出，……（张君秋《梅兰芳先生的革新精神》）

在（交互）主观维度上，"经常"极少（交互）主观意义。试对"老"和"经常"进行替换，排除客观意义和语体的影响，会发现无法替换，或替换之后意义有变。如例40中，"老"带有的不满语气与前一句的赞美语气不协调；例41中，说话者的抱怨语气减弱乃至消失，与前文"质问"所表现的语气不相协调。另外，由于"经常"不蕴含情感否定（所饰行为并非说话者/作者排斥的），因此极少出现在否定语境中。在随机抽取的100条语料中，只有3条具有否定性，而且是否定词对"经常"表示的频率做出了否定（从中频降到了半低频或低频）。[①]如下面例42和例43否定了"经常"，但这些行为还是偶有出现，如例43后文出现了"偶尔"。

（40）*这些朴实、动人的艺术充满了泥土气息，老是演员群众一齐起舞。（改自臧玲玲张西珍《欢歌妙舞颂友谊》）

（41）? 何守礼实在忍耐不住了，就向他提出质问道："炳哥，你为什么经常用那种眼光望着我？"（该自欧阳山《柳暗花明》）

（42）肠淋巴结有水肿、充血、切面有腺病变和幼虫，但这些

[①] 当然，否定本身自含交互主观性。根据 Verhagen（2005：28-77），说话人通过否定指示听话人接受两种不同的认知表征，即否定的和肯定的，并在放弃第二种时采用第一种，这样就体现除了交互主观性。——感谢李姝妹指出了这一点。但这种交互主观性并不包含某种态度，与"老（是）"是截然不同的。

病变并不经常出现，临床上的意义不很大。（北京农业大学《家畜寄生虫学》）

（43）何况我也没有经常坐爸爸的车，只是偶尔顺便接我一趟，你也不舒服？（霍达《穆斯林的葬礼》）

14.3.2 "老是"

在客观维度上，"老是"与"老"类似，也关联于惯常体和连续体，且后者多于前者（61∶39）。在（交互）主观维度上，在随机抽取的100条语料中，71条含有否定性，其中30条出现了显性否定标记，如例44和例45中的"别""为什么"。可见，"老是"相对"老"的（交互）主观性更强，这也就能解释为什么《现代汉语词典》只标注后者了。"老是"也有不同于"老"的地方，即可以后加名词和形容词，[①]如例46和例47所示。

（44）别老是怪模怪样的，我可不喜欢老看你演戏。（周震骅《在悬崖上》）

（45）孙老伯说，更不满意了："这几天你为什么老是躲着我？"（许保元《小小的心灵》）

（46）包着她们那肥胖身体的，下身老是一条彩色的沙笼，……（钱歌川《槟城的元夜》）

（47）她眼睛倒是挺大，可眼泡老是肿的。（王蒙《恋爱的季节》）

14.3.3 "总（是）"

试看如下例句：

（48）在任何一种介质里，光总是沿着直线传播的。[《物理》（高中第二册）]

[①] "老"后也能加形容词，但此时是表示"很；极"的"老"，如"老远""太阳已经老高了"。

基于认知图景理论的句式研究

(49) 在海洋水域中，无论是食物链的第一环节，还是第二环节的饵料资源，<u>总有一部分未被经济鱼类的幼鱼和成鱼所利用，而被非经济种类所消耗</u>。(福建水产学校《渔业资源与渔场》)

(50) 我冯玉祥也认为只要坚持抗战<u>日本总要失败的</u>。(BCC/王火《战争和人》)

(51) <u>一切经历过艰险困难的人，一旦回到亲人身边来总是这样说话</u>，这样把一口口的苦水吐出来的。(BCC/徐兴业《金瓯缺》)

(52) (坐立不安地) 卿说得不错，但是<u>朕总觉得有一个影子照在心里</u>，……(夏征农《甲申记》)

(53) 先整体后局部，也有人先雕局部 (如头部、四肢)，<u>但整体总是在头脑中支配着创作过程</u>。(梁宇《非洲艺术的瑰宝》)

(54) 金斗嗐了一声蹲了下去，手簌簌打战，<u>总也擦不着火</u>。(李克定《夜无声》)

(55) 可是，世间任何规矩哪怕再严密似乎<u>总也免不了有缝隙</u>。(刘俊光《戈壁滩》)

(56) 平常一个马来少年，<u>总惯常比中年和老年人来得懒散</u>。(斐儿《马来人》)

(57) <u>她总是常常提醒我说</u>，焚文里有一句话说，……〔BCC/冰心《冰心全集》(第六卷)〕

(58) 我无数次默念：沙石峪，<u>总有一天，我还会去看望你的</u>。(《天津日报》1978-09-19)

(59) 阿春：我说过我没带钱。
　　　起明：为什么？
　　　阿春：起明，我不会借钱给你的。
　　　大卫：阿春，<u>你总不能见死不救吧</u>。……(CCL\电视剧《北京人在纽约》)

"总 (是)"常与周遍条件标记共现，如例48和例49中的"任何""无论……还是……"；常与充分条件标记共现，如例50和例51中的"只要""一旦"；常与转折标记共现，如例52和例53中的"但是""但"；常与"也"搭配，构成"总也"，如例54和例55；可以与其他

240

频率副词共现，如例56和例57中的"总惯常""总是常常"。如果把"总（是）"的语义概括为"全部满足，无一例外"，就能对上述句式特点作出统一解释了：周遍条件从句是为了强调周遍性或逐指性；充分条件句则是需要满足在某一条件的前提下；转折标记前都是让步从句，逻辑在于把某种情况排除掉之后周遍性仍然满足；"也"具有"程度性包含"的意思，可以搭配表示周遍性的词语（如"他坐在那儿，一句话也不说"，参见毕永峨，1994）；和频率副词搭配最能显示这一点，"总（是）"固然能解读出频率的语义（文献中被归为频率副词），《现代汉语词典》也为它们释义为"一直；一向"或"一直如此；经常如此"，提供的用例有"晚饭后他总要到湖边散步""见了人总是笑嘻嘻的"，但在我们看来，这是基于"全部满足，无一例外"的派生解读，因为只有情况次数较多才谈得上"全部满足"，这样就很容易衍生出频率的解读，但是"总（是）"所饰行为的间隔有长有短，严格来说并非频率，这样它也就可以和频率副词共现了。

再看（交互）主观维度。基于上述客观语义，"总（是）"带有"强调命题真实性"的主观性——这是一种不同于"老（是）"情感态度的另一种主观性，即"认识情态"的主观性（邓川林，2010）。而在情感态度上，"总（是）"大多趋于中性，极少含有情感否定的语义。在我们随机抽取的100条语料里，"总"只有18条带有否定性，其中只有3条出现了显性否定标记；"总是"只有6条带有否定性，没有一条出现显性否定标记。考虑到主观性，我们也就理解为什么在翻译中"总（是）"会被翻译为情态动词（如"will""must"）了（孙瑞禾，2008）。在交互主观维度上，"总（是）"常表示"维护自己，劝服对方"。这尤其体现在转折或让步的语境中，即为了维持自己结论的正确性，先让步性地承认对方的观点正确。这又包括显性让步的情况（如例52和例53）和隐性让步的情况，如例58中的"总有一天"暗含"现在我无法去看望你"，例59中的"你总不能见死不救"暗含"我承认你不想借钱给我"。正为此，很多词典单设了一条"毕竟；总归"的义项。

当然"总是"和"总"也有一些区别。"总是"相对"总"更常出现在"事物+副词+行为"句式中（51%），用于描述某种自然或文化现象、规律或法则，强调它们是"大概率"事件，几乎没有例外的情况。由于所述事件被当成"真理"对待,所以不存在已然性,在听话者/读者眼里是被强烈投射到任何时间的(如例 48 和例 53)。这说明"总是"比"总"的(交互)主观性更强一些。另外,"总是"后可加名词和形容词,如"子仁先生总是这一套"和"她的声音是那么悦耳",这类似于"老是"和"老"的区别。

综上所述,我们可以把它们的不同概括如下:在客观维度上,三组词的强调点不同:"经常"强调次数较频(一定的时段内发生次数多、间隔短),不具已然性;"老(是)"和"经常"有类似的时候,但更常表示连续行为持续较长,具有已然性;"总(是)"强调无例外,无所谓间隔长短,也无所谓已然性。它们都与"频率"相关:"经常"是最严格的频率副词(合于"单位时间内完成周期性变化的次数");"老(是)"修饰惯常行为合于频率副词,修饰连续行为已有偏离;"总(是)"有时可以解读出频率语义,但这是基于核心语义的派生解读。如果非要为它们的频率高低排个序的话,可以排为"总(是)>老(是)>经常"(周小兵,1999;邵勤,2005:175)。在(交互)主观维度上,"经常"极少(交互)主观性;"老(是)"具有否定情感,旨在希望改正;"总(是)"具有肯定情态,旨在劝服对方。另外,在后两组词中,"老是/总是"的(交互)主观性还要高于"老/总"。

14.4 理论和实践启示

理论上,要从三个维度来挖掘语言的意义,在准确刻画客观语义的基础上,不能忽视(交互)主观意义;准确刻画语义的前提是句式描写,我们的调查表明,副词也有其句式,体现在与其他词语的有规律共现上。

实践上,祝韶春(1994)指出,对外汉语学习者在学习"老"和"总"时之所以产生偏误,一大原因就在于忽视其使用模式,为此倡导:"在研究这类同义副词的教学时,重点不在于它们的词义,而在于它们的用法——用法上的差异及其规律"。我们认为词义和用法(句式)是统一的,我们基于大型平衡语料库调查了"老"的句式,在此基础上从

第 14 章 频率副词"老"的句法、语义特点

三个维度刻画了其语义，正有利于对外汉语学习者避免偏误。试看如下例句：

(60) 误：只要我从那里经过，就老会见到她。
正：只要我从那里经过，就一定/必然/必定会见到她。
[出自杨庆蕙主编，2009：295]

(61) 再说面包福，<u>老见到他呼朋引伴地跑篮球场</u>，……（凯子《挪威森林记》）

(62) 那时候你们说"女孩子也需要竞争力"。允许我在中国留学。<u>总是｛CC 老是｝｛CJX｝你们支持｛CJX｝我想做什么，学什么</u>。（HSK 动态作文语料库）

(63) 第［C］一，父母和老人经常｛CC 老是｝关心现代社会的潮流［C］，并｛CD 肯［C］定｝接受年轻人的想法和态度。（HSK 动态作文语料库）

编者对例 60 的解释是，"见"属于瞬间动作，而非长久持续过程，因此不能用"老"修饰。这种解释没有抓到要害，因为"老"是可以修饰"见"的，如例 61。真正的原因是"老"具有已然性，而且考虑到前面有"只要"构成的充分条件，故也可以修改为"总（是）"。再看例 62 和例 63，学习者之所以误用"老是"，是因为他们没意识到它具有"否定情感，希望改正"的（交互）主观意义。

结　论

本研究基于认知图景理论对动词、名词和虚词的句法、语义特点进行了系统的描写和解释，主要发现可以总结为以下几方面：

第一，在动词的句式和认知图景方面，我们首先确定了一个基于使用的及物性研究框架，可大致概括为：及物性既是个体词及所在小句（乃至语篇）概念，也是概括词概念；及物性研究要区分个人言语层面和社群语言层面；两个层面之间存在双向和动态互动关系，及物性是个体词及所在小句/语篇与概括词互动的产物。在此指导下，我们调查了三类具体句式：

首先是"睡"的三种及物用法。研究发现，"睡（觉）"和"睡沙发"两种及物用法使用频率很低，宾语位置的类型也不丰富（尤其是"睡+觉"），因此无法从它们出发把"睡"处理为及物动词。但是"睡+处所"虽然使用频率也不高，但考虑到处所在"睡"激活的认知图景中凸显度较高（26%），句法上可凸显到重要的宾语位置，且发生了较大的意义变化（即"睡+处所"是一个新颖构式），处所位置的词语特别多样，因此它的及物用法规约度较高，激进的做法甚至可以直接把它处理为及物动词。

其次是"死"的及物用法。"死"在句式交替自由度上低于"生"但高于"病、老"；在共时分布上，个例频率不高（仅占5%），类型频率上"死者"位置局限于亲属称谓（如"父亲、母亲/娘、老伴、婆姨、丈夫/男人"）——切记不能混同于隶属于事件存现句的"死+死者"（如"死了人"）和存现句的"处所+死+数目+死者"（如"罗店镇上死了许多人"）；在历时分布上，比较明确的用法可以追溯到元明，较为久远；在认知理据上基于抽象的社会关系之损失，"受损者"在"死"激活的认知图景中凸显度较低（15%）。综上所述，尚不能把"死"处理为及物动词。

最后是"吃饱饭/喝醉酒"句。我们主张在研究双动词结构时结合两种路径：一方面采用整体主义路径，把其中的"方式+结果"结构视为一个构式或合成词，这种处理为词法的做法可以避免寻找句法中心的问题；另一方面采用还原主义路径，详细分析前后动词与语义成分的关系，归纳出双动词结构的语义结构类型及其交替关系，这样能够认识到双动词结构内部的异质性。在此指导下观察"吃饱饭/喝醉酒"句，我们认为不能把类似结构简单地处理为词汇或惯用语，而应该对双动词的词汇化程度和所在句式的分布模式进行调查来确认。

第二，在名词的句式和认知图景方面，我们提供了四个案例：（1）"（心灵）鸡汤"。该表述随着使用频率上升出现了多种效应，尤其是多功能用法。在指称用法中，"（心灵）鸡汤"频频出现在消极语境中，证明它的语义向消极一端偏移。这种语义变化反映了语言背后的社会、文化及观念变化。（2）"内卷"。该词从学术界跨域至日常生活领域，在变异上呈现出缩略与泛化的双重效应：缩略体现在词长变短，即从"内卷化"到"内卷"再到"卷"；泛化体现在语义相较于过去更加宽泛，句法表现越来越多样，"卷"可作为语素构成新词，呈现出复杂灵活的句法功能。（3）事件名词。我们基于词典和语料库调查了"研究""出版""信任/怀疑""X化"的指称用法，发现规约化程度都很高，这对认知图景理论的启示是：动词也可以激活物体范畴（即动词的自指、转指用法），对于处于主语或宾语位置上的表示动作的词语，如果其指称用法规约化，那么可以认定为名词。（4）双名词结构。学术界对此争议颇多，我们认为主语和话题既不具备跨语言的普遍性，也可能不具备语言内部的普遍性，而是由具体句式或构式决定的。为此我们提倡结合特定的句式或句子来挖掘其语义、语用属性，基于认知图景理论借助两次凸显来描写其生成过程，双名词结构即是在第二次凸显中由多种（交互）主观因素促成的。

第三，在虚词的句式及其认知图景上，我们主张虚词也能激活一定的认知图景（卢英顺，2017：56—57），并初步探讨了虚词"同"和频率副词"老"的句式和认知图景,发现:(1)在"同"字句中,核心动词(语)的中心认知图景可以激活"至少两个(组)参与客体",虚词"同"的非中心认知图景可以激活"客体$_1$+同+客体$_2$"这一表示参与义的构式,两者之间的兼容决定了"同"字句的句法、语义特点。(2)频率副词"老"在客观维度上和"经常"有类似之处,但更常表示连续行为持续较长,具有已然性;在(交互)主观维度上,"老"具有否定情感、旨在希望改正的含义。

总之,本研究基于认知图景理论,以动词(及物用法)、名词和虚词为例,对其句式及相关问题做了细致的探讨;但是也遗留了不少的问题,希望将来能进一步丰富相关研究,也期盼同人投入认知图景理论及其应用的研究中。

参考文献

《现代汉语常用词表》课题组:《现代汉语常用词表(草案)》,商务印书馆 2008 年版。

安华林:《从两种词表看名、动、形兼类的处理》,《语言教学与研究》2005 年第 4 期。

北京大学中文系 1955、1957 级语言班编:《现代汉语虚词例释》,商务印书馆 1982 年版。

毕永峨:《"也"在三个话语平面上的体现:多义性或抽象性》,载戴浩一、薛凤生主编《功能主义与汉语语法》,北京语言学院出版社 1994 年版。

曹逢甫:《汉语的句子与子句结构》,王静译,北京语言大学出版社 2005 年版。

曹先擢、苏培成主编:《汉字形义分析字典》,北京大学出版社 1999 年版。

陈保亚:《论语言研究的泛时观念》,《思想战线》1991 年第 1 期。

陈昌来:《现代汉语不及物动词的配价考察》,《语言研究》1998 年第 2 期。

陈昌来:《现代汉语句子》,华东师范大学出版社 2000 年版。

陈满华:《变换、转换语法与构式语法的非转换观》,《外语教学》2020 年第 5 期。

陈平:《试论汉语中三种句子成分与语义成分的配位原则》,《中国语文》1994 年第 3 期。

陈平:《释汉语中与名词性成分相关的四组概念》,《中国语文》1987 年第 2 期。

陈望道：《修辞学发凡》，上海教育出版社 1976 年版。

陈振宇：《汉语的小句与句子》，复旦大学出版社 2016 年版。

陈振宇：《汉语的指称与命题——语法中的语义学原理》，世纪出版集团、上海人民出版社 2017 年版。

崔山佳：《汉语语法历时与共时比较研究》，语文出版社 2015 年版。

戴浩一：《中文构词与句法的概念结构》，《华语文教学研究》2007 年第 1 期。

单宝顺：《现代汉语处所宾语研究》，中国社会科学出版社 2011 年版。

邓川林：《"总"和"老"的主观性研究》，《汉语学习》2010 年第 2 期。

邓盾：《从分布式形态学看现代汉语语素"化"及其与英语后缀 - ize 的共性和差异》，《外语教学与研究》2020 年第 6 期。

邓仁华：《汉语存在句的系统功能语法研究》，《现代外语》2015 年第 1 期。

丁健：《语言的"交互主观性"——内涵、类型与假说》，《当代语言学》2019 年第 3 期。

丁声树等：《现代汉语语法讲话》，商务印书馆 1961 年版。

董秀芳：《词汇化：汉语双音词的衍生和发展》，商务印书馆 2011 年版。

董秀芳：《从谓词到体词的转化谈汉语词典标注词性的必要性》，《辞书研究》1999 年第 1 期。

段天婷：《基于用法的非双宾动词的双宾构式准入机制的构式场研究》，博士学位论文，复旦大学，2019 年。

范晓：《"施事宾语"句》，《世界汉语教学》1989 年第 1 期。

范晓：《说语义成分》，《汉语学习》2003 年第 1 期。

范晓主编：《汉语的句子类型》，书海出版社 1998 年版。

方光焘：《汉语词类研究中的几个根本问题（提纲）》，《方光焘语言学论文集》，江苏教育出版社 1986 年版。

方光焘：《论现代汉语语法研究中的几个原则性问题》，《方光焘语言学论文集》，江苏教育出版社 1986 年版。

方梅：《修辞的转类与语法的转类》，《当代修辞学》2011 年第 1 期。

方绪军、李翠：《主语位置上"NP 的 VP"与前提陈述的联系》，载徐阳春、刘小川主编《汉语句式问题探讨：汉语句式国际学术研讨会论文集》，中国社会科学出版社 2016 年版。

冯胜利：《论汉语"词"的多维性》，《当代语言学》2001 年第 3 期。

冯志纯：《由"词性"的误释、误用所想到的》，《四川理工学院学报》（社会科学版）2007 年第 6 期。

高航：《"N 的 V"结构的认知语法考察：基于语料库的研究》，《外文研究》2013 年第 4 期。

高名凯：《汉语语法论》，商务印书馆 1986 年版。

高顺全：《三个平面的语法研究》，学林出版社 2004 年版。

高顺全：《也谈"王冕死了父亲"的生成方式》，《现代中国语研究》2009 年第 11 期。

龚君冉：《现代汉语普通话"和"类虚词的分布考察》，《对外汉语研究》2008 年第 0 期。

古川裕：《词法和句法之间的互动及其接口——以"可怕/怕人"和"好吃/难吃"等词语为例》，载徐杰、钟奇主编《汉语词汇、句法、语音的相互关联》，北京语言大学出版社 2007 年版。

关键：《"一直""总""老"的比较研究》，《汉语学习》2002 年第 3 期。

郭继懋：《领主属宾句》，《中国语文》1990 年第 1 期。

郭继强：《"内卷化"概念新理解》，《社会学研究》2007 年第 3 期。

郭锐：《表述功能的转化和"的"字的作用》，《当代语言学》2000 年第 1 期。

郭锐：《述结式的配价结合与成分的整合》，载沈阳、郑定欧主编《现代汉语配价语法研究》，北京大学出版社 1995 年版。

郭锐：《现代汉语词类研究》，商务印书馆 2002 年版。

侯瑞芬：《〈现代汉语词典〉词类标注的修订及反思》，《辞书研究》2017 年第 4 期。

胡附、文炼：《动词及物与不及物的区分》，载胡附、文炼著《现代汉语语法探索》，东方书店 1955 年版。

胡明扬主编：《词类问题考察》，北京语言文化大学出版社 1996 年版。

胡裕树：《试论汉语句首的名词性成分》，《语言教学与研究》1982 年第

4 期。

胡裕树主编：《现代汉语》（重订本），上海教育出版社 1995 年版。

黄和斌：《质疑"两个问题"与"一个难题"——对布氏向心结构观的认识》，《外国语》（上海外国语大学学报）2014 年第 4 期。

季安锋：《时间副词"老"的意义》，《汉语学习》2000 年第 5 期。

金立鑫：《普通话"NP 的 VP"的类型学分析》，2018 语言的描写与解释——纪念著名语言学家胡裕树先生 100 周年诞辰学术研讨会论文，复旦大学，2018 年。

金立鑫、王红卫：《动词分类和施格、通格及施语、通语》，《外语教学与研究》2014 年第 1 期。

黎锦熙：《新著国语文法》，商务印书馆 1992 年版。

李金兰：《现代汉语身体动词的认知研究》，博士学位论文，华东师范大学，2006 年。

李临定：《宾语使用情况考察》，《语文研究》1983 年第 2 期。

李临定：《动词分类研究说略》，《中国语文》1990 年第 4 期。

李临定：《现代汉语句型》，商务印书馆 1986 年版。

李讷、石毓智：《汉语动词拷贝结构的演化过程》，《国外语言学》1997 年第 3 期。

李艳娇、杨尔弘：《基于语料库的"和、与、同、跟"使用分布考察》，《语言教学与研究》2014 年第 3 期。

李钻娘、罗慎仪：《出现式与消失式动词的存在句》，《语文研究》1987 年第 3 期。

林杏光：《汉语句型》，中国国际广播出版社 1990 年版。

刘大为：《从语法构式到修辞构式（上、下）》，《当代修辞学》2010 年第 3/4 期。

刘丹青：《语义优先还是语用优先——汉语语法学体系建设断想》，《语文研究》1995 年第 2 期。

刘经建：《三音节"化"缀动词浅析》，《宁夏大学学报》（社会科学版）1994 年第 2 期。

刘美君：《动词与构式的互动——从放置动词说起》，中国社会科学院语言研究所讲座论文，中国社会科学院，2019 年 11 月 4 日。

刘世定、邱泽奇:《"内卷化"概念辨析》,《社会学研究》2004年第5期。

刘探宙:《说"王冕死了父亲"句》,学林出版社2018年版。

刘晓林:《也谈"王冕死了父亲"的生成方式》,《中国语文》2007年第5期。

刘月华、潘文娱、故柈:《实用现代汉语语法》(增订本),商务印书馆2001年版。

龙日金、彭宣维:《现代汉语及物性研究》,北京大学出版社2012年版。

卢英顺:《把字句的配价及相关问题》,《语言科学》2003年第2期。

卢英顺:《从认知图景看不及物动词带宾语问题——兼谈对外汉语教学中的相关问题》,《汉语学习》2016年第3期。

卢英顺:《关于"句式"研究的一点理论思考——以"放置"类动词为例》,《中国语文法研究》2016年第1期。

卢英顺:《关于认知图景的几个问题》,《语言科学》2008年第6期。

卢英顺:《汉语中的动词和形容词宜合为一类》,《烟台师范学院学报》(哲学社会科学版)1999年第2期。

卢英顺:《话题:汉语句子结构的一种基本成分》,《语言研究集刊》2020年第2期。

卢英顺:《认知图景:理论建构及其运用》,学林出版社2017年版。

卢英顺:《认知图景与句法、语义成分》,《复旦学报》(社会科学版)2005年第3期。

卢英顺:《认知图景之间的相互作用》,《语言研究集刊》2015年第2期。

卢英顺:《新句式观与对外汉语动词教学》,《对外汉语研究》2020年第2期。

卢英顺:《语汇、语法研究10大认识问题》,学林出版社2014年版。

陆丙甫:《从心理学角度看句型问题》,载中国社会科学院语言研究所、现代汉语研究室编《句型和动词》,语文出版社1987年版。

陆丙甫:《汉、英主要"事件名词"语义特征》,《当代语言学》2012年第1期。

陆丙甫:《人类空间、时间感知对人类语言结构的普遍影响——语义距离象似性跟可别度领先象似性及其引申》,《Chinese as a Second Language Research》2016 年第 2 期。

陆丙甫：《语序优势的认知解释（上、下）：论可别度对语序的普遍影响》，《当代语言学》2005 年第 1/2 期。

陆丙甫、应学凤：《人类信息处理能力限度对语言结构的基本制约》，《语言教学与研究》2019 年第 3 期。

陆丙甫、应学凤、张国华：《状态补语是汉语的显赫句法成分》，《中国语文》2015 年第 3 期。

陆俭明：《从量词"位"的用法变异谈起——中国语言学发展之路的一点想法》，《语言科学》2007 年第 6 期。

陆俭明：《从语法构式到修辞构式再到语法构式》，《当代修辞学》2016 年第 1 期。

陆俭明：《对外汉语教学与汉语本体研究的关系》，《语言文字应用》2005 年第 1 期。

陆俭明：《构式语法理论的价值与局限》，《南京师范大学文学院学报》2008 年第 1 期。

陆俭明：《关于词的兼类问题》，《中国语文》1994 年第 1 期。

陆俭明：《句类、句型、句模、句式、表达格式与构式——兼说"构式—语块"分析法》，《汉语学习》2016 年第 1 期。

陆俭明：《现代汉语不及物动词之管见》，中国语文杂志社编《语法研究和探索》（五），语文出版社 1991 年版。

陆俭明：《现代汉语语法研究教程》（第四版），北京大学出版社 2013 年版。

陆镜光：《论小句在汉语语法中的地位》，《汉语学报》2006 年第 3 期。

吕冀平：《主语和宾语的问题》，《语文学习》1955 年第 7 期。

吕建军：《现代汉语不及物动词带宾语的认知的研究》，博士学位论文，四川大学，2009 年。

吕叔湘：《从主语宾语的分别谈国语句子的分析》，载吕叔湘《汉语语法论文集》，商务印书馆 1984 年版。

吕叔湘：《关于汉语词类的一些原则性问题》，载贺重等《汉语的词类问题》，中华书局 1955 年版。

吕叔湘：《汉语句法的灵活性》，《中国语文》1986 年第 1 期。

吕叔湘：《汉语语法分析问题》，商务印书馆 1979 年版。

吕叔湘：《句型和动词学术讨论会开幕词》，载中国社会科学院语言研究所、现代汉语研究室编《句型和动词》，语文出版社 1987 年版。

吕叔湘：《通过对比研究语法》，《语言教学与研究》1992 年第 2 期。

吕叔湘：《现代汉语八百词》（增订本），商务印书馆 1999 年版。

吕叔湘、朱德熙：《语法修辞讲话》，辽宁教育出版社 2002 年版。

吕叔湘主编：《现代汉语八百词》（增订本），商务印书馆 1999 年版。

罗仁地：《非结构主义语言学》，《实验语言学》2022 年第 3 期。

罗仁地、潘露莉：《焦点结构的类型及其对汉语词序的影响》，载徐烈炯、潘海华主编《焦点结构和意义的研究》，外语教学与研究出版社 2005 年版。

马贝加：《汉语动词语法化》，中华书局 2014 年版。

马贝加：《介词"同"的产生》，《中国语文》1993 年第 2 期。

马建忠：《马氏文通》，商务印书馆 2010 年版。

马莉：《从论元角度看"王冕死了父亲"》，《外语教学》2003 年第 3 期。

马真、陆俭明：《现代汉语虚词散论》（第三版），北京大学出版社 2017 年版。

马真、陆俭明：《形容词作结果补语情况考察（一、二、三）》，《汉语学习》1997 年第 1/4/6 期。

孟琮、郑怀德、孟庆海等编：《汉语动词用法词典》，商务印书馆 1999 年版。

莫彭龄：《词汇的"词"、语法的"词"和修辞的"词"》，《语言教学与研究》2004 年第 6 期。

朴德俊：《双音节形容词的使动化过程》，载戴耀晶主编《语言的描写与解释：胡裕树先生诞辰 90 周年纪念文集》，复旦大学出版社 2019 年版。

戚晓杰：《词汇词和语法词：汉语词类划分问题症结之所在》，《汉语学报》2015 年第 3 期。

屈承熹：《汉语认知功能语法》，黑龙江人民出版社 2005 年版。

任鹰：《"吃食堂"与语法转喻》，《中国社会科学院研究生院学报》2000 年第 3 期。

任鹰：《"领属"与"存现"：从概念的关联到构式的关联——也从"王冕死了父亲"的生成方式说起》，《世界汉语教学》2009年第3期。

任鹰：《"这本书的出版"分析中的几个疑点——从"'这本书的出版'与向心结构理论难题"说起》，《当代语言学》2008年第4期。

任鹰：《主宾可换位动结式述语结构分析》，《中国语文》2001年第4期。

邵敬敏、罗晓英：《语法本体研究与对外汉语语法教学》，《暨南大学华文学院学报》2005年第3期。

邵勤：《"老"、"总"比较》，载金立鑫主编《对外汉语教学虚词辨析》，北京大学出版社2005年版。

沈家煊：《"计量得失"和"计较得失"——再论"王冕死了父亲"的句式意义和生成方式》，《语言教学与研究》2009年第5期。

沈家煊：《"有界"与"无界"》，《中国语文》1995年第5期。

沈家煊：《"在"字句和"给"字句》，《中国语文》1999年第2期。

沈家煊：《不对称和标记论》，商务印书馆2015年版。

沈家煊：《句式和配价》，《中国语文》2000年第4期。

沈家煊：《说"偷"和"抢"》，《语言教学与研究》2000年第1期。

沈家煊：《我看汉语的词类》，《语言科学》2009年第1期。

沈家煊：《形容词句法功能的标记模式》，《中国语文》1997年第4期。

沈家煊：《语法研究的分析和综合》，《外语教学与研究》1999年第2期。

沈家煊：《怎样对比才有说服力——以英汉名动对比为例》，《现代外语》2012年第1期。

沈家煊：《转指和转喻》，《当代语言学》1999年第1期。

沈园：《逻辑判断基本类型及其在语言中的反映》，《当代语言学》2000年第3期。

施春宏：《动结式论元结构的整合过程及相关问题》，《世界汉语教学》2005年第1期。

施春宏：《汉语动结式的句法语义研究》，北京语言大学出版社2008年版。

施春宏：《汉语句式的标记度及基本语序问题》，《汉语学习》2004年第2期。

施春宏:《互动构式语法的基本理念及其研究路径》,《当代修辞学》2016年第2期。

施春宏:《句式研究中的派生分析及相关理论问题》,《世界汉语教学》2008a年第2期。

施春宏:《形式和意义互动的句式系统研究:互动构式语法探索》,商务印书馆2018年版。

施关淦:《现代汉语里的向心结构和离心结构》,《中国语文》1988年第4期。

石定栩:《复合词的结构与汉语语法的最小单位——兼论"非、后、化"的句法地位》,《汉语学报》2020年第4期。

石定栩:《向心结构与离心结构新探》,《外语教学与研究》2007年第4期。

石毓智:《构式与规则——英汉动补结构的语法共性》,《外国语言与文化》2018年第2期。

石毓智:《汉语的领有动词与完成体的表达》,《语言研究》2004年第2期。

石毓智:《汉语的有标记和无标记句式》,载中国语文杂志社编《语法研究和探索(十)》,商务印书馆2000年版。

石毓智:《论语言的基本语序对其语法系统的影响——兼论现代汉语句子组织信息的原则形成的历史动因》,《外国语》(上海外国语大学学报2002年)第1期。

石毓智:《如何看待语法规则的"例外"——从"吃饱饭"、"喝醉酒"现象谈起》,《汉语学习》2000年第6期。

石毓智:《语法的规律与例外》,《语言科学》2003年第3期。

石毓智:《语言学假设中的证据问题——论"王冕死了父亲"之类句子产生的历史条件》,《语言科学》2007年第4期。

史存直:《也谈句型》,《华东师范大学学报》、(哲学社会科学版)1983年第4期。

宋文辉:《主语和话题》,学林出版社2018年版。

宋作艳:《生成词库理论的最新发展》,《语言学论丛》2011年第2期。

宋作艳:《压制现象研究——关键问题与最新趋势》,《语言研究集刊》

2018年第3期。

苏丹洁、陆俭明：《"构式—语块"句法分析法和教学法》，《世界汉语教学》2010年第4期。

孙佳莹、陈振宇：《"同盟"范畴研究成果与问题》，《语言研究集刊》2021年第1期。

孙瑞禾编著：《常用汉语虚词英译》，商务印书馆2008年版。

孙天琦：《现代汉语非核心论元实现模式及允准机制研究》，中西书局2019年版。

孙志农：《词汇意义与构式意义的互动关系研究》，博士学位论文，上海外国语大学，2008年。

谭景春：《致使动词及其相关句型》，载中国语文杂志社编《语法研究和探索（八）》，商务印书馆1997年版。

陶红印：《从"吃"看动词论元结构的动态特征》，《语言研究》2000年第3期。

陶红印：《基于用法的语义及语义变化研究》，北京大学中国语言学研究中心博雅语言学讲座系列，2019年5月16日。

陶红印：《基于语言运用的语法研究：历史、现状与趋势》，载王志洁、陈东东主编《语言学》，中国人民大学出版社2013年版。

陶红印：《试论语体分类的语法学意义》，《当代语言学》1999年第3期。

王灿龙：《动词"租"的论元的语义角色及其句法表现》，载中国语文杂志社编《语法研究和探索（十五）》，商务印书馆2010年版。

王惠：《从及物性系统看现代汉语的句式》，《语言学论丛》1997年第1期。

王惠：《现代汉语名词词义组合分析》，北京大学出版社2004年版。

王惠静、文旭：《及物性研究：回顾与思考》，《西安外国语大学学报》2017年第1期。

王力：《中国现代语法》，商务印书馆1985年版。

王了一：《主语的定义及其在汉语中的应用》，《语文学习》1956年第1期。

王启龙：《带宾形容词的统计分析》，《语言教学与研究》1995年第2期。

王仁强：《现代汉语词类体系效度研究——以〈现代汉语词典〉（第5

版）词类体系为例》,《外语教学与研究》2010 年第 5 期。

王仁强:《现代英语兼类现状研究——以〈牛津高阶英语词典〉（第 7 版）为例》,《外国语》（上海外国语大学学报）2014 年第 4 期。

王仁强:《语法隐喻与汉语词典自指义项的设立——一项基于语料库的研究》,《外国语文》2009 年第 1 期。

王仁强、陈和敏:《基于语料库的动词与构式关系研究——以 sneeze 及物动词用法的规约化为例》,《外语教学与研究》2014 年第 1 期。

王仁强、康晶:《复杂适应系统语言观视角的当代英语过去分词词化研究——以〈牛津高阶英语词典〉（第 8 版）为例》,《英语研究》2017 年第 1 期。

王仁强、周瑜:《现代汉语兼类与词频的相关性研究——兼评"简略原则"的效度》,《外国语文》2015 年第 2 期。

王寅:《构式压制、词汇压制和惯性压制》,《外语与外语教学》2009 年第 12 期。

王寅:《语言体验观及其对英语教学的指导意义——十八论语言的体验性》,《中国外语》2009 年第 6 期。

王寅:《指称之争新解读：转喻论》,《外语教学与研究》2014 年第 5 期。

温锁林、刘开瑛:《汉语名、动、形兼类词的两种鉴别方法》,《语文研究》1998 年第 1 期。

温颖:《试谈动词的及物、不及物与相关施事、受事名词的划界问题》,载中国社会科学院语言研究所、现代汉语研究室编《句型和动词》,语文出版社 1987 年版。

文炼、胡附:《谈词的分类》,《中国语文》1954 年第 2 期。

文旭、姜灿中:《基于层级观和互动观的汉语动结构式句法语义界面分析》,《外语教学》2019 年第 4 期。

吴道勤:《"睡觉"考》,《娄底师专学报》2004 年第 1 期。

吴怀成:《试论词类的本质、划分及动词的指称化》,《东方语言学》2011 年第 2 期。

吴为善:《自致使义动结构式"NP + VR"考察》,《汉语学习》2010 年第 6 期。

吴为章:《单向动词及其句型》,载中国语文杂志社编《语法研究和探索

(二)》,北京大学出版社1984年版。

吴义诚、李艳芝:《语言及物性的构式研究》,《外国语》(上海外国语大学学报)2014年第3期。

武跃:《现代汉语中"吃饱饭""喝醉酒"动补结构探析》,《现代语文》(学术综合版)2015年第3期。

谢晓明、王宇波:《管控动宾超常搭配的若干句法因素》,《语文研究》2009年第2期。

邢福义:《小句中枢说》,《中国语文》1995年第6期。

徐烈炯:《汉语是话语概念结构化语言吗?》,《中国语文》2002年第5期。

徐烈炯、刘丹青:《话题的结构与功能》(第二版增订本),上海教育出版社2018年版。

严敏芬、李健雪编著:《基于用法的构式语法研究》,苏州大学出版社2018年版。

颜景常:《从意义与形式的关系上看汉语动句的主语和宾语》,吕冀平著作《汉语的主语宾语问题》,中华书局1956年版。

杨庆蕙主编:《现代汉语正误辞典》,北京师范大学出版社2009年版。

杨同用、何彦杰:《动名兼类的词义引申类型、功能与释义》,《辞书研究》2010年第2期。

杨旭:《〈现代汉语词典〉第7版自指、偏自指用法处理策略研究》,《辞书研究》2018年第4期。

杨子巍:《"内卷"的引申、简化及其语法功能的变化》,北大中文人,2021,https://mp.weixin.qq.com/s/E62ySVTRSxCUGNWJk X9whQ。

姚小平:《〈汉文经纬〉与〈马氏文通〉——〈马氏交通〉历史功绩重议》,《当代语言学》1999年第2期。

佚名:《"吃饱饭"和"喝醉酒"商榷》,2012,http://www.doc88.com/p-990521411214.html。

于江:《近代汉语"和"类虚词的历史考察》,《中国语文》1996年第6期。

俞理明、吕建军:《"王冕死了父亲"句的历史考察》,《中国语文》2011年第1期。

俞士汶等：《现代汉语语法信息词典详解》（第二版），清华大学出版社 2003 年版。

袁伟：《现代汉语词典标注词性之比较与批评》，硕士学位论文，苏州大学，2006 年。

袁毓林：《汉语词类的认知研究和模糊划分》，上海世纪出版股份有限公司、上海教育出版社 2010 年版。

袁毓林：《汉语配价语法研究》，商务印书馆 2010 年版。

袁毓林：《论元结构和句式结构互动的动因、机制和条件——表达精细化对动词配价和句式构造的影响》，《语言研究》2004 年第 4 期。

袁毓林：《述结式配价的控制—还原分析》，《中国语文》2001 年第 5 期。

袁毓林：《现代汉语名词的配价研究》，《中国社会科学》1992 年第 3 期。

袁毓林：《一价名词的认知研究》，《中国语文》1994 年第 4 期。

云汉、峻峡：《再议带后缀"化"的词》，《汉语学习》1994 年第 1 期。

詹卫东：《论元结构与句式变换》，《中国语文》2004 年第 3 期。

张伯江：《"死"的论元结构和相关句式》，中国语文杂志社编《语法研究和探索（十一）》，商务印书馆 2002 年版。

张伯江：《从施受关系到句式语义》，学林出版社 2016 年版。

张伯江：《汉语的句法结构和语用结构》，《汉语学习》2011 年第 2 期。

张伯江：《施事宾语句的主要类型》，《汉语学习》1989 年第 1 期。

张伯江：《现代汉语的双及物结构式》，中国语文 1999 年第 3 期。

张伯江：《语体差异和语法规律》，《当代修辞学》2007 年第 2 期。

张伯江、方梅：《汉语功能语法研究》，江西教育出版社 1996 年版。

张敏：《认知语言学与汉语名词短语》，中国社会科学出版社 1998 年版。

张韧：《关于词类本质的一个动态认知视角》，《当代语言学》2009 年第 3 期。

张汝舟：《谈谈"句子"构造》，《语文教学》1952 年第 8 期。

张谊生：《交互类短语与连介兼类词的分化》，《中国语文》1996 年第 5 期。

——《交互动词的配价研究》，《语言研究》1997 年第 1 期。

——《试论一价动词和形容词在事件存现句中的构式分布》，载中国语文杂志社编《语法研究和探索（十六）》，商务印书馆 2014 年版。

张谊生、邹海清、杨斌：《"总（是）"与"老（是）"的语用功能及选择差异》，《语言科学》2005 年第 1 期。

张翼：《论元异构现象新探》，外语教学与研究出版社 2013 年版。

张翼：《认知语法和构式语法在论元结构问题上的互补性》，《外国语》（上海外国语大学学报）2011 年第 1 期。

张云秋：《"化"尾动词功能弱化的等级序列》，《中国语文》2002 年第 1 期。

张云秋：《现代汉语受事宾语句研究》，学林出版社 2004 年版。

张志公主编：《现代汉语》（试用本·中册），人民教育出版社 1985 年版。

章舜粤：《专业术语不可被误用和滥用》，《人民论坛》2020 年第 33 期。

赵琪：《作用于自身的英汉动结式的论元实现》，《山东外语教学》2008 年第 6 期。

赵元任：《汉语词的概念及其结构和节奏》，载袁毓林主编《中国现代语言学的开拓和发展——赵元任语言学论文选》，清华大学出版社 1992 年版。

赵元任：《汉语口语语法》，商务印书馆 1979 年版。

郑定欧：《说"描写充分性"——以汉语动词"穿"为例》，《中国语言学报》2001 年第 10 期。

中国社会科学院语言研究所词典编辑室编：《现代汉语词典》（第 7 版），商务印书馆 2016 年版。

周春林：《词语语义·语法偏离搭配研究》，云南人民出版社 2008 年版。

周刚：《也议带后缀"化"的词》，《汉语学习》1991 年第 6 期。

周士宏：《汉语句子的信息结构研究》，北京师范大学出版社 2016 年版。

周小涛：《认知语法视域下的构式论元实现——以致使移动构式与动词的互动融合为例》，《西安外国语大学学报》2015 年第 2 期。

周晓康：《现代汉语物质过程小句的及物性系统》，《当代语言学》1999 年第 3 期。

朱德熙：《语法讲义》，商务印书馆 1982 年版。

——《自指和转指——汉语名词化标记"的、者、所、之"的语法功能和语义功能》,《方言》1983 年第 1 期。

——《关于向心结构的定义》,《中国语文》1984 年第 6 期。

——《语法答问》,商务印书馆 1985 年版。

朱德熙、卢甲文、马真:《关于动词形容词"名物化"的问题》,《北京大学学报》(人文科学版) 1961 年第 4 期。

朱军:《论元结构的互动性与层次性》,《宁夏大学学报》(人文社会科学版) 2009 年第 5 期。

朱晓亚:《现代汉语句模研究》,北京大学出版社 2001 年版。

祝韶春:《副词"总"和"老"的区别》,《语言与翻译》1994 年第 4 期。

庄会彬:《应区分汉语中的"句法词"》,《中国社会科学报》2016 年 5 月 3 日。

邹嘉彦、游汝杰编著:《全球华语新词语词典》,商务印书馆 2010 年版。

邹韶华:《名词在特定环境中的语义偏移现象》,《中国语文》1986 年第 4 期。

邹韶华:《语用频率效应研究》,商务印书馆 2001 年版。

邹韶华:《中性词语义偏移的类型与成因》,《外语学刊》2007 年第 6 期。

左思民:《汉语句长的制约因素》,《汉语学习》1992 年第 3 期。

[美] 鲁道夫·阿恩海姆:《视觉思维审美直觉心理学》,腾守尧译,四川人民出版社 1998 年版。

[日] 太田辰夫:《中国语历史文法》(修订译本),北京大学出版社 2003 年版。

Anscombre, Jacques and Oswald Ducrot, "Argumentativity and informativity", In Meyer, Michel ed., *From Metaphysics to Rhetoric*. Dordrecht: Kluwer, 1989.

Baddeley, Alan, "Working Memory", *Current Biology*, Vol. 20, No. 4, 2010

Bloomfield, Leonard, *Language*, London: George Allen & Unwin, 1933. 中文版:[美] 布龙菲尔德,《语言论》,袁家骅等译,商务印书馆 1980 年版。

Boas, Hans C., *A Constructional Approach to Resultatives*, Stanford: CSLI. Publications, 2003.

Boas, Hans C., "Determining the Structure of Lexical Entries and Grammatical Constructions in Construction Grammar", *Annual Review of Cognitive Linguistics*, Vol. 6, No. 1, 2008.

Bolinger, Dwight, *Meaning and Form*, London: Longman, 1968.

Bolinger, Dwight, "Entailment and the Meaning of Structures", *Glossa*, No. 2, 1968.

Boogaart, Ronny and Arie Reuneker, "Intersubjectivity and Grammar", In Dancygier, Barbara ed., *The Cambridge Handbook of Cognitive Linguistics*, Cambridge: Cambridge University Press, 2017.

Braine, Martin D. S. and Melissa Bowerman, "Children's First Word Combinations", *Monographs of the Society for Research in Child Development*, Vol. 41, No. 1, 1976.

Bybee, Joan, *Language Change*, Cambridge: Cambridge University Press, 2015.

Bybee, Joan, *Language, Usage and Cognition*, Cambridge: Cambridge University Press, 2010.

Cappelle, Bert, "Particle Placement and the Case for 'Allostructions'", *Constructions (Special Volume)*, No. 1, 2006.

Chafe, Wallace, *Discourse, Consciousness, and Time: The Flow and Displacement of Conscious Experience in Speaking and Writing*, Chicago: University of Chicago Press, 1994.

Chater, Nick, *The Mind is Flat: The Illusion of Mental Depth and the Improvised Mind*, London: Allen Lane, 2018.

Christiansen, Morten H. and Nick Chater, "The Now-or-Never Bottleneck: a Fundamental Constraint on Language", *Behavioral and Brain Sciences*, Vol. 39, 2016.

Clément, Richard J. G., et al., "Collective Cognition in Humans: Groups Outperform Their Best Members in a Sentence Reconstruction Task", *PLoS One*, Vol. 8, No. 10, 2013.

Croft, William, *Morphosyntax: Constructions of the World's Languages*, Cambridge: Cambridge University Press, 2022.

Croft, William, *Syntactic Categories and Grammatical Relations: The Cognitive Organization of Information*, Chicago and London: The University of London Press, 1991.

Croft, William, *Typology and Universals (2nd edition)*, Cambridge: Cambridge University Press, 2003.

Croft, William, "Lexical Rules vs. Constructions: a False Dichotomy", In Cuyckens, Hubert et al. eds. , *Motivation in Language: Studies in honour of Günter Radden*, Amsterdam/Philadelphia: John Benjamins, 2003.

Croft, William, "Parts of Speech as Typological Universals and as Language Particular Categories", In Vogel, Petra M. and Bernard Comrie eds. , *Empirical Approaches to Language Typology*, 2000.

Croft, William, "The Structure of Events and the Structure of Language", In Tomasello, Michael ed. , *The New Psychology of Language: Cognitive and Functional Approaches to Language Structure (Vol. 1)*, Mahwah: Lawrence Erlbaum Associates, 1998.

Crysmann, Berthold and Manfred Sailer, "Introduction", In Crysmann, Berthold and Manfred Sailer eds. , *One-to-many Relations in Morphology, Syntax, and Semantics*, Berlin: Language Science Press, 2021.

Diessel, Holger, *The Grammar Network: How Linguistic Structure is Shaped by Language Use*, Cambridge: Cambridge University Press, 2019.

Diessel, Holger, "Frequency and Lexical Specificity: A Critical Review", In Behrens, Heike and Stefan Pfänder eds. , *Experience Counts: Frequency Effects in Language*, Berlin: Mouton de Gruyter, 2016.

Diessel, Holger, "Frequency Effects in Language Acquisition, Language Use, and Diachronic Change", *New Ideas in Psychology*, Vol. 25, No. 2, 2007.

Diessel, Holger, "Usage-based Construction Grammar", In Dabrowska, Ewa and Dagmar Divjak eds. , *Handbook of Cognitive Linguistics*, Berlin: Mouton de Gruyter, 2015. 中文版：霍尔格·狄赛尔、李聪、施春宏

译：《基于用法的构式语法》,《国际汉语学报》2018 年第 1 期。

Dryer, Matthew S., "On Primary Objects, Secondary Objects and Antidative", *Language*, Vol. 62, No. 4, 1986.

Evans, Vyvyan and Melanie Green, *Cognitive Linguistics: An Introduction*, Edinburgh University Press, 2006.

Ferretti, Todd R. et al., "Integrating Verbs, Situation Schemas, and Thematic Role Concepts", *Journal of Memory and Language*, Vol. 44, No. 4, 2001.

Feyaerts, Kurt, Geert Brone and Susan Goldin-Meadow, "Multimodality in Interaction", In Dancygier, Barbara ed., *The Cambridge Handbook of Cognitive Linguistics*, Cambridge: Cambridge University Press, 2017.

Fries, Charles C., "The Bloomfield 'School'", In Mohrmann, Christine, Alf Sommerfelt and Joshua Whatmough eds., *Trends in European and American Linguistics* 1930–1960, Utrecht: Spectum, 1961. 中文版：Ch. C. 弗里斯、赵世开：《布龙菲尔德"学派"》,《语言学资料》1962 年第 Z1 期。

Givón, Talmy, *Functionalism and Grammar*, Amsterdam: John Benjamins Publishing Company, 1995.

Givón, Talmy, "Historical Syntax and Synchronic Morphology: An Archaeologist's Field Trip", In *Papers from the 7th Meeting of the Chicago Linguistic Society*, 1971.

Goddard, Cliff, "On and On: Verbal Explications for a Polysemic Network", *Cognitive Linguistics*, Vol. 13, No. 3, 2002.

Goldberg, Adele E., *Construction at Work: The Nature of Generalization in Language*, Oxford: Oxford University Press, 2006.

Goldberg, Adele E., *Constructions: A Construction Grammar Approach to Argument Structure*, Chicago: University of Chicago Press, 1995.

Goldberg, Adele E., *Explain Me This: Creativity, Competition, and the Partial Productivity of Constructions*, Princeton: Princeton University Press, 2019.

Goldberg, Adele E., "Surface Generalizations: An Alternative to Alternations", *Cognitive Linguistics*, Vol. 13, No. 4, 2002.

Green, Christopher, "Usage-Based Linguistics and the Magic Number Four", *Cognitive Linguistics*, Vol. 28, No. 2, 2017.

Gross, Maurice, "Constructing lexicon grammars", In Atkins, B. T. S. and Antonio Zampolli eds., *Computational Approaches to the Lexicon*, Oxford: Oxford University Press, 1994.

Gundel, Jeanette K., "Shared Knowledge and Topicality", *Journal of Pragmatics*, Vol. 9, No. 1, 1985.

Haiman, John, *Natural Syntax*, Cambridge: Cambridge University Press, 1985.

Halliday, Michael A. K., "Notes on transitivity and theme in English", *Journal of Linguistics*, Vol. 3, No. 1/3, No. 2/4, No. 2, 1967/1968.

——*An Introduction to Functional Grammar* (2nd edition), London: Arnold, 1994.

Hanks, Patrick, *Lexical Analysis: Norms and Exploitations*, Cambridge MA: The MIT Press, 2013.

Harris, Zellig, "Co-occurrence and Transformation in Linguistic Structure", *Language*, Vol. 33, No. 3, 1957.

Haspelmath, Martin, "More on the Typology of Inchoative/Causative Verb Alternations", In Comrie, Bernard and Maria Polinsky eds., *Causatives and Transitivity*, Amsterdam: John Benjamins, 1993.

Hawkins, John A., *Efficiency and Complexity in Grammars*, Oxford: Oxford University Press, 2004.

Herbst, Thomas, "The Valency Approach to Argument Structure Constructions", In Herbst, Thomas, Hans-Jörg Schmid and Susen Faulhaber eds., *Constructions-Collocations-Patterns*, Berlin: Mouton de Gruyter, 2014.

Hopper, Paul J., "Emergent Grammar", *Berkeley Linguistics Society*, Vol. 13, 1987.

Hopper, Paul J., "Emergent Grammar", In Tomasello, Michael ed., *The New Psychology of Language: Cognitive and Functional Approaches to Lan-*

guage Structure (vol. 1), Mahwah, NJ: Lawrence Erlbaum Associates, 1998.

Hopper, Paul J. and Sandra A. Thompson, "Projectability and Clause Combining in Interaction", In Laury, Ritva ed., *Crosslinguistic Studies of Clause Combining: The Multifunctionality of Conjunctions*, Amsterdam: John Benjamins, 2008.

Hopper, Paul J. and Sandra A. Thompson, "Transitivity in Grammar and Discourse", *Language*, Vol. 56, No. 2, 1980.

Keller, Rudi, *On Language Change: The Invisible Hand in Language*, London: Routledge, 1994.

Kretzschmar, William A., Jr., *Language and Complex Systems*, Cambridge: Cambridge University Press, 2015.

Kuno, Susumu, *Functional Syntax: Anaphora, Discourse, and Empath*, Chicago: University of Chicago Press, 1987.

Lakoff, George and Mark Johnson, *Metaphors We Live by*, Chicago: University of Chicago Press, 1980.

Lakoff, George, *Women, Fire and Dangerous Things: What Categories Reveal about the Mind*, Chicago: University of Chicago Press, 1987.

Lambrecht, Knud, *Information Structure and Sentence Form: A Theory of Topic, Focus, and the Mental Representations of Discourse Referents* Cambridge: Cambridge University Press, 1994.

Langacker, Ronald W., *Cognitive Grammar: A Basic Introduction*, Oxford: Oxford University Press, 2008.

Langacker, Ronald W., *Foundations of Cognitive Grammar*, Volume II: *Descriptive Application*, Stanford: Stanford University Press, 1991.

Langacker, Ronald W., "A Dynamic Usage-based Mode", In Barlow, Michael and Suzanne Kemmer eds., *Usage-based Models of Language*, Stanford: CSLI Publications, 2000.

Langacker, Ronald W., "Constructions and Constructional Meaning", In Evans, Vyvyan and Stéphanie Pourcel eds., *New Directions in Cognitive Linguistics*, Amsterdam: John Benjamins, 2009.

LaPolla, Randy J., *Grammatical Realizations in Chinese: Synchronic and Diachronic Considerations*, Berkeley, CA: University of California, 1990.

LaPolla, Randy J., "Pragmatic Relations and Word Order in Chinese", In Downing, Pamela and Michael Noonan eds., *Word Order in Discourse*, Amsterdanm/Philadelphia: John Benjamins Publishing Company, 1995. 中文版：罗仁地：《语用关系与汉语的词序》，詹卫东译，《语言学论丛》2004年第2期。

Larsen-Freeman, Diane, "A Complexity Theory Approach to Second Language Development/acquisition", In Atkinson, Dwight ed., *Alternative Approaches to Second Language Acquisition*, London and New York: Routledge, 2011.

Leech, Geoffrey, *Semantics: The Study of Meaning (2nd edition)*, London: Penguin, 1981.

Levin, Beth, "Semantics and Pragmatics of Argument Alternations", *Annual Review of Linguistics*, Vol. 1, No. 1, 2015.

——*English Verb Classes and Alternations: A Preliminary Investigation*, Chicago: University of Chicago Press, 1993.

Lim, Ni-Eng, "From Subjectivity to Intersubjectivity: Epistemic Marker Wo Juede in Chinese", In Xiao, Yun, Liang Tao and Hooi Ling Soh, eds., *Current Issues in Chinese Linguistics*, New Castle: Cambridge Scholars Press, 2011.

Liu, Meichun, and Juiching Chang, "From Caused Motion to Spatial Configuration: Placement Verbs in Mandarin", *Language and Linguistics*, Vol. 20, No. 2, 2019.

Lyons, John, *Linguistic Semantics: An Introduction*, Cambridge: Cambridge University Press, 1995.

Malchukov, Andrej, Martin Haspelmath, and Bernard Comrie, "Ditransitive Constructions: A Typological Overview", In Malchukov, Andrej, Martin Haspelmath, and Bernard Comrie eds., *Studies in Ditransitive Constructions*, Berlin: Mouton de Gruyter, 2010.

Mcrae, Ken, Todd R. Ferretti and Liane Amyote, "Thematic Roles as

Verb-specific Concepts", *Language and Cognitive Processes*, Vol. 12, No. 2, 1997.

Miller, George A., "The Magical Number Seven, Plus or Minus 2: Some Limits on Our Capacity for Processing Information", *Psychological Review*, Vol. 63, No. 2, 1956.

Nichols, Johanna, David A. Peterson, and Jonathan Barnes, "Transitivizing and Detransitivizing Languages", *Linguistic Typology*, Vol. 8, No. 2, 2004.

Perek, Florent, *Argument Structure in Usage-based Construction Grammar*, Amsterdam: John Benjamins, 2015.

Perek, Florent, "Alternation-based Generalizations are Stored in the Mental Grammar: Evidence from a Sorting Task Experiment", *Cognitive Linguistics*, Vol. 23, No. 3, 2012.

Pickering, Martin J. and Simon Garrod, "Alignment as the Basis for Successful Communication", *Research on Language and Communication*, Vol. 4, 2006.

Pickering, Martin J. and Simon Garrod, "Towards a Mechanistic Psychology of Dialogue", *Behavioural and Brain Sciences*, Vol. 27, No. 2, 2004.

Pickering, William A., "Natural Languages as Complex Adaptive Systems", *Estudos Linguísticos*, Vol. 45, No. 1, 2016.

Rissanen, Matti, "Syntax". In Lass, Roger ed., *The Cambridge History of the English Language*, Vol. 3: 1476–1776, Cambridge: Cambridge University Press, 2000.

Schmid, Hans-Jörg, *The Dynamics of the Linguistic System: Usage, Conventionalization and Entrenchment*, Oxford: Oxford University Press, 2020.

Sowka-Pietraszewska, Katarzyna, "The Evidence from the Latinate Loanverbs for the Rise of the Alternative Prepositional Object Construction in the Middle English Period". Paper Presented at the Helsinki Corpus Festival, Sept 28 – Oct 2, 2011.

Stefanowitsch, Anatol, "Argument Structure: Item-Based or Distributed?", *Zeitschrift für Anglistik und Amerikanistik*, Vol. 59, No. 4, 2011.

Sun, Cheng et al., "Hippocampal Neurons Represent Events as Transferable

Units of Experience", *Nat Neurosci*, Vol. 23, No. 5, 1997.

Tao, Hongyin, "Toward an Emergent View of Lexical Semantics", *Language and Linguistics*, Vol. 4, No. 4, 2003.

Thompson, Sandra A., "Modern English from a Typological Point of View: Some Implications of the Function of Word Order", *Linguistische Berichte*, No. 54, 1978.

Thompson, Sandra A. and Elizabeth Couper-Kuhlen, "The Clause as a Locus of Grammar and Interaction", *Discourse Studies*, Vol. 7, Nos. 4 – 5, 2005.

Thompson, Sandra A. and Paul J. Hopper, "Transitivity, Clause Structure, and Argument Structure: Evidence from Conversation", In Bybee, Joan L. and Paul J. Hopper eds., *Frequency and the Emergence of Linguistic Structure*, Amsterdam: Benjamins, 2001.

Tomasello, Michael, *First Verbs: A Case Study of Early Grammatical Development*, Cambridge, UK: Cambridge University Press, 1992.

Traugott, Elizabeth Closs and Graeme Trousdale, *Constructionalization and Constructional Change*, Oxford: Oxford University Press, 2013.

Van de Velde, Freek, "Degeneracy: the Maintenance of Constructional Networks". In Boogaart, Ronny, Timothy Colleman and Gijsbert Rutten eds., *The Extending Scope of Construction Grammar*, Berlin: Mouton de Gruyter, 2014.

Verhagen, Arie, *Constructions of Intersubjectivity: Discourse, Syntax, and Cognition*, Oxford: Oxford University Press, 2005.

Wang, Renqiang, "Two-level Word Class Categorization in Analytic Languages: A Comparative Study of Multiple Class Membership in Modern Chinese and Modern English", Paper Presented at the 36th Annual Conference of the German Linguistic Society, March 5 – 7, University of Marburg, 2014.

Yang Xu and Randy J. Lapolla, 2023, "Construction-based research in China", *Oxford Research Encyclopedia of Linguistics*. Retrieved 26 May. 2024, from https://oxfordre.com/linguistics/view/10.1093/acrefore/9780199384655.001.0001/acrefore-9780199384655-e-1074.